ECKER / PFISTER / HÖHN

Der kommunale Datenschutzbeauftragte in Bayern

Der kommunale Datenschutzbeauftragte in Bayern

Datenschutz in der Kommune

von

Dr. Gerhard Ecker, Ministerialrat
Dr. Bernhard Pfister, Oberregierungsrat
Udo Höhn, Oberamtsrat

alle beim Bayerischen Landesbeauftragten
für den Datenschutz

RICHARD BOORBERG VERLAG
Stuttgart · München · Hannover · Berlin · Weimar · Dresden

Die Deutsche Bibliothek – CIP-Einheitsaufnahme

Der kommunale Datenschutzbeauftragte in Bayern : Datenschutz in der Kommune /
von Gerhard Ecker ; Bernhard Pfister ; Udo Höhn. – Stuttgart ; München ; Hannover;
Berlin ; Weimar ; Dresden : Boorberg, 2002
 ISBN 3-415-02958-1

Satz: Dörr + Schiller GmbH, Stuttgart
Druck und Verarbeitung: Druckhaus »Thomas Müntzer«, Bad Langensalza
Papier: säurefrei, aus chlorfrei gebleichtem Zellstoff hergestellt; alterungsbeständig
im Sinne von DIN-ISO 9706
© Richard Boorberg Verlag GmbH & Co, 2002
www.boorberg.de

Vorwort

Die Kommunen verwalten eine Vielzahl (personenbezogener) Einzelangaben (Daten) ihrer Bürger und anderer Personen und Unternehmen, bei denen es sich teilweise um höchst sensible Daten handelt (wie: Personaldaten, Sozialdaten, Gesundheitsdaten, Finanzdaten oder Geschäftsdaten).

Bei der Kommunikation und beim Informationsaustausch in der Behördenverwaltung sowie gegenüber kommunalen Gremien (Gemeinderat, Ausschüsse) – oft unter Einbeziehung Betroffener (Gemeindebürger, Betriebe, Nachbarn) und Dritter (vor allem anderer Behörden und der Medien) – sind dadurch in jeder Kommune täglich vielfältige datenschutzrechtliche Anforderungen zu beachten. Sie betreffen z.B. die (Nicht-) Öffentlichkeit der Sitzungen, den Gebrauch der Sitzungsunterlagen, die Weitergabe von Informationen aus nichtöffentlichen Sitzungen an Dritte (insbesondere die Presse oder Betroffene), die Behandlung von Anfragen Dritter (etwa Nachbarn von Bauvorhaben) oder der Presse (Weitergabe von Informationen aus den gemeindlichen Akten/Dateien), die elektronische Datenverarbeitung in der Gemeinde, Zugriffsberechtigungen in der kommunalen Datenverarbeitung oder auch die Nutzung des Internets durch Mitarbeiter der Kommunen und Mitglieder kommunaler Gremien.

Diese Schrift dient dazu, jeweils die Frage zu beantworten, ob die datenschutzrechtliche Bedeutung des Sachverhalts erkannt und angemessen berücksichtigt wird. Vor allem dem gemäß Art. 25 Abs. 2 Satz 1 BayDSG inzwischen für grundsätzlich alle Kommunen verpflichtend eingeführten kommunalen Datenschutzbeauftragten soll sie eine Hilfestellung bei den in der kommunalen Praxis am häufigsten vorkommenden Fragen des Datenschutzes und der Datensicherheit geben. Aber auch anderen Bediensteten der Gemeinde, den Bürgermeistern und Gemeinderatsmitgliedern kann sie helfen, ihre Datenschutzfragen zu beantworten.

Bearbeiterverzeichnis

Dr. Ecker: Vorwort, Kapitel 1.1, 2, 3, 7.1 – 7.11, Stichwortverzeichnis

Dr. Pfister: Kapitel 1.2, 1.3, 4, 7.12 – 7.28, Literaturübersicht, Abkürzungsverzeichnis, Stichwortverzeichnis

Höhn: Kapitel 5 und 6, Muster und Formulare, Checkliste, Glossar, Stichwortverzeichnis

Der Landesbeauftragte für den Datenschutz im Internet:

www.datenschutz-bayern.de

Als sinnvolle Ergänzung und zur Erleichterung der Arbeit im Datenschutzrecht empfiehlt sich die aktualisierte Fassung der vom bayerischen Landesbeauftragten für den Datenschutz herausgegebenen Broschüre „Datenschutzrecht", einer Sammlung einschlägiger Rechtsvorschriften mit dem Rechtsstand Oktober 2001. Sie kann vom LfD (Wagmüllerstraße 18, 80538 München) kostenlos bezogen werden.

Inhalt

Abkürzungsverzeichnis	11
Literaturübersicht	15

1. Datenschutz in der Kommune – eine Einführung 17

1.1 Was bedeutet Datenschutz? 17
1.2 Besondere Risiken durch die rasante Entwicklung der Datenverarbeitung 22
1.3 Aktuelle Entwicklungen 24

2. Rechtsgrundlagen des Datenschutzes 28

2.1 Spezialgesetzliches („bereichsspezifisches") Datenschutzrecht 28
2.2 Allgemeine Datenschutzgesetze 30
2.3 Prüftabelle zur Anwendung der Datenschutzvorschriften 32

3. Einige Grundsätze und wesentliche Inhalte des Datenschutzrechts (nach dem BayDSG) 33

3.1 Personenbezogene Daten 33
3.2 Verbot mit Erlaubnisvorbehalt (Rechtsgrundlage oder Einwilligung) ... 33
3.3 Erforderlichkeit 35
3.4 Zweckbindung 35

4. Die Schutzrechte Betroffener 37

4.1 Anrufung des Datenschutzbeauftragten 37
4.2 Rechte auf Auskunft und Benachrichtigung 38
4.3 Recht auf Berichtigung 38
4.4 Löschung und Sperrung personenbezogener Daten 38
4.5 Benachrichtigung nach Datenübermittlung 39
4.6 Recht auf Schadensersatz 39

5. Grundzüge der Datensicherheit 40

5.1 Allgemeines 40
5.2 „Zehn Gebote der Datensicherheit" 51
5.3 PC-Sicherheit 58
5.4 Sicherheit im lokalen Netz 60
5.5 Sicherheit im Intranet/Internet 67
5.6 Schutz vor Viren und anderen Schädlingen 84
5.7 Auftragsdatenverarbeitung (Outsourcing) 94
5.8 Vernichtung von Datenträgern 99
5.9 Fernwartung 103

5.10 Gewährleistung des Persönlichkeitsschutzes 104
5.11 Zugriffssichere Aufbewahrung personenbezogener Unterlagen 106

6. Durchführung des Datenschutzes bei den Kommunen 108

6.1 Sicherstellung des Datenschutzes 108
6.2 Datenschutzrechtliche Freigabe von Verfahren 113
6.3 Führen eines Verfahrensverzeichnisses 115
6.4 Datengeheimnis 116
6.5 Einrichtung automatisierter Abrufverfahren 116
6.6 Technisch-organisatorische Einzelprobleme 118

7. Die wichtigsten kommunalen Datenschutzfragen 131

7.1 Weitergabe personenbezogener Daten an den Gemeinderat
    oder an dessen Ausschüsse 131
7.2 Kein Informationsrecht einzelner Gemeinderatsmitglieder
    oder Fraktionen 132
7.3 Sitzungsladung, Tagesordnung, Sitzungsunterlagen 133
7.4 Akteneinsicht 134
7.5 Behandlung von Angelegenheiten, die Sondervorschriften unterliegen . 135
7.6 Bekanntmachung der Tagesordnung von Sitzungen kommunaler
    Gremien (insbesondere Weitergabe an die Presse und sonstige Dritte) . 136
7.7 Öffentlichkeit und Nichtöffentlichkeit der Sitzungen kommunaler
    Gremien 136
7.8 Tonband- und Videoaufnahmen in Sitzungen kommunaler Gremien .. 137
7.9 Behandlung der Sitzungsniederschrift kommunaler Gremien 138
7.10 Verschwiegenheitspflicht der Gemeinderatsmitglieder 140
7.11 Öffentlichkeitsarbeit im Internet 140
7.12 Auswertung von Unterschriftenlisten 143
7.13 Einsichtnahme in und Weitergabe von Unterschriftenlisten 145
7.14 Weitergabe des Namens eines Anzeigeerstatters 148
7.15 Aufzeichnen personenbezogener Daten von Bürgern 149
7.16 Gemeindliche Umfragen 150
7.17 Postöffnung in Behörden 150
7.18 Adressdateien und Adresslisten 153
7.19 Melderegisterdaten 156
7.20 Auskünfte aus dem Pass- oder Personalausweisregister 163
7.21 Auskünfte aus dem Fahrzeugregister 163
7.22 Datenschutz bei der Rechnungsprüfung 164
7.23 Personaldaten 168
7.24 Erfassen von Nutzungsdaten 185
7.25 Datenschutz im Planfeststellungsverfahren 189
7.26 Videoüberwachung 191
7.27 Gemeindliche Öffentlichkeitsarbeit 193
7.28 Serviceorientierte Verwaltung 198

Anhang	201
Glossar	233
Stichwortverzeichnis	243

Abkürzungsverzeichnis

a.A.	anderer Ansicht
a.a.O.	am angegebenen Ort
Abl.	Amtsblatt
Abs.	Absatz
AGO	Allgemeine Geschäftsordnung für die Behörden des Freistaates Bayern
AKDB	Anstalt für Kommunale Datenverarbeitung in Bayern
AllMBl	(Bayerisches) Allgemeines Ministerialblatt (früher MABl)
Alt.	Alternative
Anm.	Anmerkung
AO	Abgabenordnung
apf	Ausbildung, Prüfung, Fortbildung (Zeitschrift)
ArchivBO	Benützungsordnung für die staatlichen Archive Bayerns – Archivbenützungsordnung
Art.	Artikel
Aufl.	Auflage
AuslG	Gesetz über die Einreise und den Aufenthalt von Ausländern im Bundesgebiet – Ausländergesetz
Az.	Aktenzeichen
BAG	Bundesarbeitsgericht
BauGB	Baugesetzbuch
BayArchivG	Bayerisches Archivgesetz
BayBesG	Bayerisches Besoldungsgesetz
BayBG	Bayerisches Beamtengesetz
BayDSG	Bayerisches Datenschutzgesetz
BayEUG	Bayerisches Gesetz über das Erziehungs- und Unterrichtswesen
BayFwG	Bayerisches Feuerwehrgesetz
BayGlG	Bayerisches Gleichstellungsgesetz
BayKrG	Bayerisches Krankenhausgesetz
BayPrG	Bayerisches Pressegesetz
BayPVG	Bayerisches Personalvertretungsgesetz
BayRDG	Bayerisches Gesetz zur Regelung von Notfallrettung, Krankentransport und Rettungsdienst – Bayerisches Rettungsdienstgesetz
BayRS	Bayerische Rechtssammlung
BayVBl	Bayerische Verwaltungsblätter (Zeitschrift)
BayVGH	Bayerischer Verwaltungsgerichtshof
BayVwVfG	Bayerisches Verwaltungsverfahrensgesetz
BDSG	Bundesdatenschutzgesetz
Bek.	Bekanntmachung
BestG	Bestattungsgesetz (Bayern)
BfD	Bundesbeauftragter für den Datenschutz
BGBl	Bundesgesetzblatt
BV	Verfassung des Freistaates Bayern
BVerfG	Bundesverfassungsgericht

Abkürzungsverzeichnis

BVerfGE	Entscheidungen des Bundesverfassungsgerichts (Amtliche Sammlung)
BVerwG	Bundesverwaltungsgericht
BVerwGE	Entscheidungen des Bundesverwaltungsgerichts (Amtliche Sammlung)
bzw.	beziehungsweise
CR	Computer und Recht (Zeitschrift)
DV	Datenverarbeitung
EDV	Elektronische Datenverarbeitung
Erl.	Erläuterung
evtl.	eventuell
f.	folgende (Seite)
ff.	fortfolgende (Seiten)
FStBay	Die Fundstelle Bayern (Zeitschrift)
GDG	Gesetz über den öffentlichen Gesundheitsdienst – Gesundheitsdienstgesetz
GewO	Gewerbeordnung
GG	Grundgesetz für die Bundesrepublik Deutschland
ggf.	gegebenenfalls
GKBay	Die Gemeindekasse Bayern (Zeitschrift)
GlKrWO	Wahlordnung für die Gemeinde- und die Landkreiswahlen
GO	Gemeindeordnung für den Freistaat Bayern
GVBl	Bayerisches Gesetz- und Verordnungsblatt
h.M.	herrschende Meinung
HDSG	Hessisches Datenschutzgesetz
Hrsg.	Herausgeber
Hs.	Halbsatz
i.d.F.	in der Fassung
i.d.R.	in der Regel
i.S.d.	im Sinne des
i.V.m.	in Verbindung mit
IMS	Schreiben des Bayerischen Staatsministeriums des Innern
KHG	Krankenhausfinanzierungsgesetz (Bund)
KommP BY	Kommunalpraxis (Ausgabe Bayern), (Zeitschrift)
KommZG	Gesetz über die kommunale Zusammenarbeit (Bayern)
KWBG	Gesetz über kommunale Wahlbeamte
LDSG	Landesdatenschutzgesetz(-e)
LfD	Landesbeauftragter für den Datenschutz
LKrO	Landkreisordnung für den Freistaat Bayern
LTDrs	Drucksache des Bayerischen Landtags
LWG	Gesetz über Landtagswahl, Volksbegehren und Volksentscheid – Landeswahlgesetz
LWO	Wahlordnung für Landtagswahlen, Volksbegehren und Volksentscheide – Landeswahlordnung
MABl	Ministerialblatt der bayerischen inneren Verwaltung (jetzt AllMBl)
MeldeG	Bayerisches Gesetz über das Meldewesen – Meldegesetz
NJW	Neue Juristische Wochenschrift (Zeitschrift)
Nr.	Nummer

Abkürzungsverzeichnis

NVwZ	Neue Zeitschrift für Verwaltungsrecht
ORH	Oberster Rechnungshof
PaßG	Paßgesetz
PAuswG	Personalausweisgesetz
Rdnr.	Randnummer
S.	Seite
s. o.	siehe oben
SGB	Sozialgesetzbuch
SigG	Signaturgesetz
StGB	Strafgesetzbuch
StPO	Strafprozeßordnung
StVG	Straßenverkehrsgesetz
TB	Tätigkeitsbericht (des Bayerischen Landesbeauftragten für den Datenschutz)
TDDSG	Teledienstedatenschutzgesetz
TDG	Gesetz über die Nutzung von Telediensten
TKG	Telekommunikationsgesetz
u. a.	unter anderem
UIG	Umweltinformationsgesetz
usw.	und so weiter
VG	Verwaltungsgericht
VGemO	Verwaltungsgemeinschaftsordnung für den Freistaat Bayern
VGH	Verwaltungsgerichtshof
vgl.	vergleiche
VollzBek	Vollzugsbekanntmachung
VwGO	Verwaltungsgerichtsordnung
z. B.	zum Beispiel
Ziff.	Ziffer

Literaturübersicht

Abel, Horst (Hrsg.): Praxishandbuch Datenschutz, Augsburg

Amberg/Falckenberg/Stahl: Das Schulrecht in Bayern, Kommentar, Kronach, München, Bonn, Potsdam (Loseblatt)

Bergauer, Heinz-Peter: Führung von Personalakten, Stuttgart, 1996

Bergmann/Möhrle/Herb: Datenschutzrecht, Kommentar, Stuttgart, 1991 ff. (Loseblatt)

Ehmann, Eugen: Mit Meldedaten richtig umgehen, Stuttgart, 2000

Gola/Schomerus: Bundesdatenschutzgesetz mit Erläuterungen, Kommentar, 6. Auflage, München 1997

Gruber, Herbert: Datenschutz von A-Z in den bayerischen Kommunen, München 1994

Simitis/Dammann/Geiger/Mallmann/Walz: Kommentar zum Bundesdatenschutzgesetz, 4. Auflage, Baden-Baden 1992 ff. (Loseblatt)

Tinnefeld/Ehmann: Einführung in das Datenschutzrecht, 3. Auflage, München, Wien 1998

Wilde/Ehmann/Niese/Knoblauch: Bayerisches Datenschutzgesetz, Kommentar und Handbuch für Datenschutzverantwortliche, München 1994 ff. (Loseblatt)

1. Datenschutz in der Kommune – eine Einführung

1.1 Was bedeutet Datenschutz?

1.1.1 Schutz der Privatheit des Einzelnen

„Datenschutz" bedeutet nicht den „Schutz der Daten", etwa gegen Vernichtung, Diebstahl, Manipulation etc. Dieser Schutz der Daten fällt unter den Begriff „Datensicherheit", auf den unter Nr. 5 näher eingegangen wird. Datenschutz ist umfassender und hat primär eine andere Zielrichtung, nämlich den Schutz des Einzelnen, des Bürgers, jedes einzelnen von uns gegen die unbegrenzte Erhebung, Speicherung, Verwendung und Weitergabe seiner persönlichen Daten.

Damit umfasst Datenschutz etwas treffender formuliert den **Schutz der Privatheit** (der Privatsphäre), insbesondere der Intimsphäre des Einzelnen. Das hierfür auch bei uns immer häufiger verwendete englische Wort „privacy" drückt dies wohl etwas treffender aus. Die unterschiedlichen Begriffsinhalte werden am besten durch folgende Übersicht verdeutlicht:

Datenschutz in der Kommune – eine Einführung

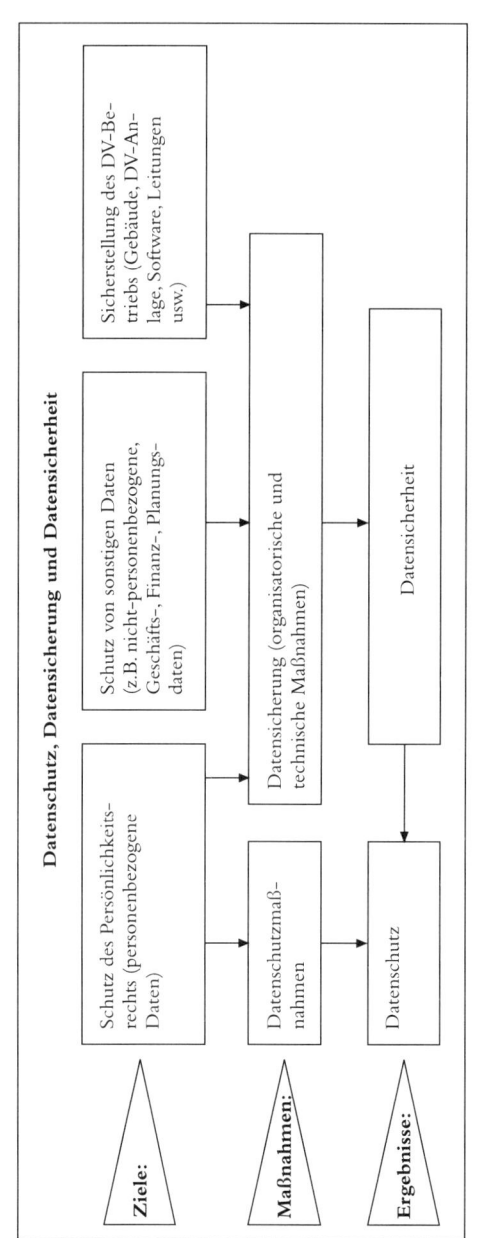

Datenschutz, Datensicherung und Datensicherheit

Ziele:
- Schutz des Persönlichkeitsrechts (personenbezogene Daten)
- Schutz von sonstigen Daten (z.B. nicht-personenbezogene, Geschäfts-, Finanz-, Planungsdaten)
- Sicherstellung des DV-Betriebs (Gebäude, DV-Anlage, Software, Leitungen usw.)

Maßnahmen:
- Datenschutzmaßnahmen
- Datensicherung (organisatorische und technische Maßnahmen)

Ergebnisse:
- Datenschutz
- Datensicherheit

Quelle: Bergmann/Möhrle/Herb, Band 1, Teil 1, Systematik, 2. Teil, Ziff. 2.6.3, S. 18

1.1.2 Volkszählungsurteil und Grundrecht auf informationelle Selbstbestimmung

Grundlegend zum Recht des Datenschutzes ist das sog. **Volkszählungsurteil** des BVerfG vom 24.12.1983 – 1 BvR 209/83 (NJW 1984, 419 = BVerfGE 65, 1), ergangen zum Volkszählungsgesetz 1983. Seine **wesentlichen Leitsätze** lauten:

1. Unter den Bedingungen der modernen Datenverarbeitung wird der Schutz des Einzelnen gegen die unbegrenzte Erhebung, Speicherung, Verwendung und Weitergabe seiner persönlichen Daten von dem allgemeinen Persönlichkeitsrecht des Art. 2 Abs. 1 i.V. mit Art. 1 Abs. 1 GG umfasst. Das Grundrecht gewährleistet insoweit die Befugnis des Einzelnen, grundsätzlich selbst über die Preisgabe und Verwendung seiner persönlichen Daten zu bestimmen.
2. Einschränkungen dieses Rechts auf „informationelle Selbstbestimmung" sind nur im überwiegenden Allgemeininteresse zulässig. Sie bedürfen einer verfassungsgemäßen gesetzlichen Grundlage, die dem rechtsstaatlichen Gebot der Normenklarheit entsprechen muss. Bei seinen Regelungen hat der Gesetzgeber ferner den Grundsatz der Verhältnismäßigkeit zu beachten. Auch hat er organisatorische und verfahrensrechtliche Vorkehrungen zu treffen, welche der Gefahr einer Verletzung des Persönlichkeitsrechts entgegenwirken.
3. a) Bei den verfassungsrechtlichen Anforderungen an derartige Einschränkungen ist zu unterscheiden zwischen personenbezogenen Daten, die in individualisierter, nicht anonymer Form erhoben und verarbeitet werden, und solchen, die für statistische Zwecke bestimmt sind.

    b) Bei der Datenerhebung für statistische Zwecke kann eine enge und konkrete Zweckbindung der Daten nicht verlangt werden. Der Informationserhebung und -verarbeitung müssen aber innerhalb des Informationssystems zum Ausgleich entsprechende Schranken gegenüberstehen.

In diesen Leitsätzen und in seiner Begründung zum „Volkszählungsurteil" hat das BVerfG vor allem folgende Leitlinien für die Ausgestaltung des Datenschutzrechts vorgegeben, die bei der späteren Datenschutzgesetzgebung, insbesondere beim Bundesdatenschutzgesetz und den Landesdatenschutzgesetzen (z.B. beim BayDSG) eine große Rolle gespielt haben (vgl. auch weiter unten in den Nummern 2 und 3 sowie Wilde, Rdnr. 16 bis 24 zu Art. 1 BayDSG und Bergmann, Teil 2, Nr. 2.3.3.5):

Datenschutz in der Kommune – eine Einführung

a) Informationelles Selbstbestimmungsrecht

Jedem Einzelnen steht ein Recht auf informationelle Selbstbestimmung zu, das ihn gegen die unbegrenzte Erhebung, Speicherung, Verwendung und Weitergabe seiner persönlichen Daten schützt. Jeder Einzelne hat die Befugnis, grundsätzlich selbst über die Preisgabe und Verwendung seiner persönlichen Daten zu bestimmen. Dieses Recht ist aus Art. 2 Abs. 1 GG i.V. mit Art. 1 Abs. 1 GG abzuleiten.

b) Prinzipielle Einschränkbarkeit dieses Rechts

Das Recht auf informationelle Selbstbestimmung gilt jedoch nicht schrankenlos. Im überwiegenden Allgemeininteresse dürfen Einschränkungen vorgesehen werden, die allerdings einer verfassungsgemäßen gesetzlichen Grundlage bedürfen.

c) Anforderungen an die gesetzlichen Grundlagen einer Einschränkung

Die Rechtsgrundlage, auf der eine Einschränkung des Rechts auf informationelle Selbstbestimmung beruht, muss mit dem Gebot der Normenklarheit und dem Grundsatz der Verhältnismäßigkeit vereinbar sein. Ferner sind organisatorische und verfahrensrechtliche Vorkehrungen zur Gewährleistung des Grundrechtsschutzes zu treffen.

d) Grundsatz der Zweckbindung

Damit der Verarbeitungsprozess durchschaubar bleibt, ist im Grundsatz von einer strengen Zweckbindung auszugehen. Bei Daten, die für statistische Zwecke erhoben werden, kommt eine solche strikte Zweckbindung nicht in Betracht. Zum Ausgleich hierfür muss der Gesetzgeber bei der Verarbeitung solcher Daten entsprechende organisatorische und verfahrensrechtliche Vorkehrungen vorsehen.

e) Grundsatz der informationellen Gewaltenteilung

Eine Einheit der Staatsgewalt im Sinne einer Informationseinheit ist ausgeschlossen. Auch innerhalb der öffentlichen Verwaltung dürfen Daten grundsätzlich nicht frei ausgetauscht werden. Unzulässig wäre es, diesen Grundsatz durch die Berufung auf die Pflicht zur Leistung von Amtshilfe in Form der Informationshilfe zu umgehen. Allein die Berufung auf Amtshilfe rechtfertigt keine Übermittlung personenbezogener Daten; die Übermittlung muss vielmehr durch gesetzliche (Datenschutz-) Bestimmungen erlaubt sein.

f) Einrichtung unabhängiger Kontrollinstanzen

Um die Rechte des Betroffenen zu sichern, sind unabhängige Kontrollinstanzen vorzusehen. Deren Kontrollbefugnissen kommt dann besondere Bedeutung zu, wenn das Recht des Betroffenen auf informationelle Selbstbestimmung im überwiegenden Allgemeininteresse eingeschränkt ist.

Das BVerfG spricht hier vom „Grundrecht auf informationelle Selbstbestimmung". Die Formulierung in Art. 1 BayDSG, der den Zweck des Bayerischen Datenschutzgesetzes beschreibt, ist wohl etwas griffiger: „Zweck dieses Gesetzes ist es, die Einzelnen davor zu schützen, dass sie bei der Erhebung, Verarbeitung oder Nutzung ihrer personenbezogenen Daten durch öffentliche Stellen in unzulässiger Weise in ihrem Persönlichkeitsrecht beeinträchtigt werden."

1.1.3 Weitere Grundsatzentscheidungen des BVerfG zu diesem Grundrecht auf Datenschutz

Neben dem Volkszählungsurteil gibt es einige weitere Grundsatzentscheidungen des BVerfG zum Datenschutz, die zur Entwicklung des „Grundrechts auf Datenschutz" (diese Bezeichnung wurde erstmals im „Quellensteuerurteil" vom 27.6.1991 verwendet) mit beigetragen haben (vgl. hierzu ausführlicher Bergmann, Teil 2, Nr. 2.3):

a) **Mikrozensus** – Beschluss vom 16.7.1969 (BVerfGE 6, 32, 389) zur Verfassungsmäßigkeit einer Repräsentativstatistik (Mikrozensus).

b) **Scheidungsakten** – Beschluss vom 15.1.1970 (BVerfGE 27, 344 = NJW 1970, 555) zur Übersendung der Akten eines Scheidungsverfahrens für ein Disziplinarverfahren ohne Zustimmung beider Ehegatten.

c) **Lebach** – Urteil vom 5.6.1973 (BVerfGE 35, 202) zur Fernsehberichterstattung über eine schwere Straftat unter Nennung des Namens des Straftäters.

d) **Drogenberatungsakten** – Beschluss vom 24.5.1977 (BVerfGE 44, 353 = NJW 1977, 1489) zur Frage, ob die Beschlagnahme von Klientenakten einer Suchtkrankenberatungsstelle verhältnismäßig ist.

e) Beschluss zur **Tagebuchverwertung** vom 14. 9. 1989 (BVerfGE 80, 367 = NJW 1990, 563), zur Frage, ob Tagebuchaufzeichnungen zu dem absolut geschützten, also unantastbaren Bereich privater Lebensgestaltung gehören oder ausnahmsweise in Strafverfahren verwertet werden können.
f) Beschluss zur **Startbahn-West-Demo** vom 26. 6. 1990 (BVerfGE 82, 236 = NJW 1991, 91) zu einer Verurteilung wegen Landfriedensbruchs aufgrund eines Demonstrationsaufrufs.
g) **Entmündigungs**-Beschluss vom 11. 6. 1991 (BVerfGE 84, 192 = NJW 1991, 2411) zur Frage, ob ein entmündigter Volljähriger bei Abschluss eines Mietvertrags über Wohnraum seine Entmündigung offenbaren muss.
h) **Quellensteuer** – Urteil vom 27. 6. 1991 (BVerfGE 84, 239 = NJW 1991, 2129): Aus dem „Recht auf informationelle Selbstbestimmung" wird in diesem Urteil erstmals ausdrücklich das „Grundrecht auf Datenschutz".
i) **Fangschaltungs**-Beschluss vom 25. 3. 1992 (BVerfGE 85, 386 = NJW 1992, 1875) zum Grundrecht des Art. 10 Abs. 1 GG (Fernmeldegeheimnis).

1.2 Besondere Risiken durch die rasante Entwicklung der Datenverarbeitung

Die stetige Entwicklung der Informations- und Kommunikationstechnologien in den letzten Jahren und Jahrzehnten hat ihre Spuren auch in der öffentlichen Verwaltung hinterlassen. Eine funktionsfähige Verwaltung ist ohne eine gut funktionierende elektronische Verarbeitung personenbezogener Daten nicht mehr denkbar. Neuere Vorstellungen gehen noch weit über eine reine Aufgabenerfüllung mit den Mitteln moderner Technik hinaus. So sollen nach und nach die Ansätze für eine neue elektronische Verwaltungsstruktur geschaffen werden. Unter dem Stichwort „**Electronic Government**" (vgl. hierzu Boehme-Neßler, NVwZ 2001, 374 ff.) werden Bestrebungen zusammengefasst, staatliche Aufgaben nicht nur in den Behörden, sondern online – über das Internet – zu erledigen. Vieles ist hier noch „Zukunftsmusik", wird aber bei der fortschreitenden Entwicklung in einigen Jahren realisiert sein. Unbestritten ist jedoch, dass hier noch eine Vielzahl von Problemen rechtlicher und insbesondere technisch-organisatorischer Art zu lösen sind. Dabei sind reine Informationssysteme, die den Bürgern z. B. einen

Behördenwegweiser zur Verfügung stellen, häufig unproblematisch, da personenbezogene Daten in ein solches System nicht unbedingt eingestellt zu werden brauchen (vgl. Nr. 7.23.6). Weiter gehen Projekte der virtuellen Verwaltung, die es dem Bürger ermöglichen sollen, seine Behördengänge von zu Hause aus zu erledigen, Anträge zu stellen etc. Diese Überlegungen gehen bis zu der Durchführung von Wahlen über das Internet.

Aufgabe des Datenschutzes ist es nicht, diese Entwicklungen zu verzögern oder zu verhindern. Vielmehr muss der moderne Datenschutz bereits im Vorfeld **Gefahren erkennen** und **Lösungsmöglichkeiten** anhand der rechtlichen Vorgaben aufzeigen. Der Datenschutz muss Gewähr leisten, dass das Spannungsverhältnis zwischen dem öffentlichen Interesse an einer möglichst ungehinderten Kommunikation und dem informationellen Selbstbestimmungsrecht des Einzelnen nicht einseitig zu Lasten des Letzteren ausgeglichen wird. Das erforderliche Risikobewusstsein müssen alle Mitarbeiter öffentlicher Verwaltungen – insbesondere jedoch die behördlichen Datenschutzbeauftragten – aufweisen. Hierzu gehören umfassende Kenntnisse der rechtlichen Anforderungen an eine ordnungsgemäße Datenverarbeitung, also der allgemeinen und der wichtigsten bereichsspezifischen datenschutzrechtlichen Vorschriften. Aber auch in technischer Hinsicht muss der behördliche Datenschutzbeauftragte die Kenntnisse haben, die erforderlich sind, um die Vorgaben der Gesetze umzusetzen (vgl. die Anlage zu § 9 BDSG; Art. 7 BayDSG).

Aus datenschutzrechtlicher Sicht prinzipiell problematische Bereiche, bei denen sich immer auch die Beiziehung des internen Datenschutzbeauftragten empfiehlt, sind u. a.:

- die Verlagerung der Datenverarbeitung öffentlicher Stellen auf öffentliche oder nicht-öffentliche Dritte, die nicht zu einer Einschränkung des Datenschutzes führen darf („**Outsourcing**"),
- die Erhebung von **Nutzungsdaten**, z.B. bei der Nutzung behördlicher Telefonanlagen oder des Internets (vgl. Nr. 7.24), bei denen sich durch Datenabgleiche bzw. die Auswertung der Datenspuren Verhaltens- und Nutzerprofile erstellen lassen,
- die Nutzung von **Chipkarten**, die das Risiko der Datensicherung zum Nutzer verlagern,
- die **Videoüberwachung** (vgl. Nr. 7.26),
- die Zunahme **grenzüberschreitender Datenübermittlungen** innerhalb und außerhalb der EU und in Länder, die kein dem EU-Recht angemessenes Datenschutzniveau besitzen und

- die technisch-organisatorischen **Gefährdungen der Datensicherheit**, wie z.B. unberechtigte Zugriffe, Datenverfälschung und -fehlleitung.

1.3 Aktuelle Entwicklungen

1.3.1 Die EG-Datenschutzrichtlinie

Die Richtlinie des Europäischen Parlaments und des Rates zum Schutz natürlicher Personen bei der Verarbeitung personenbezogener Daten und zum freien Datenverkehr vom 24.10.1995 (**EG-Datenschutzrichtlinie 95/46/EG**, Abl. EG Nr. L 281 vom 23.11.1995, S.31) hätte an sich innerhalb von drei Jahren in das innerdeutsche Recht umgesetzt werden müssen. Nur in wenigen Landesdatenschutzgesetzen erfolgte die Umsetzung allerdings fristgerecht (z.B. beim Hessischen Datenschutzgesetz). Die EG-Datenschutzrichtlinie enthält z.B. folgende Prämissen:

- die Gleichstellung des Datenverkehrs innerhalb der Gemeinschaft mit dem inländischen Datenverkehr,
- keine Differenzierung zwischen der Datenverarbeitung im privaten und im öffentlichen Bereich,
- den **einheitlichen Datenverarbeitungsbegriff**, der auch das Erheben personenbezogener Daten erfasst (Art. 2 Buchstabe b), was vor allem Änderungsbedarf für die Datenerhebung im privaten Bereich bedingt, die bisher nur nach „Treu und Glauben" zulässig sein musste (vgl. nun § 4 BDSG, der auch für den nicht-öffentlichen Bereich gilt),
- eine strenge **Zweckbestimmung** für die Verarbeitung personenbezogener Daten (Art. 6 Abs. 1 Buchstabe b),
- die Stärkung der Einwilligung des Betroffenen („**informed consent**", Art. 7 Buchstabe a und Art. 8 Abs. 2 Buchstabe a),
- besondere Regelungen für die Verarbeitung **sensibler** Daten (Art. 8),
- die Stärkung der **Information** und der **Auskunftsrechte** Betroffener (Art. 10 ff.),
- ein **Widerspruchsrecht** gegen die Verarbeitung personenbezogener Daten in bestimmten Fällen (Art. 14),
- eine Regelung zu automatisierten Einzelentscheidungen (Art. 15) und
- eine Regelung zur Datenübermittlung in Drittländer (grundsätzlich nur bei Vorliegen eines angemessenen Datenschutzniveaus; Art. 25 ff.).

1.3.2 Das novellierte Bayerische Datenschutzgesetz

Mit Gesetz vom 25.10.2000 (GVBl S. 752) wurde die EG-Datenschutzrichtlinie in bayerisches Landesrecht umgesetzt. Die meisten Vorschriften sind zum 1.12.2000, einige Vorschriften erst zum 1.3.2001 in Kraft getreten. Das neue Bayerische Datenschutzgesetz enthält folgende wichtige Änderungen und Ergänzungen (vgl. auch Wilde/Ehmann/Niese/Knoblauch, BayDSG, Handbuch IV.4, FStBay 1, 2, 17 und 18/2001 sowie Knoblauch, KommP BY 2001, S. 4):

- eine neue Regelung über die **Prüfung und Wartung** automatisierter Verfahren oder Datenverarbeitungsanlagen, nach der die Vorschriften über die Datenverarbeitung im Auftrag entsprechend anzuwenden sind (Art. 6 Abs. 4 BayDSG),
- die Erweiterung der **Auskunftserteilung** gegenüber dem Betroffenen (Art. 10 Abs. 1 Satz 1 und Abs. 5 BayDSG),
- neue Regelungen zur **Benachrichtigung** des Betroffenen über Datenspeicherungen (Art. 10 Abs. 8 BayDSG),
- eine neue Regelung zur verbesserten **Aufklärung** des Betroffenen bei Einholung der **Einwilligung** (Art. 15 Abs. 2 BayDSG),
- eine neue Regelung zu belastenden **automatisierten Einzelentscheidungen** (Art. 15 Abs. 6 BayDSG),
- eine neue Regelung für die Verarbeitung **sensibler personenbezogener Daten** über die rassische und ethnische Herkunft, politische Meinungen, religiöse oder philosophische Überzeugungen oder die Gewerkschaftszugehörigkeit, sowie über Gesundheit oder das Sexualleben (Art. 15 Abs. 7 BayDSG),
- die Neufassung der Vorschrift für **Datenübermittlungen an Stellen im Ausland**, insbesondere auch an Staaten außerhalb der Europäischen Union (Art. 21 Abs. 1, 2 BayDSG),
- die gesetzliche Normierung des **behördlichen Datenschutzbeauftragten** (Art. 25 Abs. 2 bis 4 BayDSG),
- die Delegation der datenschutzrechtlichen **Freigabe** auf die das Verfahren einsetzende öffentliche Stelle (Art. 26 Abs. 1 Satz 1 BayDSG) und die Erledigung der Freigabe durch den behördlichen Datenschutzbeauftragten (Art. 26 Abs. 3 Satz 2 BayDSG),
- der Wegfall der Verpflichtung, ein **Anlagenverzeichnis** zu führen (vgl. Art. 27 Abs. 1 BayDSG),

- die kostenfreie **Einsichtnahme** durch jeden in das Verfahrensverzeichnis (Art. 27 Abs. 3 Satz 1 BayDSG),
- der Wegfall der bloßen **Anlasskontrolle** durch den Bayerischen Landesbeauftragten für den Datenschutz bei nur in Akten zu verarbeitenden Daten (Streichung des Art. 30 Abs. 1 Satz 2 BayDSG a. F.) und
- die Einschränkung des Kontrollrechts des Landesbeauftragten für den Datenschutz nur noch bei Akten über die **Sicherheitsüberprüfung** (Art. 30 Abs. 2 Satz 2 BayDSG).

In einer zweiten Stufe der Novellierung des BayDSG sollen unter anderem noch folgende Regelungen aufgenommen und Vorschriften überarbeitet werden:
- eine Regelung zur **Videobeobachtung**,
- eine Regelung zur Nutzung von **Chipkarten** und
- die Überarbeitung der **Vorschriften zur technisch-organisatorischen Datensicherheit**.

1.3.3 Das novellierte Bundesdatenschutzgesetz

Am 23.5.2001 ist die Neufassung des Bundesdatenschutzgesetz in Kraft getreten. Auch hier hat der Gesetzgeber keine grundlegende Reform des Gesetzes vorgenommen, sondern sich darauf beschränkt, die Vorgaben der EG-Datenschutzrichtlinie in das Gesetz einzuarbeiten. Wichtige Änderungen des Gesetzes sind unter anderem:
- eine neue Vorschrift zur **Datenvermeidung** und zur **Datensparsamkeit** (§ 3 a BDSG),
- die Aufnahme einer Regelung zur **Videoüberwachung** (§ 6 b BDSG),
- eine neue Regelung zu mobilen Speicher- und Verarbeitungsmedien (z. B. **Chipkarten**; § 6 c i. V. m. § 3 Abs. 10 BDSG) und
- die Aufnahme einer Regelung zum **Datenschutzaudit** (§ 9 a BDSG).

Auch hier ist ein weiterer Novellierungsschritt („**Zweite Stufe**") vorgesehen, in dem eine umfassende Überarbeitung des deutschen Datenschutzrechts erfolgen soll. Zu diesen Fragen gibt es im Internet eine Website, (www.modernes-datenrecht.de), in der sich Interessierte informieren und an der Diskussion beteiligen können.

1.3.4 Informationszugangsgesetze

Besonders relevant für die öffentliche Verwaltung sind die Bestrebungen zur Schaffung von Informationszugangs- oder Informationsfreiheitsgesetzen, die den Bürgern den Zugang zu Verwaltungsvorgängen unabhängig von einem rechtlichen oder berechtigten Interesse einräumen sollen. Da das deutsche Recht und die deutsche Verwaltung von dem Grundsatz des Aktengeheimnisses geprägt sind, der nur in bestimmten Ausnahmefällen durchbrochen wird (vgl. z.B. Art. 29 Abs. 1 Satz 1 BayVwVfG), bahnt sich hier ein Wechsel im Selbstverständnis der Verwaltung an, der tiefe Spuren hinterlassen wird. Nicht verschwiegen werden dürfen auch die grundsätzlichen Gefahren für das informationelle Selbstbestimmungsrecht des Einzelnen, die mit der Gewährung der Einsichtnahme durch jeden einher gehen können. Die Informationsfreiheitsgesetze müssen daher einen sachgerechten Ausgleich zwischen den einander gegenüber stehenden Belangen finden, so dass das Recht des Einzelnen, grundsätzlich selbst zu bestimmen wer was über ihn weiß, weiterhin gewährleistet ist.

Ein Vorgängergesetz für die allgemeinen Informationsfreiheitsgesetze ist das UIG vom 8.7.1994 (BGBl I S. 1490), das (grundsätzlich) einen freien Zugang zu **Umweltinformationen** eröffnet (vgl. FStBay 136/2001). Außerdem gibt es mittlerweile (Stand: Herbst 2001) in folgenden Bundesländern Gesetze, die einen Zugang zu Akten für jeden ermöglichen:

– das Gesetz zur Förderung der Informationsfreiheit im Land **Berlin** (Berliner Informationsfreiheitsgesetz – IFG) vom 15.10.1999 (GVBl S. 561),

– das Akteneinsichts- und Informationszugangsgesetz **Brandenburg** (AIG) vom 10.3.1998 (GVBl S. 46) und

– das Gesetz über die Freiheit des Zugangs zu Informationen für das Land **Schleswig-Holstein** vom 9.2.2000 (GS Schl.-H. II, Gl.Nr. 2010-2 GVOBl. Schl.-H. 4/2000, S. 166).

2. Rechtsgrundlagen des Datenschutzes

2.1 Spezialgesetzliches („bereichsspezifisches") Datenschutzrecht

2.1.1 Patienten- oder auch Arztgeheimnis (ärztliche Schweigepflicht)

Die ärztliche Schweigepflicht (auch bezeichnet als Patienten- oder Arztgeheimnis) ist – neben der Schweigepflicht von Seelsorgern – wenn man so will, das älteste Datenschutzrecht überhaupt. Im Hippokratischen Eid oder Eid des Hippokrates gelobt der Arzt Stillschweigen über alles, was er bei der Behandlung Kranker erfährt.

Sie ist geschützt durch die strafrechtliche Absicherung in § 203 Abs. 1 Nr. 1 StGB: Eine Verletzung von Privatgeheimnissen liegt vor (vgl. hierzu auch Art. 2 Abs. 9 BayDSG, wonach das Bayerische Datenschutzgesetz das Arztgeheimnis unberührt lässt), wenn der Arzt ein ihm anvertrautes oder bekanntgewordenes Geheimnis unbefugt offenbart. Durch § 203 Abs. 3 Satz 2 StGB wird das nicht-ärztliche Personal mit erfasst.

Allerdings gibt es verschiedene zulässige Durchbrechungen der ärztlichen Schweigepflicht:

- die (ausdrückliche, konkludente oder mutmaßliche) Einwilligung des Betroffenen,
- gesetzliche Offenbarungspflichten bzw. -befugnisse (z.B. Art. 27 Abs. 4 und 5 BayKrG sowie Art. 6 Abs. 2 Sätze 2 und 3 GDG),
- rechtfertigender Notstand (§ 34 StGB),
- rechtfertigende Pflichtenkollision oder
- die Wahrung entgegenstehender berechtigter eigener oder fremder Interessen.

Das Patientengeheimnis ist in § 9 der Berufsordnung für die Ärzte Bayerns vom 12.10.1997 auch standesrechtlich geregelt.

Besondere Erwähnung verdient in diesem Zusammenhang Art. 27 BayKrG, der auf die kommunalen Krankenhäuser gemäß Art. 2 BayKrG i.V.m. § 3 KHG anzuwenden ist. Er dient ebenfalls dem Patientendatenschutz, worin er sich mit der ärztlichen Schweigepflicht überschneidet, und betrifft das gesamte krankenhausärztliche Behandlungsverhältnis einschließlich der Aus-, Fort- und Weiterbildung, der Forschung oder beispielsweise der Mikroverfilmung der Patientendaten.

2.1.2 Sozialgeheimnis

Das Sozialgeheimnis ist u.a. im 1. Buch (Allgemeiner Teil) des Sozialgesetzbuchs in § 35 SGB I geregelt und verbietet das unbefugte Erheben, Verarbeiten oder Nutzen von Sozialdaten.

2.1.3 Steuergeheimnis

Das Steuergeheimnis ist im 1. Teil, 4. Abschnitt der Abgabenordnung (insbesondere in § 30 AO) geregelt, wonach Amtsträger das Steuergeheimnis zu wahren haben; allerdings gibt es auch zahlreiche Offenbarungsbefugnisse, u.a. § 30 Abs. 4 AO.

2.1.4 Meldegeheimnis

Art. 6 MeldeG regelt das Meldegeheimnis. Die Zulässigkeit von Datenübermittlungen zwischen den (Melde-)Behörden und Religionsgemeinschaften sowie von Melderegisterauskünften regeln die Art. 30 ff. MeldeG. Beispielsweise ist eine Melderegisterauskunft an nichtöffentliche Stellen gemäß Art. 34 MeldeG nur in sehr begrenztem Umfang zulässig.

2.1.5 Statistikgeheimnis

§ 16 BStatG regelt das Statistikgeheimnis. Danach sind Einzelangaben über persönliche und sachliche Verhältnisse, die für eine Bundesstatistik gemacht werden, von den Amtsträgern und für den öffentlichen Dienst besonders Verpflichteten, die mit der Bundesstatistik betraut sind, geheimzuhalten, soweit durch besondere Rechtsvorschrift nichts anderes bestimmt ist (Absatz 1 Satz 1).

2.1.6 Weitere spezialgesetzliche Datenschutzvorschriften

Die in den Nummern 2.1.1 bis 2.1.5 genannten Geheimnisschutzvorschriften und das sonstige spezialgesetzliche Datenschutzrecht in diversen Gesetzen (z.B. den Multimediagesetzen TKG und TDG, dem AuslG, BayBG, BayEUG, GDG, BayRDG, BayPVG, BestG, BayArchivG usw.) gehen den allgemeinen Datenschutzgesetzen BDSG (§ 1 Abs. 3 Satz 1) und BayDSG (Art. 2 Abs. 7) in ihren jeweiligen Anwendungsbereichen vor.

2.2 Allgemeine Datenschutzgesetze

Die Abgrenzung der Anwendungsbereiche des Bayerischen Datenschutzgesetzes und des Bundesdatenschutzgesetzes ist in ihren Einzelheiten etwas unübersichtlich; grundsätzlich gilt Folgendes:

2.2.1 Art. 2 BayDSG (Anwendungsbereich)

Die Datenverarbeitung durch bayerische öffentliche Stellen (Behörden, Gerichte, Kommunen) unterliegt gemäß Art. 2 Abs. 1 BayDSG grundsätzlich den Vorschriften des Bayerischen Datenschutzgesetzes; auch Verwaltungsgemeinschaften, Zweckverbände und Eigenbetriebe sind hierzu zu zählen. Das Bayerische Datenschutzgesetz gilt gemäß Art. 2 Abs. 2 BayDSG auch für privatrechtliche Vereinigungen, die Aufgaben der öffentlichen Verwaltung wahrnehmen und an denen juristische Personen des öffentlichen Rechts (z.B. Kommunen) beteiligt sind: Hierzu zählen z.B. kommunale Eigengesellschaften oder GmbHs unter kommunaler Beteiligung.

Keine eigenständigen Daten verarbeitenden Stellen sondern Teil der Kommune sind der Gemeinderat, seine Ausschüsse, der Bürgermeister, der Personalrat, der interne Datenschutzbeauftragte, ein Regiebetrieb einer Kommune (Ausnahme: Krankenhäuser) oder eine kommunale Schule (vgl. ausführlicher Wilde u.a., Rdnr. 7 und 19 bis 23 zu Art. 2 BayDSG).

Art. 3 BayDSG trifft Sondervorschriften für öffentliche Stellen, die am Wettbewerb teilnehmen (z.B. i.d.R. Krankenhäuser).

Für den Landtag gilt das Bayerische Datenschutzgesetz nur, soweit er in Verwaltungsangelegenheiten tätig wird (Art. 2 Abs. 5); auch für Gerichte und den ORH gilt das Bayerische Datenschutzgesetz nur sehr eingeschränkt (Art. 2 Abs. 6).

2.2.2 § 1 Abs. 2 BDSG (Anwendungsbereich)

Das Bundesdatenschutzgesetz gilt gemäß § 1 Abs. 2 BDSG insbesondere für
- öffentliche Stellen des Bundes (Nr. 1) sowie
- nicht-öffentliche Stellen, soweit sie die Daten unter Einsatz von Datenverarbeitungsanlagen verarbeiten, nutzen oder dafür erheben oder die Daten in oder aus nicht-automatisierten Dateien verarbeiten, nutzen oder dafür erheben, es sei denn, die Erhebung, Verarbeitung oder Nutzung der Daten erfolgt ausschließlich für persönliche oder familiäre Tätigkeiten (Nr. 3; Neufassung seit 23.5.2001), also die „Privatwirtschaft".

2.2.3 Kontrollbehörden

Entsprechend verteilt sind auch die Zuständigkeiten des Bundesbeauftragten (§ 1 Abs. 2 Nr. 1, §§ 21 und 24 BDSG), der Aufsichtsbehörden (§ 1 Abs. 2 Nr. 3, §§ 27 und 38 BDSG) und der Landesbeauftragten für den Datenschutz (in Bayern Art. 2, 9 und 29 ff. BayDSG) hinsichtlich der Datenschutzkontrolle über die einzelnen Bereiche (siehe zum bayerischen Landesbeauftragten ausführlicher unter Nr. 4.1).

Rechtsgrundlagen des Datenschutzes

2.3 Prüftabelle zur Anwendung der Datenschutzvorschriften

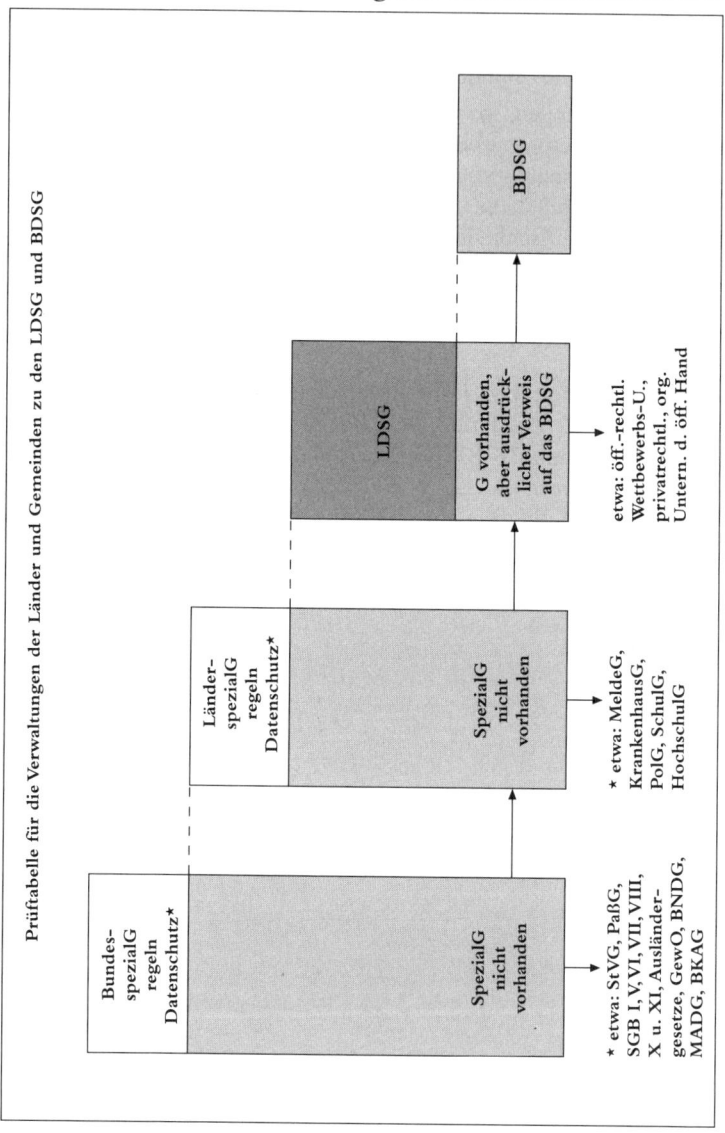

Prüftabelle für die Verwaltungen der Länder und Gemeinden zu den LDSG und BDSG

- BundesspezialG regeln Datenschutz*
  - SpezialG nicht vorhanden
    → * etwa: StVG, PaßG, SGB I, V, VI, VII, VIII, X u. XI, Ausländergesetze, GewO, BNDG, MADG, BKAG
  - → Länderspezial G regeln Datenschutz*
    - SpezialG nicht vorhanden
      → * etwa: MeldeG, KrankenhausG, PolG, SchulG, HochschulG
    - → LDSG | G vorhanden, aber ausdrücklicher Verweis auf das BDSG
      → etwa: öff.-rechtl. Wettbewerbs-U., privatrechtl., org. Untern. d. öff. Hand
      → BDSG

Quelle: Bergmann/Möhrle/Herb, Band 1, Teil 1, Systematik, 4. Teil, Ziff. 4.3.4, S. 55

3. Einige Grundsätze und wesentliche Inhalte des Datenschutzrechts (nach dem BayDSG)

3.1 Personenbezogene Daten

Geschützt sind nur „**personenbezogene**" Daten (Art. 1 BayDSG). Personenbezogene Daten sind gemäß Art. 4 Abs. 1 BayDSG „Einzelangaben über persönliche oder sachliche Verhältnisse bestimmter oder bestimmbarer natürlicher Personen (Betroffene)". Daher sind ausreichend anonymisierte Daten nicht (mehr) Gegenstand des Datenschutzes.
„**Anonymisieren**" ist gemäß Art. 4 Abs. 8 BayDSG „das Verändern personenbezogener Daten derart, dass die Einzelangaben ... nicht mehr (= absolute Anonymisierung) oder nur mit einem unverhältnismäßig großen Aufwand (= faktische Anonymisierung) ... einer bestimmten oder bestimmbaren natürlichen Person zugeordnet werden können."
In der Praxis üblich ist die bloße faktische Anonymisierung; eine vollkommene (absolute) Anonymisierung ist mit vertretbar häufigem Aufwand nicht erreichbar.

3.2 Verbot mit Erlaubnisvorbehalt (Rechtsgrundlage oder Einwilligung)

Eine Verarbeitung „personenbezogener Daten" ist grundsätzlich verboten; sie ist nur ausnahmsweise zulässig (in der Rechtsprache ein sog. Verbot mit Erlaubnisvorbehalt)
a) wenn der Betroffene eingewilligt hat (Art. 15 Abs. 1 Nr. 2, Abs. 2 bis 4 BayDSG)
oder
b) wenn sie auf einer ausreichenden Rechtsgrundlage beruht
  – sei es auf einer bereichsspezifischen Regelung (s. oben Nr. 2.1) oder
  - einer Regelung in den Datenschutzgesetzen (s. oben Nr. 2.2) z.B. Art. 15 Abs. 1 Nr. 1, Abs. 5 und 7 i.V. mit Art. 16 ff. BayDSG
  - Art. 16: Erhebung
  - Art. 17: Verarbeitung und Nutzung
  - Art. 18: Datenübermittlung an eine öffentliche Stelle
  - Art. 19: Datenübermittlung an eine nicht-öffentliche Stelle
  - Art. 20: Datenübermittlung an eine öffentlich-rechtliche Religionsgemeinschaft

- Art. 21: Datenübermittlung an Stellen im Ausland
- Art. 23: Verarbeitung und Nutzung personenbezogener Daten durch Forschungseinrichtungen

Nicht vom Schutz der Datenschutzgesetze umfasst ist der rein persönliche Bereich, also die private Datenverarbeitung (am PC zu Hause, am Laptop oder Notebook). Voraussetzung ist jedoch, dass damit keine beruflichen oder geschäftlichen Zwecke verfolgt werden bzw. keine geschäftsmäßige Datenverarbeitung vorliegt. Einen Überblick über die Rechtslage gibt die folgende Übersicht:

Schutzbereich der Datenschutzgesetze

Öffentlicher Bereich		Privatwirtschaftlicher Bereich	Persönlicher Bereich
Öffentliche Stellen (z.B. Behörden, Ämter, staatliche Dienststellen, Anstalten)		nicht-öffentliche Stellen (z.B. Unternehmen, Firmen, freie Berufe, Handwerker, Kaufleute), die berufliche, gewerbliche oder geschäftsmäßige DV betreiben	private Datenverarbeitung am „persönlichen Computer" (ohne berufliche, gewerbliche oder geschäftsmäßige Zwecke)
öffentliche Stellen der Länder (und Gemeinden)	öffentliche Stellen des Bundes		
LDSGe	BDSG Grundsatz: §§ 12 ff. Ausnahme: §§ 27 ff. bei öffentlich-rechtlichen Wettbewerbsunternehmen	BDSG Grundsatz: §§ 27 ff. Ausnahme: § 12 ff., wenn hoheitliche Funktionen ausgeübt werden (Beliehene)	Keine Reglementierung durch BDSG oder BayDSG

Quelle: Bergmann/Möhrle/Herb, Band 1, Teil I Systematik, 3. Teil, Ziff. 3.3.2, S. 7

3.3 Erforderlichkeit

Auch wenn eine Rechtsgrundlage vorhanden ist oder die Einwilligung des Betroffenen vorliegt, gilt stets das Prinzip der Erforderlichkeit der Datenverarbeitung, -erhebung oder -nutzung (Art. 4 Abs. 5 bis 7 BayDSG). Dieser Grundsatz ist in vielen datenschutzrechtlichen Bestimmungen enthalten, vgl. hierzu z.B. Art. 16 Abs. 1, Art. 17 Abs. 1 Nr. 1, Art. 18 Abs. 1 Nr. 1, Art. 19 Abs. 1 Nr. 1 BayDSG, Art. 31 Abs. 1 Satz 1 MeldeG (Datenübermittlung der Meldebehörde an eine andere öffentliche Stelle) bzw. Art. 100 Satz 1 BayBG (Erhebung personenbezogener Daten durch den Dienstherrn).

Die Datenerhebung auf Vorrat bzw. die Erhebung eines zur rechtmäßigen Aufgabenerfüllung nicht erforderlichen Datums ist daher materiell-rechtlich unzulässig.

Konkretisiert wird das Erforderlichkeitsprinzip in technisch-organisatorischer Hinsicht in den Zielen **„Datenvermeidung"** und **„Datensparsamkeit"**, die teilweise in die neuen oder novellierten Datenschutzgesetze Eingang gefunden haben (vgl. z.B. § 3 a BDSG).

So ist z.B. bei der Herstellung von Vordrucken und Formularen darauf zu achten, dass der Umfang der abgefragten Daten für die rechtmäßige Aufgabenerfüllung im konkreten Fall erforderlich sein muss; weiterhin ist ein Hinweis anzubringen, ob der Betroffene zu den Angaben verpflichtet ist oder ob er sie freiwillig leistet (siehe oben Nr. 3.2; vgl. 4. TB Nr. 3.1.9, S. 17).

3.4 Zweckbindung

Neben dem Erforderlichkeitsprinzip ist vor allem der Grundsatz der Zweckbindung bei der Verarbeitung und Nutzung (Art. 17 Abs. 1 Nr. 2, Abs. 2 bis 5 BayDSG) sowie bei der Übermittlung von Daten (Art. 18 Abs. 1 und Art. 19 Abs. 1 Nr. 1 BayDSG verweisen auf Art. 17 BayDSG) zu beachten. Danach dürfen Daten grundsätzlich nur für die Zwecke verarbeitet, genutzt bzw. übermittelt werden, für die sie erhoben bzw. gespeichert wurden. Art. 17 Abs. 2 BayDSG enthält allerdings einen umfangreichen Ausnahmekatalog. Zulässig sind Zweckänderungen beispielsweise dann, wenn der Betroffene einwilligt (Art. 17 Abs. 2 Nr. 2 BayDSG) oder beim Überwiegen öffentlicher Interessen (vgl. z.B. Art. 17 Abs. 2 Nr. 9, 10 und 11 BayDSG). Art. 17 Abs. 3 BayDSG legt für die dort genannten Fälle (z.B. Aufsichts- und Kontrollbefugnisse, Rechnungsprüfung, Ausbildungs- oder Prüfungszwecke) eine Zweckidentität für diese und die ursprünglichen Zwecke fest, zu denen die Daten erhoben oder gespeichert wurden (vgl. Wilde, Rdnr. 46 ff. zu Art. 17 BayDSG).

Ein Verfahren, wie den relativ strengen Vorschriften hinsichtlich der Übermittlung der Daten von einer öffentlichen Stelle an eine öffentliche oder eine nichtöffentliche (private) Stelle legal Rechnung getragen wird, ist das sog. **Adressmittlungsverfahren**. Danach liegt eine Datenübermittlung i.S. des Art. 19 i.V. mit Art. 4 Abs. 6 Satz 2 Nr. 3 BayDSG nicht vor, wenn die öffentliche Stelle die ihr von einem Dritten (z.B. Forscher) überlassenen Unterlagen (evtl. gegen einen entsprechenden Aufwendungsersatz) an die ihr bekannten Betroffenen versendet und es den Betroffenen überlassen bleibt, ob sie durch Kontaktaufnahme mit dem Forscher auf dessen Informationswünsche eingehen. Dem Forscher gegenüber bleibt andernfalls ihre Anonymität gewahrt.

4. Die Schutzrechte Betroffener

Das Bayerische Datenschutzgesetz enthält in den Art. 9 bis 14 Schutzrechte des Betroffenen. Da bayerische Behörden in der Regel das Bayerische Datenschutzgesetz anzuwenden haben, wird die vergleichbare Vorschrift des Bundesdatenschutzgesetzes – soweit vorhanden – in einem Klammerzusatz angefügt. Diese Rechte sind im Einzelnen:

4.1 Anrufung des Datenschutzbeauftragten

Gemäß Art. 9 BayDSG (§ 21 Satz 1 BDSG) kann sich jeder mit dem Vorbringen an den **Landesbeauftragten für den Datenschutz** wenden, bei der Erhebung, Verarbeitung oder Nutzung seiner personenbezogenen Daten durch (bayerische) öffentliche Stellen in seinen Rechten verletzt worden zu sein (zur Kontrolle durch den Landesbeauftragten vgl. Wilde/Ehmann/Niese/Knoblauch, BayDSG, Handbuch III). Erforderlich ist nur ein entsprechend konkreter Vortrag des (vermeintlich) Verletzten, aus dem sich die Möglichkeit einer Datenschutzverletzung ergibt. Bei (vermeintlichen) Datenschutzverletzungen des Landtags, der Gerichte und des Obersten Rechnungshofs hat der Bayerische Landesbeauftragte für den Datenschutz gemäß Art. 2 Abs. 5 und 6 BayDSG nur insoweit ein Prüfungsrecht, soweit diese Stellen in Verwaltungsangelegenheiten tätig werden (§ 21 Satz 2, § 24 Abs. 3 BDSG). Akten über die Sicherheitsüberprüfung unterliegen gemäß Art. 30 Abs. 2 Satz 2 BayDSG nicht seiner Kontrolle, wenn der Betroffene der Kontrolle der auf ihn bezogenen Akten schriftlich widersprochen hat (§ 24 Abs. 2 Satz 4 BDSG). Die Kontrolle über die Erhebung personenbezogener Daten durch Strafverfolgungsbehörden ist nach Art. 30 Abs. 4 Sätze 1 und 2 BayDSG erst nach Abschluss des Strafverfahrens und bei nicht bereits gerichtlich überprüften Datenerhebungen zulässig. Der Landesbeauftragte für den Datenschutz beanstandet gemäß Art. 31 Abs. 1 Satz 1 BayDSG festgestellte Datenschutzverstöße; in besonderen Fällen (Art. 31 Abs. 3 BayDSG) kann er von einer Beanstandung absehen (§ 25 BDSG).

Primäre Ansprechpartner für Datenschutzverstöße in Behörden sind die (**internen**) Datenschutzbeauftragten (vgl. Wilde/Ehmann/Niese/Knoblauch, BayDSG, Handbuch II), die nach Art. 25 Abs. 4 Satz 1 BayDSG die Aufgabe haben, auf die Einhaltung des Bayerischen Datenschutzgesetzes und anderer Vorschriften über den Datenschutz hinzuwirken (§ 4 g Abs. 1

Satz 1 BDSG). Beschäftigte öffentlicher Stellen können sich in Angelegenheiten des Datenschutzes an sie wenden, Art. 25 Abs. 3 Satz 6 BayDSG.

4.2 Rechte auf Auskunft und Benachrichtigung

Die grundsätzlichen Rechte eines Betroffenen auf Auskunft und Benachrichtigung sind in Art. 10 BayDSG (§§ 19, 19a, 34 BDSG) festgelegt. Danach hat ihm die speichernde Stelle auf Antrag unter anderem Auskunft über die zu seiner Person gespeicherten Daten, sowie den Zweck und die Rechtsgrundlage der Erhebung, Verarbeitung oder Nutzung zu erteilen. Dieser grundsätzliche Anspruch erfährt wesentliche Einschränkungen, die sich z.B. auf die Tätigkeit der Staatsanwaltschaften, der Polizeidienststellen etc. beziehen, Art. 10 Abs. 4 BayDSG (vgl. auch § 19 Abs. 3 BDSG). Die allgemeine Vorschrift zur Einschränkung der Auskunftserteilung ist Art. 10 Abs. 5 BayDSG (§ 19 Abs. 4 BDSG).

4.3 Recht auf Berichtigung

Gemäß Art. 11 Satz 1 BayDSG (§ 20 Abs. 1 Satz 1 BDSG) sind personenbezogene Daten zu berichtigen, wenn sie unrichtig sind. Bei unrichtigen personenbezogenen Daten in Akten oder wenn ihre Richtigkeit vom Betroffenen bestritten wird, ist dies in den Akten zu vermerken oder auf sonstige Weise festzuhalten, Art. 11 Satz 2 BayDSG (§ 20 Abs. 1 Satz 2 BDSG).

4.4 Löschung und Sperrung personenbezogener Daten

Die einschlägige Vorschrift zur Löschung personenbezogener Daten ist Art. 12 Abs. 1 BayDSG (§ 20 Abs. 2 BDSG). Danach sind diese Daten zu löschen, wenn die Speicherung unzulässig oder ihre Kenntnis für die Aufgabenerfüllung nicht mehr erforderlich ist. Ein Sperrungsanspruch besteht bei Daten, wenn die Richtigkeit vom Betroffenen bestritten wird und sich diese nicht feststellen lässt oder die Löschung nicht möglich ist, Art. 12 Abs. 2 BayDSG (§ 20 Abs. 3 BDSG). Dieser Anspruch besteht auch bei personenbezogenen Daten in Akten. Enthält der gesamte Akt unzulässige Daten, ist der gesamte Akt zu löschen, Art. 12 Abs. 4 Satz 2 BayDSG.

4.5 Benachrichtigung nach Datenübermittlung

Gemäß Art. 13 BayDSG (§ 20 Abs. 8 BDSG) sind die Stellen, denen Daten übermittelt wurden, von der Berichtigung unrichtiger Daten, der Sperrung bestrittener Daten sowie der Löschung oder Sperrung wegen Unzulässigkeit der Speicherung zu verständigen, es sei denn, dies erweist sich als unmöglich oder ist mit einem unverhältnismäßigen Aufwand verbunden.

4.6 Recht auf Schadensersatz

Art. 14 BayDSG (§§ 7 ff. BDSG) spricht dem durch eine unzulässige oder unrichtige Datenverarbeitung Betroffenen das Recht auf Ersatz seines **Schadens** zu. Dabei ist die Verschuldenshaftung (Abs. 1) in der Höhe unbegrenzt; die verschuldensunabhängige Gefährdungshaftung (Abs. 2) ist dagegen auf einen Betrag von 125.000 Euro begrenzt. Bei einer schweren Verletzung des Persönlichkeitsrechts besteht gemäß Art. 14 Abs. 2 Satz 2 BayDSG (§ 8 Abs. 2 BDSG) sogar ein **Schmerzensgeldanspruch**.

Daneben kommt bei einer fehlerhaften Datenverarbeitung öffentlicher Stellen auch ein Schadensersatzanspruch nach den Vorschriften über die **Amtshaftung** (Art. 34 GG i. V. m. § 839 BGB) in Betracht.

5. Grundzüge der Datensicherheit

5.1 Allgemeines

5.1.1 Begriffe

Die Begriffe „Datensicherung/Datensicherheit" (data security) werden von der DIN 44 300 (Teil 1) wie folgt definiert:

„**Datensicherheit**" ist die Sachlage, bei der Daten unmittelbar oder mittelbar so weit wie möglich vor Beeinträchtigung bewahrt sind, und zwar unter Berücksichtigung verarbeitungsfremder Risiken wie auch im Verlauf auftrags- und ordnungsgemäßer Erbringung einer Datenverarbeitungsleistung.

Daten dürfen also
- weder bei datenverarbeitenden Prozessen oder auftragsbedingten Vor- und Nacharbeiten,
- noch in Funktionseinheiten (z.B. Programme) zur Abwicklung auftragsbedingter Arbeiten,
- noch durch Handeln von an auftragsbedingten Arbeiten beteiligten Personen

beeinträchtigt (Verlust, Zerstörung, Verfälschung oder unzulässige Nutzung) werden.

„**Datensicherung**" ist die Menge aller Maßnahmen, die
- alle Daten in ihrem Bestand und ihrer Organisation vor Störung und Verlust – durch Fehler, Katastrophen und Missbrauch – schützen und
- die Funktionstüchtigkeit der Programme und der DV-Anlage gewährleisten.

Ziel ist also die Sicherheit der Daten, der Datenträger und der DV-Anlage. Datensicherheit/Datensicherung ist somit die technisch/organisatorische Seite des Datenschutzes.

5.1.2 Gesetzliche Regelungen

Gesetzliche Regelungen für den technisch-organisatorischen Bereich des Datenschutzes ergeben sich im Wesentlichen anhand des Art. 7 BayDSG. Danach müssen Datensicherheitsmaßnahmen:
- geeignet sein, den Schutzzweck der Gesetze zu fördern,
- erforderlich sein in der Weise, dass ohne sie der Schutzzweck nicht erreicht werden kann (Maßnahmen nach dem Stand der Technik) sowie
- angemessen sein im Verhältnis zwischen dem Aufwand den sie verursachen und dem Schutzzweck dem sie dienen (Kosten-/Nutzenanalyse).

Kriterium: Die Quote des Aufwands ist abhängig von:
- der Empfindlichkeit der Daten,
- dem Umfang der Daten,
- der Nutzungsmöglichkeit und
- der Frage, ob sie ausreichend sind, in ihrer Gesamtheit den Schutzzweck der Gesetze wirklich zu erreichen.

Die Einteilung der zum Schutz der personenbezogenen Daten erforderlichen Maßnahmen erfolgt in zehn Kontrollarten – die sog. „Zehn Gebote der Datensicherheit" (siehe 5.2).
Weitere erforderliche organisatorische Maßnahmen aufgrund des Bayerischen Datenschutzgesetzes sind u.a.:
- Bestellung eines Datenschutzbeauftragten (Art. 25 BayDSG – siehe 6.5.2),
- datenschutzrechtliche Freigabe von automatisierten Verfahren (Art. 26 BayDSG – siehe 6.2) sowie
- Führung eines Verfahrensverzeichnisses (Art. 27 BayDSG – siehe 6.1).

5.1.3 Szenario der Gefährdungsrisiken

a) Risiken bei der automatisierten Datenverarbeitung

Die Qualität und Sicherheit der Datenverarbeitung ist auch bei den Kommunen davon abhängig, ob die Mitarbeiter ausreichend in der Handhabung der neuen Techniken geschult und hinsichtlich der Einhaltung der Datensicherheit ausgebildet werden.

Auffällig ist der gravierende Anstieg der Virusschäden in den letzten Jahren. Technische Defekte und vor allem Irrtum und Nachlässigkeit waren dagegen schon immer die Hauptgründe für Beeinträchtigungen der Datenverarbeitung.

Die Prüfungen des Bayerischen Landesbeauftragten für den Datenschutz ergaben folgende weitere Hauptrisiken:
- mangelnde Sensibilisierung der Verantwortlichen,
- fehlendes Gesamtkonzept zur Informationssicherheit,
- fehlende Akzeptanz bei den Anwendern hinsichtlich der Umsetzung von Sicherheitskonzepten,
- ungenügende technische Sicherheitslösungen (z.B. Zusatzsoft- und -hardware),
- Mangel an geeigneten Mitarbeitern und fehlende Kontrollmöglichkeiten für eingeführte Maßnahmen,
- fehlendes Katastrophenarchiv,
- ungenügende Backup-Planung,
- mangelhafte Zutrittskontrollen sowie
- fehlende Dokumentation der Anwendungen.

b) Risiken bei Großrechnern

Bei der Datenverarbeitung mit Hilfe von Großrechnern sind vor allem folgende Risiken zu berücksichtigen:
- Abhängigkeit von der Datenverarbeitung,
- Katastrophenfälle,
- Zerstörung von Hardware,
- Hardwareversagen und Ausfall von Leitungen,
- Stromausfälle,
- Computerkriminalität,
- Manipulationen an Software und Verarbeitungslogik,
- Computerspionage,
- kompromittierende Abstrahlung,
- Datendiebstahl,
- Zerstörung der Software,
- Programmviren,

- fehlerhafte Software,
- Fehlbedienung (menschliches Versagen),
- Datenverlust,
- weisungswidrige Verarbeitung sowie
- Abhören von Leitungen.

c) Einsatzmöglichkeiten und Risiken von PC's

Die Möglichkeiten des Einsatzes moderner PC's hat sich im Verlauf der letzten Jahre ständig erweitert. In den Anfangsjahren wurden diese Geräte nur dezentral im Single- oder Multi-User-Betrieb eingesetzt, um dem jeweiligen Benutzer zu ermöglichen, seine ihm gestellten spezifischen Aufgaben individuell an seinem Arbeitsplatz mit Hilfe automatisierter Verfahren durchzuführen. Er kann dabei selbst den Zeitpunkt und die Art der Datenverarbeitung bestimmen, trägt aber auch allein die Verantwortung für Datensicherheit und Datensicherung.

In der Regel ist es allerdings erforderlich, dass mehrere Benutzer auf die gleichen Daten zugreifen können. Um dies zu ermöglichen, entstanden die Mehrplatzbetriebssysteme (Unix) bzw. die einzelnen PC's wurden in einem lokalen Netzwerk (Local Area Network) miteinander vernetzt. Mancherorts ist es auch notwendig, dass ein Anwender mit Hilfe seines PC's auf Daten eines Großrechners (Host) zugreift bzw. ein Datenaustausch zwischen den beiden Rechnern stattfindet. Außerdem dienen PC's als Kommunikationsmittel mit Anschluss an offene Netze (z.B. Internet) und werden als tragbares Gerät (z.B. Laptop oder Notebook) zur Datenverarbeitung außer Haus genutzt.

Mit den wachsenden Einsatzmöglichkeiten der Computer steigen aber auch die damit verbundenen Gefahren für den fehlerfreien und ordnungsgemäßen Betrieb dieser Rechner. Zerstörte Programme oder sonstige wichtige Informationen können – wenn überhaupt – nur unter Einsatz eines unverhältnismäßig hohen Aufwandes wiederhergestellt werden. Zum Teil übersteigen die Wiederherstellungskosten die Mittel, die zur Erlangung der Sicherheit aufzuwenden gewesen wären, um ein Vielfaches. Vielen Behörden wird erst im Schadensfall bewusst, wie wichtig Sicherheits- und Vorsorgemaßnahmen sind. Nachfolgend einige der wichtigsten Risiken, die durch den Benutzer selbst oder durch einen Unberechtigten drohen.

Missbrauchsmöglichkeiten durch den Berechtigten:
- zweckentfremdeter Einsatz des Gerätes, z.B. Diebstahl von Rechnerzeit (Spiele),
- unzulässige Verarbeitung und Speicherung von Daten,
- unberechtigtes Entfernen des Rechners vom Arbeitsplatz, insbesondere bei einem portablen Gerät (Laptop oder Notebook),
- Daten- und Programmmanipulation,
- Daten- und Programmdiebstahl,
- Anschluss bzw. Datenübertragung an nicht zugelassene Rechner,
- unberechtigte Zugriffsversuche bei anderen Systemen,
- zweckentfremdete Nutzung des File Transfers,
- unzulässige Anwendung bestimmter Verfahren oder
- Versand falscher Nachrichten (Hoax-Viren).

Missbrauchsmöglichkeiten durch Unbefugte:
- unzulässige Nutzung des Gerätes,
- unzulässiger Datenzugriff,
- Daten- und Programmmanipulation,
- Zerstörung der Programme und Daten,
- Zerstörung des Gerätes und der Datenträger,
- Diebstahl der Programme und Daten,
- Diebstahl oder zeitweises Entwenden des Gerätes und der Datenträger (Disketten, Wechselplatten, Streamer Tapes) bzw.
- Abhören und Aufzeichnen der Kommunikation im Netzwerk.

Darüber hinaus drohen natürlich Gefahren durch:
- Softwareanomalien (Computerviren, Würmer, Trojanische Pferde etc.),
- technische Defekte,
- höhere Gewalt oder
- Internetrisiken.

5.1.4 Allgemeine Sicherheitsmaßnahmen

Die Planung entsprechender Sicherheitsmaßnahmen muss sich am Schutzbedürfnis der Daten orientieren, die auf dem Rechner gespeichert und verarbeitet werden. Dabei gilt, dass Aufwand und Schutzzweck in einem angemessenen Verhältnis zueinander stehen müssen. Die Sicherheitsrisiken sind hinsichtlich des eigenen Betriebes zu analysieren und das Ergebnis – welche Sicherheitsmaßnahmen zu ergreifen sind – ist innerhalb eines **Schutzkonzeptes** festzulegen. Doch auch das beste Sicherheitskonzept garantiert keine hundertprozentige Sicherheit. Ziel kann es deshalb nur sein, durch vorbeugende Maßnahmen das Gefährdungsrisiko so gering wie möglich zu halten.

Als Grundlage jedes Sicherheitskonzeptes ist eine **Risikoanalyse** (siehe auch 5.4.1) zu erstellen, um festzustellen, wo eventuelle Schwachstellen liegen und welche Gefahren den Rechnern und den darauf durchgeführten DV-Verfahren drohen. Um diesen Gefahren begegnen zu können, müssen technische und organisatorische Maßnahmen getroffen werden, die eine ordnungsgemäße Durchführung der Datenverarbeitung gewährleisten. Dabei sind natürlich auch die Schutzmechanismen, die mit der Anwendungs- oder Systemsoftware geliefert werden, zu berücksichtigen. Insbesondere können dabei folgende Maßnahmen in Frage kommen:

a) Zugangs- und Zugriffsschutz

Durch bauliche und organisatorische Maßnahmen muss Unbefugten der Zugang zu den Rechnern, auf denen personenbezogene Daten verarbeitet werden, verwehrt werden (Zugangskontrolle), z.B. durch Ab- bzw. Verschließen der Räume, Geräte und Datenträger.

Der Begriff unbefugter Zugang erfasst auch das Eindringen in das EDV-System selbst. Dies kann mit Zugriffsschutzmaßnahmen (z.B. Einsatz von Chipkartenlesern, BIOS-Passwortschutz) verhindert oder zumindest erschwert werden.

b) Identifizierung und Authentisierung

Wer Zugang zu einem Rechner haben will, muss von diesem eindeutig identifiziert und authentisiert werden. Dazu benötigt jeder Benutzer, soweit keine Chipkarten oder biometrische Verfahren eingesetzt werden, eine eigene Benutzerkennung und ein persönliches Passwort.

Grundzüge der Datensicherheit

c) Explizite Rechtevergabe und -prüfung

Mit Hilfe einer expliziten Rechtevergabe muss gewährleistet werden, dass die zur Benutzung eines Rechners Berechtigten ausschließlich auf die ihren Zugriffsrechten unterliegenden Ressourcen, Programmen und sensitiven (personenbezogenen) Daten zugreifen können. Die Zugriffsrechte können je Rechner, je Benutzergruppe oder Einzelbenutzer definiert werden. Genauso können natürlich Zugriffsrechte für jede einzelne Ressource geregelt werden.

d) Systemverwaltung

Die Systemverwaltung muss von zuverlässigen und vertrauenswürdigen Mitarbeitern vorgenommen werden. Auch muss die Vertretung der Systemverwaltung geregelt sein. Aufgrund der weitgehenden Rechte von Systemverwaltern sind deren Tätigkeiten verschärft zu kontrollieren.

e) Beweissicherung

Eine Kontrollierbarkeit der DV-Aktivitäten ist nur dann gegeben, wenn maschinelle Aufzeichnungen darüber vorliegen. Diese Art der Beweissicherung kann zwar weder einen Missbrauch noch eine Datenmanipulation verhindern, sie ist aber die fast einzige Möglichkeit, die Formen der Computerkriminalität festzustellen.

Bei der regelmäßigen Auswertung der Protokolle geht es darum, Abweichungen und Singularitäten rechtzeitig zu erkennen, um diese nachträglich aufklären zu können. Außerdem können durch Auswertung der Protokolle und Feststellung von Unregelmäßigkeiten entsprechende Sicherheitsmaßnahmen ergriffen werden, die eine Wiederholung dieser Taten verhindern. Die aufgezeichneten Protokolldaten dürfen nicht zur Leistungskontrolle verwendet werden. Andererseits können Protokolle bei unbegründeten Verdächtigungen einen Mitarbeiter entlasten.

Die Protokolldateien selbst müssen natürlich auch gegen Manipulationen gesichert werden. Daher empfiehlt es sich, Protokolldaten möglichst verschlüsselt abzuspeichern.

f) Verschlüsselung

Ziel einer Verschlüsselung ist es, das Lesen oder Abhören sensibler Daten durch Unberechtigte zu verhindern (Wahrung der Vertraulichkeit). Außerdem dient die Verschlüsselung der Wahrung der Integrität (Manipulationsschutz) der Daten und der Authentisierung des Absenders einer Nachricht.

Im Wesentlichen gibt es drei Verschlüsselungstechniken:
- symmetrische Verschlüsselung,
- asymmetrische Verschlüsselung und
- hybride Verschlüsselung.

Die **symmetrischen Verschlüsselungsverfahren** sind dadurch charakterisiert, dass für die Verschlüsselung und für die Entschlüsselung jeweils der gleiche Schlüssel verwendet wird. Dies bedeutet, dass sowohl Absender als auch Empfänger einer verschlüsselten Nachricht über den gleichen Schlüssel verfügen müssen.

Die **asymmetrischen Verschlüsselungsverfahren** sind dadurch charakterisiert, dass für die Verschlüsselung und für die Entschlüsselung von Nachrichten jeweils unterschiedliche Schlüssel verwendet werden. Dies bedeutet, dass jedem Kommunikationsteilnehmer nicht ein Schlüssel, sondern ein Schlüsselpaar zugeordnet sein muss, nämlich ein sog. öffentlicher Schlüssel (public key) und ein privater Schlüssel (private key). Aus den Bezeichnungen für diese beiden Schlüsselteile rührt auch der Name Public-Key-Verfahren.

Hybride Verschlüsselungsverfahren vereinen die Vorteile der symmetrischen mit denen der asymmetrischen Verfahren, ohne jeweils die Nachteile der einen oder anderen mit zu übernehmen. Mit hybriden Verfahren können Nachrichten i. d. R.

- nur verschlüsselt,
- nur digital signiert oder
- verschlüsselt und digital signiert

werden. Bei den hybriden Verfahren werden die symmetrischen Verfahren zur Verschlüsselung der Nachricht an sich verwendet. Das asymmetrische Verfahren dient zur digitalen Signatur und zur Verschlüsselung des benutzten symmetrischen Schlüssels, der mit der Nachricht übertragen wird.

Ein Hauptproblem bei allen Verfahren ist das Schlüsselmanagement, d. h.
- die Erzeugung sicherer Schlüssel,
- die sichere Verwaltung der Schlüssel sowie
- die Sicherstellung der Authentizität der öffentlichen Schlüssel der Teilnehmer bei den asymmetrischen Verfahren.

Um dieses Problem zu lösen, gibt es mittlerweile vielfältige Ansätze in Industrie, Forschung und Verwaltung.

g) Digitale Signatur

Die digitale Signatur soll es ermöglichen, fast alle Rechtsgeschäfte, für die heute eine Unterschrift auf Papier nötig ist, rechtswirksam abzuwickeln.

5.1.5 Passwortvergabe und Passwortverwaltung

Benutzerkennungen sind in der Regel allen Mitarbeitern bekannt. Um so wichtiger ist es, dass die dazugehörigen Passwörter geheim bleiben und nicht leicht zu erraten sind. Bewährt hat sich beispielsweise die Aneinanderreihung der Wortanfangsbuchstaben eines Satzes (z. B. WrssdNuW = Wer reitet so spät durch Nacht und Wind), wobei zur Erhöhung der Sicherheit noch Sonderzeichen eingestreut werden sollten, z. B.: Wrss(dNuW%). Solche komplizierten Passworte lassen sich natürlich nur durch häufige Benutzung merken. So sollte sich jeder Anwender nach jedem Passwortwechsel mehrmals hintereinander anmelden, um sich so das Kennwort besser einprägen zu können. Im Übrigen sollten bei der Vergabe und bei der Verwendung von Passworten folgende Sicherheitsgrundsätze beachtet werden:

a) Passwortaufbau

- Als Mindestlänge von Passworten sind 6 Stellen vorzusehen.
- Es ist der gesamte verfügbare Zeichenvorrat, auch numerische und Sonderzeichen (z. B. Satzzeichen), auszuschöpfen. Eine Mischung von Groß- und Kleinbuchstaben ist wünschenswert.
- Es dürfen keine Zeichen mehrmals hintereinander verwendet werden. Dasselbe gilt für nebeneinander liegende Tasten (z. B. 12 345).
- Das Passwort darf keinen Bezug auf den Passwortinhaber oder sein persönliches Umfeld haben (Name, Vorname, Geburtstag, Freund(in), Name der Kinder, Tel.-Nr., Benutzerkennung, Kfz-Kennzeichen).

- Trivialpasworte sind zu vermeiden (Asterix, Obelix usw.). Sie sollten möglichst vom Betriebssystem mittels einer sog. Stopliste automatisch abgewiesen werden.

b) Passwortvergabe

- Alle Benutzerkennungen sind mit einem Passwort zu schützen.
- Für besonders wichtige Funktionen (evtl. Systemverwalter) sollte ein Zusatzpasswort („Vier-Augen-Prinzip") verwendet werden.
- Die Vergabe von Gruppenpasswörtern ist zu verbieten.
- Passworte dürfen nur dem Benutzer bekannt sein und müssen es auch bleiben. Er muss sich sein Passwort selbst geben und jederzeit selbst ändern können.
- Die Passworteingabe muss verdeckt erfolgen, wobei möglichst keine Ersatzzeichen (z.B. Sterne) am Bildschirm erscheinen sollten, denn diese würden die Information über die Länge des Passwortes liefern.

c) Passwortverwaltung

- Das Passwort muss einwegverschlüsselt abgespeichert werden.
- Passwortwechsel
  - häufig und in (un)regelmäßigen Abständen (ca. alle 3 Monate) – möglichst maschinell erzwungen,
  - nach Bekanntwerden,
  - im Anschluss an Wartungsarbeiten,
  - nach Vorführungen.
- Das neue Passwort sollte zur Sicherheit ein zweites Mal eingegeben werden.
- Die Passwortmindestgültigkeit muss einen Tag betragen.
- Die Passwortänderung hat durch den Benutzer selbst zu erfolgen.
- Beim Passwortwechsel sollte eine Passworthistorie durchlaufen werden, die eine erneute Benutzung der zuletzt gültigen Passworte verhindert.
- Die letzte Passwortänderung sollte dem Benutzer mit Datum und Uhrzeit angezeigt werden.
- Es muss festgelegt werden, was zu tun ist, wenn ein Benutzer sein Passwort vergessen hat.

- Das neue Passwort berechtigt nur zur Erstanmeldung (Transportpasswort) und der erste Dialogschritt bei der Neuanmeldung muss zur Funktion „Passwortänderung" führen.
- Wichtige Passworte (z. B. des Systemverwalters) sind für den Notfall versiegelt in einem abschließbaren Behältnis (z. B. Safe) aufzubewahren. Der Gebrauch durch Dritte ist zu protokollieren. Nach Rückkehr des Berechtigten ist das Passwort unverzüglich zu ändern und wieder zu hinterlegen.
- Voreingestellte Standardpasswörter für Systemkennungen sind unverzüglich zu ändern.
- Benutzerkennungen und Passwörter von ausgeschiedenen bzw. länger abwesenden Mitarbeitern sind unverzüglich zu löschen bzw. zu sperren.
- Passwörter sollten nicht (in Dateien) notiert werden und falls doch, nicht an allgemein zugänglichen Stellen aufbewahrt werden.
- Passwörter dürfen nicht per Mail verschickt werden.
- Passworte dürfen nicht auf programmierbare Funktionstasten gelegt werden.
- Passworte sind in vernetzten Systemen verschlüsselt zu übertragen.

d) Sanktionen

Nach höchstens fünf Fehlversuchen in unmittelbarer Reihenfolge ist die Anmeldung abzubrechen und die Benutzerkennung bzw. der PC (möglichst bis zu einer Entsperrung durch eine dafür bestimmte Person) zu sperren. Die Begrenzung der Anmeldeversuche erschwert außerdem das Erforschen der Passwörter durch endlose Eingabeversuche. Alle Fehlversuche sind zu protokollieren und die Protokolle regelmäßig auszuwerten.

e) Sonstiges

Die Benutzer sind über die Modalitäten zur Passwortauswahl und -vergabe sowie über die Sanktionen zu informieren.

Mit Hilfe von Richtlinien muss sichergestellt sein, dass alle Benutzer diese Regeln einhalten.

5.2 „Zehn Gebote der Datensicherheit"

5.2.1 Grundlegendes

Gemäß Art. 7 Abs. 1 BayDSG haben Kommunen, die selbst oder im Auftrag personenbezogene Daten erheben, verarbeiten oder nutzen, geeignete technische und organisatorische Maßnahmen zu treffen, die erforderlich sind, um die Ausführung des Bayerischen Datenschutzgesetzes zu gewährleisten. Erforderlich sind Maßnahmen nur, wenn ihr Aufwand in einem angemessenen Verhältnis zu dem angestrebten Schutzzweck steht (Kosten-Nutzen-Analyse – siehe 5.1.2).

Werden personenbezogene Daten automatisiert verarbeitet, sind Maßnahmen zu treffen, die je nach Art der zu schützenden Daten geeignet sind, die zehn Kontrollarten (Zugangs-, Datenträger-, Speicher-, Benutzer-, Zugriffs-, Übermittlungs-, Eingabe-, Auftrags-, Transport- und Organisationskontrolle) des Art. 7 Abs. 2 BayDSG zu gewährleisten. Diese Maßnahmen werden als Datensicherheitsmaßnahmen bezeichnet. Welche Maßnahmen dazu im Einzelnen erforderlich sind, darüber gibt das Bayerische Datenschutzgesetz keine Auskunft. Die Auswahl der Maßnahmen liegt somit im Ermessen der speichernden Stelle, wobei die Festlegung dieser Maßnahmen das Ergebnis einer individuellen Sicherheitsanalyse auf der Grundlage eines Sicherheitskonzeptes sein sollte.

Wie erwähnt sind nur die Maßnahmen erforderlich, deren Aufwand in einem angemessenen Verhältnis zum angestrebten Schutzzweck steht. Zu diesem Zwecke sollten alle (personenbezogenen) Daten bestimmten Schutzklassen zugeordnet werden (siehe auch 5.8.1). Dabei gilt, personenbezogene Daten sind um so sensibler, je mehr ihr Missbrauch oder Verlust das Persönlichkeitsrecht, das Wohl oder das Leben der Betroffenen beeinträchtigen. Je sensibler die Daten sind, desto umfassendere technische und organisatorische Datensicherheitsmaßnahmen müssen ergriffen werden. Daten, die für die Öffentlichkeit bestimmt sind, sind meistens nicht besonders schutzwürdig, das heißt, es müssen keine Zugriffsschutzmaßnahmen vorgesehen werden. Da aber auch öffentliche Daten einen gewissen Wert haben, sollten sie zumindest gegen unerlaubte Veränderungen gesichert werden.

Zu den sehr **sensiblen** Daten einer Kommune – und damit der höchsten Sicherheitsstufe zugehörig – gehören insbesondere Daten, aus denen

– die rassische und ethnische Herkunft,
– politische Meinungen,

- religiöse oder philosophische Überzeugungen oder
- die Gewerkschaftszugehörigkeit

hervorgehen, sowie von
- Gesundheitsdaten,
- Daten über Familienangelegenheiten,
- Sozialdaten,
- Daten zum Sexualleben,
- Finanzdaten,
- Personaldaten oder
- Geschäftsdaten.

5.2.2 Maßnahmenkatalog

Die nachfolgenden Maßnahmen sind teilweise geeignet, auch mehrere Risiken unterschiedlicher Kontrollarten abzudecken.

a) Zugangskontrolle

Ziel der Zugangskontrolle ist es, Unbefugten den physischen Zugang zu Datenverarbeitungsanlagen (auch PC), mit denen personenbezogene Daten verarbeitet werden, zu verwehren. Unter Zugang ist die Annäherung an DV-Anlagen mit der Möglichkeit, auf diese einzuwirken und/oder von Daten Kenntnis nehmen zu können, zu verstehen.

Als Maßnahmen kommen insbesondere in Betracht:
- Schaffung von Sicherheitszonen,
- Festlegung der zutrittsberechtigten Personen,
- Closed-shop-Betrieb,
- Einführung eines Zugangskontrollsystems,
- Zugangsregelungen für fremde Personen,
- Kameraüberwachung,
- Innen- und Außenhautsicherung,
- Aufzeichnung der Zu- und Abgänge und
- Revisionsfähigkeit der Zutrittsberechtigungsvergabe.

b) Datenträgerkontrolle

Mit Hilfe der Datenträgerkontrolle soll verhindert werden, dass Datenträger unbefugt gelesen, kopiert, verändert oder entfernt werden können. Um welche Art von Datenträgern es sich handelt, ist hierbei unmaßgeblich. Diese Kontrollart richtet sich insbesondere an die in der EDV oder an PC's tätigen Personen.

Als Maßnahmen kommen insbesondere in Betracht:
- Aufbewahrung der Datenträger in Sicherheitsbereichen (Datenträgerarchiv, Data Safe),
- maschinelle Datenträgerverwaltung,
- Maßnahmen gegen unbefugtes Entfernen von Datenträgern,
- Protokollierung der autorisierten Weitergabe von Datenträgern,
- Verbot des Kopierens von Datenträgern (außer zu Datensicherheitszwecken) sowie
- datenschutzgerechte Entsorgung nicht mehr benötigter Datenträger (z.B. durch physikalisches Löschen).

c) Speicherkontrolle

Die Speicherkontrolle dient der Verhinderung der unbefugten Eingabe in den Speicher sowie der unbefugten Kenntnisnahme, Veränderung oder Löschung gespeicherter personenbezogener Daten. Unter Speicher sind dabei sowohl der Hauptspeicher der Rechner als auch maschinell verarbeitbare Datenträger (z.B. CD-ROM, Disketten) zu verstehen.

Als Maßnahmen kommen insbesondere in Betracht:
- Zwang zur Identifikation und Authentisierung der Benutzer,
- revisionsfähige Zugriffsberechtigungsverwaltung,
- Softwareverriegelung des Bildschirmes bei längerem Inaktivsein des Benutzers,
- Zuordnung von Benutzern und Profilen zu bestimmten Endgeräten,
- Trennung des Test- und Produktionsbetriebes,
- Kontrolle der Systemaktivitäten (z.B. Log-Dateien),
- automatische Protokollierung der Dateizugriffe (z.B. Transaktionsstatistiken) bzw.
- Einsatz von Verschlüsselungsroutinen.

Grundzüge der Datensicherheit

d) Benutzerkontrolle

Ziel der Benutzerkontrolle ist es zu verhindern, dass Datenverarbeitungssysteme mit Hilfe von Einrichtungen zur Datenübertragung von Unbefugten genutzt werden können. Unbefugte sind all diejenigen Personen, die keine Berechtigung zur Ausführung dieser Tätigkeit besitzen.

Als Maßnahmen kommen insbesondere in Betracht:
- Festlegung des berechtigten Personenkreises,
- Sicherung der Datenstationen,
- Sicherung der Datennetze und Übertragungsleitungen,
- Deaktivierung nicht permanent benutzter Datenleitungen,
- Verschlüsselung der zu übertragenden Daten,
- Protokollierung der Benutzer und deren Aktivitäten,
- Anzeigen der letzten erfolgreichen Anmeldung sowie
- automatische Identifikation und Authentifizierung der Benutzer.

e) Zugriffskontrolle

Die Zugriffskontrolle soll sicherstellen, dass die zur Benutzung eines Datenverarbeitungssystems Berechtigten ausschließlich auf die ihrer Zugriffsberechtigung unterliegenden personenbezogenen Daten zugreifen können.

Als Maßnahmen kommen insbesondere in Betracht:
- Anlegen von revisionsfähigen Benutzerprofilen,
- Identifikation und Authentifizierung der Benutzer,
- Einführung zugriffsbeschränkender Maßnahmen (Lesen, Ändern, Löschen),
- zeitliche Begrenzung der Zugriffsmöglichkeiten,
- Beschränkung der freien Abfragemöglichkeit von Datenbanken (Query-Sprache),
- Benutzerbezogene Protokollierung der (Fehl)Zugriffe,
- Einsatz von Verschlüsselungsverfahren und
- Abschottung lokaler Netze gegen unerlaubten Zugriff von außen.

f) Übermittlungskontrolle

Ziel der Übermittlungskontrolle ist es zu gewährleisten, dass überprüft und festgestellt werden kann, an welche Stellen personenbezogene Daten durch Einrichtungen der Datenübertragung übermittelt werden können. Die Überprüfung und Feststellung muss nicht dauernd erfolgen, aber sie muss jederzeit möglich sein.

Als Maßnahmen kommen insbesondere in Betracht:
- Dokumentation der Abruf- und Übermittlungsprogramme,
- Festlegung der Übermittlungswege und der Datenempfänger (vertragliche Regelung),
- Protokollierung der Datenübermittlung sowie
- Auswertungsmöglichkeiten der Übermittlungsprotokolle, um die Empfänger oder Abrufenden gezielt feststellen zu können.

g) Eingabekontrolle

Mit Hilfe der Eingabekontrolle soll gewährleistet werden, dass nachträglich überprüft und festgestellt werden kann, welche personenbezogenen Daten zu welcher Zeit von wem in Datenverarbeitungssysteme eingegeben worden sind. Auch in diesem Fall muss die Überprüfung und Feststellung nicht dauernd erfolgen, sondern sie muss nach erfolgter Eingabe anhand von Unterlagen (z.B. Protokollen) möglich sein.

Als Maßnahmen kommen insbesondere in Betracht:
- Festlegung von Eingabebefugnissen,
- Protokollierung von Eingaben, Veränderungen und Löschungen personenbezogener Daten,
- Speicherung des Veranlassers und des Grundes der Dateneingabe,
- lückenlose Vorgangsprotokollierung für jeden Einzelfall oder
- Einsatz der digitalen Signatur.

h) Auftragskontrolle

Ziel der Auftragskontrolle ist es, zu gewährleisten, dass personenbezogene Daten, die im Auftrag verarbeitet werden, nur entsprechend den Weisungen des Auftraggebers verarbeitet werden können.

Als Maßnahmen kommen insbesondere in Betracht:
- klare Vertragsgestaltung und -ausführung,
- Abgrenzung der Kompetenzen und Pflichten zwischen Auftragnehmer und Auftraggeber,
- sorgfältige Auswahl des Auftragnehmers,
- schriftliche Auftragserteilung,
- Erstellung eines Anforderungskatalogs über die erforderlichen Maßnahmen,
- Protokollierung und Kontrolle der ordnungsgemäßen Vertragsausführung bzw.
- Sanktionen bei Vertragsverletzung.

i) Transportkontrolle

Im Rahmen der Transportkontrolle sind Maßnahmen zu treffen, die verhindern, dass bei der Übertragung personenbezogener Daten sowie beim Transport von Datenträgern Daten unbefugt gelesen, kopiert, verändert oder gelöscht werden können. Bei dieser Kontrollart ist jeglicher Datenaustausch, unabhängig davon, ob über Netze bzw. Leitungen oder per Transport von Datenträgern, sowohl innerhalb der speichernden Stelle als auch an Dritte gemeint.

Als Maßnahmen kommen insbesondere in Betracht:
- Festlegung der für die Übermittlung oder den Transport Berechtigten,
- Regelungen für die Versandart und Festlegung des Transportweges,
- Sicherung des Übertragungs- und Transportweges,
- physikalische Löschung aller Datenträger vor einer neuen Beschreibung und nach jeder Verarbeitung,
- Duplizierung der Datenträger,
- Verschlüsselung der Daten,
- Überprüfung aller Daten und Datenträger vor ihrer Übertragung bzw. vor ihrem Transport hinsichtlich Virenbefall und
- Überwachung der Transportzeit.

j) Organisationskontrolle

Ziel der Organisationskontrolle ist es, die innerbehördliche oder innerbetriebliche Organisation so zu gestalten, dass sie den besonderen Anforderungen des Datenschutzes gerecht wird. Die in den vorherigen neun Kontrollarten aufgeführten Maßnahmen sollen mit Hilfe der Organisationskontrolle unterstützt, ergänzt und aufeinander abgestimmt werden.

Als Maßnahmen kommen insbesondere in Betracht:
- Bestellung eines kommunalen Datenschutzbeauftragten,
- Erlass von Datenschutzrichtlinien und Dienstanweisungen für den Einsatz und Betrieb der Rechner,
- Sensibilisierung, Motivierung, Belehrung, Schulung und Weiterbildung der Benutzer hinsichtlich IT-Sicherheit,
- Erstellung eines Sicherheitskonzeptes mit verbindlichen Sicherheitsrichtlinien, Standards und Zuständigkeiten,
- Durchführung regelmäßiger Kontrollen der Sicherheitsmaßnahmen auf Einhaltung und Wirksamkeit,
- Festlegung der Konsequenzen von Sicherheitsverletzungen bzw. bei Unterlassung von vorgeschriebenen Sicherheitsmaßnahmen,
- Erstellen von Bedienungs- und Benutzeranweisungen,
- Treffen von Zugangsregelungen,
- Vorgabe der Regelungen für Passwortvergabe und Passwortverwaltung-Funktionstrennung zwischen Fachabteilung und DV-Abteilung,
- Funktionstrennung innerhalb der DV-Abteilung, sofern das die Abteilungsgröße erlaubt,
- formalisiertes Freigabeverfahren für neue DV-Verfahren und bei wesentlichen Änderungen,
- Führen eines Verfahrensverzeichnisses,
- Vorhalten einer revisionsfähigen Dokumentation der Benutzerrechte und eines eventuellen Netzwerkes,
- Erlass von Programmierrichtlinien,
- Vorgaben für die Dokumentation der Programme,
- zentrale Beschaffung der Hard- und Software,
- Verbot des Einsatzes privater Soft- und Hardware, von Raubkopien, Shareware etc.,
- Netzwerkdokumentation,

Grundzüge der Datensicherheit

- regelmäßige Datensicherung,
- Festlegung eines Verfahrens zur Datenträgerverwaltung und -inventur,
- Erstellung von Richtlinien für die Aufbewahrung und Vernichtung von Datenträgern,
- physikalische Löschung personenbezogener Daten,
- Verzicht (soweit möglich) auf Fernwartung von Hard- und Software,
- Dokumentation der Abruf- und Übermittlungsprogramme sowie der Empfänger,
- Erstellung eines Katastrophen- und Wiederanlaufplans,
- Abschluss von Versicherungen gegen bestimmte Risiken (z.B. Feuer, Ausfall der Datenverarbeitung, Softwarefehler, Missbrauch, Virenbefall) sowie
- revisionsfähige Benutzerverwaltung.

5.3 PC-Sicherheit

5.3.1 Spezielle Maßnahmen

Je nach Einsatzart der vorhandenen PC's können – zusätzlich zu den unter 5.1.4 aufgeführten allgemeinen Sicherheitsmaßnahmen – folgende Maßnahmen in Frage kommen:

- Erstellung einer verbindlichen PC-Sicherheitsbelehrung (siehe 5.3.2),
- zentrale Beschaffung, Installation und Betreuung der PC's,
- Implementierung eines BIOS-Passwortschutzes, so dass der PC ohne Eingabe des Passwortes nicht gestartet werden kann,
- Verhinderung des Bootens vom Diskettenlaufwerk durch entsprechende Einstellung der Bootsequenz im BIOS,
- Kombinierung der Benutzerauthentisierung mit einer Onlineverschlüsselung der Festplatte(n),
- Einsatz von Virenscannern,
- Sperren der Betriebssystemebene für den normalen Anwender und
- Standardvorgaben bei der Software (Menuetechnik, Bedienerführung).

5.3.2 PC-Sicherheitsbelehrung

Eine Sicherheitsbelehrung hinsichtlich der Beachtung nachfolgender datenschutzrechtlicher Gesichtspunkte sollte jedem Benutzer vor der erstmaligen Benutzung eines PC's zur Kenntnis gebracht werden. Diese Erklärung sollte auf folgende Punkte eingehen:

- Vorgabe, auf den vorhandenen Personal Computern nur vorgegebene, lizenzierte Software und ausschließlich freigegebene Verfahren einzusetzen,
- Meldung personenbezogener Dateien an den Datenschutzbeauftragten,
- Verbot des Einsatzes privater Hard- und Software, selbsterstellter Software, von Public Domain Programmen, Shareware und Computerspielen,
- Verbot der Vornahme von Veränderungen an der bereitgestellten Hardware,
- Einhaltung der Maßnahme, unbefugten Personen den Zugang zum PC und den Zugriff auf Programme und Daten zu verwehren und der Bestimmungen zum Virenschutz,
- Nutzung des PC nur zu den dazu bestimmten Zwecken,
- Verbot der Verfälschung oder Weitergabe von Programmen und Daten,
- Gebot der Verschlüsselung aller personenbezogenen Daten auf einem tragbaren PC,
- Einhaltung der vorgeschriebenen Datenschutz- und Datensicherheitsmaßnahmen,
- Verpflichtung zur Duldung der Revision durch dazu berechtigte Personen bzw.
- Durchführung regelmäßiger Datensicherungen bei Stand-alone-PC's.

Die PC-Sicherheitsbelehrung (Muster siehe **Anhang**) sollte dreifach ausgefertigt werden. Eine wird zum Personalakt genommen, die zweite erhält der Verpflichtete und die dritte verbleibt beim kommunalen Datenschutzbeauftragten.

5.4 Sicherheit im lokalen Netz

Der Einsatz von Kommunikationsnetzen setzt sich auch in den Kommunen immer mehr durch. Möglichst viele Mitarbeiter sollen am Arbeitsplatz direkten Zugriff auf diejenigen Informationen haben, die sie zur Erfüllung ihrer Aufgaben benötigen. Dabei spielt es keine Rolle, wo diese Daten gespeichert sind (local oder remote). Viele Kommunen vernetzen deshalb ihre Computer zu einem LAN (Local Area Network). Während sich Stand-alone-Systeme ohne Anschlüsse an Netze – zumindest im Großrechnerbereich – relativ leicht absichern lassen, entstehen im Zuge einer Vernetzung – neben den Sicherheitslücken des Netzwerkbetriebssystems – zusätzliche Sicherheitsprobleme auf dem und für den Transportweg. Neben der Möglichkeit der Manipulation von Daten oder Programmen durch eigene Mitarbeiter und der Gefahr einer Abhörung des Netzes verstärkt sich das Gefahrenpotenzial durch eingeschleuste Virenprogramme und Hacker. Diese Gefahren sind um so größer, wenn die Leitungen eines Netzes durch fremde Räumlichkeiten oder fremdes Gelände verlaufen bzw. wenn man sich eines externen Netzwerkes bedient. Eine weitere Steigerung des Gefahrenpotenzials bewirken die wachsenden Komplexitäten und Heterogenitäten der Computernetze.

Eine systematische Untersuchung der Sicherheitsrisiken in Netzen kam zu dem Ergebnis, dass unberechtigte Anwender ständig versuchen, die Netze zu missbräuchlichen Zwecken zu nutzen. Dabei werden angeschlossene DV-Systeme von den Unberechtigten in vielfältiger Weise genutzt und sei es nur dazu, irgendwelche Daten lesen oder verändern zu können oder um mit Hilfe dieser Rechner in andere Systeme gelangen zu können. Deshalb ist es auch für Kommunen wichtig, ihre lokalen Netze gegen Angriffe von außen zu schützen.

5.4.1 Risiken beim Netzbetrieb

Die Bedrohung des nicht autorisierten Zugriffs auf ein Netz oder der an diesem Netz angeschlossenen Rechner geht im Wesentlichen von den Einwählzugängen oder Gateways zu fremden Netzen aus. Dabei ist sowohl die nicht autorisierte Kommunikation zwischen zwei Punkten über das Netz und damit die unerlaubte Nutzung von Netzressourcen, als auch die Kommunikation mit zu schützenden Rechnern zu vermeiden. Die Hauptgefahrenquelle sind die Vermittlungsknoten, wobei die Gefahr im Zugriff auf fremde Rechner und in der Manipulation oder Nutzung von fremden Daten besteht.

a) Verletzung der Vertraulichkeit, der Integrität, der Verfügbarkeit und der Authentizität von Informationen

Das Betreiben eines lokalen Netzes stellt ein Risiko für die Informationssicherheit dar. Dabei wird unterschieden zwischen Gefahren für die
- Vertraulichkeit,
- Integrität,
- Verfügbarkeit und
- Authentizität

der Informationen.

Vertraulichkeit
Vertraulichkeit bezieht sich auf Informationen, die nur an autorisierte Personen zu bestimmten Zeiten und an bestimmten Orten offenbart werden dürfen. Bei einer Verletzung der Vertraulichkeit werden diese Informationen Nichtberechtigten zugänglich. Diese Verletzung wird häufig (z.B. beim Kopieren von Datenbeständen) nicht einmal bemerkt, da die Originaldaten unversehrt bleiben.

Integrität
Integrität bedeutet, dass sichergestellt ist, dass die Informationen komplett, akkurat und gültig sind. Die Verletzung der Integrität erfolgt durch das zufällige (z.B. bei einer fehlerhaften Datenübertragung) oder absichtliche Verfälschen von Informationen.

Verfügbarkeit
Verfügbarkeit bedeutet, dass der Zugriff auf Informationen bzw. die Speicher- und Kommunikationsmedien für Berechtigte stets ungehindert möglich ist. Gehen Informationen verloren bzw. sind sie logisch nicht mehr zugreifbar, so spricht man von einer Verletzung der Verfügbarkeit. Neben dem Verlust oder der physikalischen Zerstörung von Datenträgern können Programmfehler, Manipulationen von Zugriffstabellen und die mutwillige Blockierung der Rechnerabläufe den Zugriff auf die Information verhindern.

Authentizität
Authentizität stellt sicher, dass die Informationen von der angegebenen Quelle stammen. Zur Vermeidung der Vortäuschung einer falschen Identität müssen geeignete Identifikations- und Authentifikationsverfahren eingesetzt werden.

b) Gefahrenquellen

Die wichtigsten Gefahren neben
- höherer Gewalt (Personalausfall, Feuer, Wasser, Staub, Verschmutzung) und dem
- unbeabsichtigten Auftreten von
  - Hardwarefehlern (Ausfall des IT-Systems oder Teilen davon, Ausfall der Stromversorgung, Spannungsschwankungen/Überspannung/Unterspannung),
  - Softwarefehlern (die zu Fehlreaktionen führen können) oder
  - Übertragungsfehlern bzw. einer
  - Fehlbedienung und Fehleingaben

sind folgende vorsätzliche Handlungen:
- Abhören von Informationen (unberechtigte Kenntnisnahme von Daten),
- Verkehrsflussanalyse (wer hat wann, wie viele, wie oft, welche Informationen an wen gesendet?),
- unberechtigte Verknüpfung dezentral gespeicherter Daten,
- unberechtigte Speicherung, Veränderung (Manipulation), Löschung beziehungsweise Einfügung von Daten oder Programmen,
- unzulässige Erweiterung bzw. Missbrauch von Zugriffsrechten,
- Verschaffung eines unberechtigten Zugangs zum Rechner oder zum lokalen Netz,
- Vortäuschen einer falschen Identität (Maskerade),
- Erschleichung von Übertragungsdienstleistungen,
- Angriffe auf die Verfügbarkeit von Diensten (die Datenübertragung kann z.B. durch die Manipulation von Netzkomponenten oder durch gezieltes Erzeugen von Netzlast behindert werden),
- Netzwerküberlastung und
- Sabotagehandlungen (z.B. Zerstörung von Geräten oder Zubehör, Einschleusung von Trojanischen Pferden und sonstigen Viren).

c) Risikoanalyse

Aus den oben angeführten Risiken und Bedrohungen sind diejenigen zu ermitteln, die für das eigene Netzwerk relevant sind, damit entsprechende Gegenmaßnahmen ergriffen werden können. Bei einer Risikoanalyse muss auch darauf geachtet werden, dass der zu betreibende Aufwand für diese Gegenmaßnahmen in einem wirtschaftlich sinnvollen Verhältnis zu den möglichen Auswirkungen und zu der Eintrittswahrscheinlichkeit eines bestimmten Risikos steht.

5.4.2 Sicherheitsmaßnahmen beim lokalen Netzwerk

Nachdem im vorhergehenden Kapitel die Bedrohungen der Sicherheit im Netzwerk aufgezeigt worden sind, wird nunmehr ein Blick auf die Maßnahmen geworfen, mit denen ein höheres Maß an Sicherheit erreicht werden kann.

a) Sicherheitsmechanismen

Nachfolgend einige der wichtigsten Mechanismen zur Sicherung einer Netzkommunikation.

Black Box
Black-Box-Lösungen sind Hardwarezugriffsschutzsysteme, die unabhängig von den jeweiligen Endgeräten und Betriebssystemen zwischen Rechnersysteme und Netzanschluss geschaltet werden. In Zusammenarbeit mit einer entsprechenden Sicherheitseinrichtung auf der Gegenseite sorgen sie für eine (kryptographische) Sicherung der Netzkommunikation. Der Zugang zum Rechner wird erst nach Anruferidentifikation gewährt, wobei die jeweilige Zugriffsberechtigung überprüft und der Anrufer erst nach Authentisierung durchgeschaltet wird.

Einsatz kryptographischer Verfahren
Man unterscheidet bei der Kryptographie zwischen symmetrischen und asymmetrischen Verfahren. Symmetrische Verfahren arbeiten mit einem Schlüssel für die Ver- und Entschlüsselung (Privat Key), der allen beim Nachrichtenaustausch beteiligten Partnern bekannt ist. Bei diesem Verfahren ist die Gefahr einer Weitergabe des Schlüssels allerdings relativ groß.
Sicherer sind asymmetrische Verfahren (Public-Key-Verfahren) bei denen zwei Schlüssel (Komplementärschlüssel) verwendet werden: ein geheimer privater Schlüssel und ein öffentlicher Schlüssel, der beliebigen Partnern

bekannt gegeben werden kann. Mit dem öffentlichen Schlüssel lässt sich die Nachricht entschlüsseln, und es lässt sich zweifelsfrei nachweisen, dass nur der Eigentümer des privaten Schlüssels die Nachricht abgesandt haben kann. Darüber hinaus lassen sich elektronische Unterschriften erzeugen, mit denen die Identität von Partnern sowie die Herkunft und der Empfang von Nachrichten einwandfrei nachgewiesen werden können.

Chipkarten (SmartCards)
Chipkarten können nicht nur zur Authentifizierung dienen. Sog. Smart Cards beinhalten auch Verschlüsselungsalgorithmen, mit denen Informationen ver- und entschlüsselt werden können. Chipkarten eignen sich somit für die Realisierung wichtiger Sicherheitsmaßnahmen in Netzwerken (Zugriffskontrolle, Nachrichtenauthentifikation, Nachrichtenverschlüsselung, elektronische Unterschrift).

IPSec
IPSec ist ein Übertragungsprotokoll, das dazu benutzt werden kann, Daten während einer Online-Übertragung vor illegalem Zugriff zu schützen. Zum einen wird eine gegenseitige Authentifizierung der an der Datenübertragung beteiligten Rechner durchführt. Zum anderen werden die Daten verschlüsselt übertragen. Allerdings wird IPSec nur von den neueren Betriebssystemen (z.B. Windows 2000) unterstützt.

b) Spezifische Sicherheitsmaßnahmen

Zur Gewährleistung des Datenschutzes und der Datensicherheit im Netzwerk müssen entsprechende Maßnahmen ergriffen werden. Neben den unter 5.1.4 bzw. 5.3 aufgeführten allgemeinen Sicherheitsmaßnahmen und PC-Sicherheitsmaßnahmen sind im Netzwerk folgende Sicherheitsmaßnahmen zu beachten:

– revisionsfähige Dokumentation des Netzwerkes (Verkabelungsplan, Installations- und Konfigurationsdokumentation) und der Abruf- und Übermittlungsprogramme,
– Trennung von Produktions- und Testnetz bzw. Trennung von Forschungs- und Verwaltungsdaten,
– Minimierung der Zahl der Übergänge zu öffentlichen Netzen und Absicherung der Gateway-Rechner,
– Schaffung kleiner, überschaubarer Subnetze, die über Repeater, Bridges oder Router miteinander verknüpft sind (Netzstrukturierung),

- Schutz des Netzwerkes vor schädigenden Umgebungseinflüssen (Hitze, Kälte, Feuchtigkeit, Magnetfelder),
- räumliche Abschottung und Zutrittsregelung für den Serverraum und die Standorte der Netzverteiler, Router, Bridges, Gateways, Multiplexer usw.,
- Absicherung des Servers gegen unbefugten Zugriff mittels Boot- und Setup-Passwort,
- ausschließlicher Anschluss sog. „diskless" PC als Clients (keine Platte und kein Diskettenlaufwerk – das Booten des PC geschieht mit Hilfe eines PROM = Programmable Read Only Memory, der auf die Netzwerk-Adapterkarte gesteckt wird und der Bereithaltung einer Initialisierungsdatei (Remote Boot) auf der Festplatte des File-Servers) und Sperrung der seriellen und parallelen Schnittstellen dieser Clients,
- Verwendung von abgeschirmten Kabeln zwecks höherer Abhörsicherheit,
- Nutzung des File-Servers ausschließlich im dedizierten Betrieb,
- Trennung der Steuereinheiten und Netzverteiler von den Rechnern (Dezentralisierung),
- Backup-Server (gespiegelter File-Server mit eigenem Betriebssystem),
- Einsatz einer unterbrechungsfreien Stromversorgung (USV),
- Verwendung der Plattenspiegelung zur Ausfallsicherheit,
- Begrenzung der Netzverwaltung auf speziell definierte Arbeitsplatzcomputer,
- Sperrung der Serverkonsole,
- eindeutige Regelung der Verantwortlichkeiten,
- automatisierte Weiterreichung von berechtigten Anmeldungen an Server, Großrechner und Applikationen zur Vermeidung mehrfacher Anmeldeprozeduren,
- Einsatz geeigneter Verschlüsselungsverfahren zur Übertragung von Passwörtern über das Netz,
- restriktive Rechtevergabe (Ausführen, Lesen, Schreiben, Erstellen, Löschen) und Rechteprüfung für Zugriffe auf Ressourcen (Verzeichnisse, Programme, Dateien) möglichst nach dem Vier-Augen-Prinzip,
- Bindung der Zugriffsberechtigung an spezielle Arbeitsplatzcomputer,
- Verhinderung des Zugriffs auf die Netzbetriebssystemebene und Menueführung der Anwender im Netzwerk,

- Softwareverriegelung des Endgerätes durch den Benutzer bei Arbeitsunterbrechungen bzw. automatisch nach einer gewissen Zeit der Inaktivität,
- Sperrung des Endgerätes bzw. der Benutzerberechtigung bei mehrmaliger Falschanmeldung,
- Abweisung nichtautorisierter Rechner,
- zeitliche Begrenzung der Zugriffsmöglichkeiten,
- kennwortgeschützte Freigaben von Dateien und Ressourcen,
- Veränderungsschutz durch Integritätsprüfungen (z.B. mit Hilfe von Prüfsummen),
- Einsatz von Virenscannern auf verschiedenen Ebenen (Server, Endgerät),
- Netzwerkmonitoring zur Entdeckung und Analyse von Unstimmigkeiten im Netzwerk,
- Protokollierung aller sicherheitsrelevanten Ereignisse (erlaubte und abgewiesene Anmeldungen, Anlegen oder Löschen von Dateien usw.),
- Auswertung der Protokolle nach dem Vier-Augen-Prinzip,
- Verschlüsselung sensibler Daten auf den Festplatten der Server, der Datensicherungsträger und bei der Datenübertragung (online und offline),
- regelmäßige Datensicherung der Serverfestplatten,
- sichere Aufbewahrung der Backup-Datenträger,
- Katastrophenkonzept mit Wiederanlaufplan und
- Abschluss von Versicherungen gegen bestimmte Risiken (z.B. Feuer, Ausfall der Datenverarbeitung, Softwarefehler, Missbrauch).

c) Security Policy

Aufgrund der Kommunikationsanforderungen und einer ebenfalls durchgeführten Risikoanalyse muss ein ausführliches Regelwerk, eine sog. Security Policy, erstellt werden, in dem die Bedingungen zur Einrichtung, zum Betrieb und zur Verwaltung der Systeme für die Verbindungen zum Internet/Intranet festgelegt werden. In dieser Security Policy werden die grundsätzlichen Richtlinien bzw. Zielsetzungen bezüglich der angestrebten Datensicherheit definiert. Sie bestimmt dabei die personellen und organisatorischen Zuständigkeiten. Außerdem wird der erforderliche finanzielle und personelle Umfang festgelegt, mit welchem die Zielsetzung erreicht werden soll. Diese Security Policy enthält außerdem Festlegungen in Bezug auf eine Firewall sowie flankierende Vorgaben, z. B. hinsichtlich Virenschutz und Notfallkonzept.

Eine Security Policy sollte schließlich in der Erstellung eines Sicherheitskonzeptes für die Nutzung des Internets/Intranets münden. Dieses Sicherheitskonzept enthält dann die konkreten Umsetzungsmaßnahmen.

Mit Hilfe der Security Policy werden Regeln für die Kommunikation geschaffen, wie

- Vorgaben für die einzusetzende Hard- und Software,
- Festlegung der Infrastruktur, von Zuständigkeiten und Entscheidungskompetenzen,
- Auswahl und Zuordnung der Sicherheitsdienste zum Schutz der Vertraulichkeit,
- Ermöglichung des Zugangs zu Betriebsmitteln in einem anderen System,
- Durchführung der Authentifikation zwischen kommunizierenden Teilnehmern,
- Gewährleistung der Datenunversehrtheit (z. B. Einsatz kryptographischer Prüfsummen),
- Regelung, wie mit Fremdsoftware (z. B. im Rahmen eines Datenaustauschs) umzugehen ist,
- Überwachung aller Vorgänge im Netz,
- Festlegung des Verhaltens im Fehlerfall sowie
- Aufzeichnung, Meldung und Auswertung sicherheitsrelevanter Ereignisse (es muss dafür gesorgt werden, dass Versuche, die Sicherheit zu verletzen, sofort registriert und Gegenmaßnahmen ergriffen werden).

5.5 Sicherheit im Intranet/Internet

Das Internet ist das weltumspannende Netz für jedermann. Auch viele Kommunen sind bereits über das Internet erreichbar und schaffen so für ihre Mitarbeiter die technische Möglichkeit, sich der entsprechenden Dienste (E-Mail, www, usw.) direkt von ihrem Arbeitsplatz aus zu bedienen. Dabei ist das Internet keine Bezeichnung für ein homogenes Gebilde, sondern stellt einen Verbund von Netzwerken in der ganzen Welt dar, die alle über die Protokollfamilie TCP/IP miteinander kommunizieren. Das Internet ist dezentral organisiert und besitzt weder eine einheitliche Rechnerstruktur noch eine festgelegte Leitungsarchitektur. Seine Hauptmerkmale sind die Möglichkeit einer weltweiten Kommunikation in Form von

E-Mail und die Unterstützung von Datenfernverarbeitung in vernetzten Systemen.

Viele Kommunen und ihre Bediensteten sind sich der Gefahren, denen sie sich im Zusammenhang mit dem Internet aussetzen, nicht oder nur teilweise bewusst. Um diesen mit dem Anschluss an das Internet verbundenen Risiken und Gefährdungen für die Datensicherheit begegnen zu können und den Übergang vom eigenen Netz in das Internet gegen externe Angriffe möglichst sicher zu machen, müssen zusätzliche Maßnahmen ergriffen werden.

Wird das lokale Netz zur Verwendung von Internet-Techniken (z.B. TCP/IP, HTML, Web-Server, E-Mail, News, File Transfer) genutzt, spricht man von einem sog. Intranet. Immer mehr Landratsämter errichten ein solches Intranet für ihre Verwaltungen und die Kommunen ihres Landkreises.

Wesentliche Ziele eines solchen Intranets sind:
- das rasche und unkomplizierte Auffinden und Bereitstellen von gemeindeinternen Informationen für die eigenen Mitarbeiter,
- der Austausch von E-Mails zwischen den angeschlossenen Stellen,
- die Nutzung der Internet-Dienste und -Techniken,
- die Schaffung eines gemeinsamen Informationspools,
- die zentrale Bereitstellung von Formularen (Formularserver),
- der zentrale Zugang zum Internet sowie
- die Bereitstellung von Online-Diensten für den Bürger.

5.5.1 Sicherheitsrisiken bei der Nutzung des Internets/Intranets

Eine systematische Untersuchung der Sicherheitsrisiken in internationalen Netzen wie dem **Internet** hat folgende Schwachstellen ergeben:
- Unberechtigte Anwender nutzen praktisch ungehindert die Netze zu missbräuchlichen Zwecken.
- Angeschlossene Systeme werden ebenfalls von Unberechtigten in vielfältiger Weise genutzt (z.B. Lesen und Veränderung von Daten oder Benutzung der Rechner, um in andere Systeme zu gelangen).
- Ein Übergang vom Internet zu Teilnetzen ist problemlos möglich.

Die hauptsächlichen Gefahren eines Intranet mit Anschluss an das Internet sind:

a) Fehlende Sicherheitsmechanismen

Standardmäßig verfügt das Internet über keinerlei Sicherheitsmechanismen, weshalb die Übermittlung sensibler Daten äußerst problematisch ist.

b) Programmfehler und fehlerhafte Installationen

Ein einfacher Weg, um in Rechner einzudringen, besteht in der Ausnutzung von Programmierfehlern im Betriebssystem oder in den Anwendungen. So werden beispielsweise immer wieder Sicherheitslücken in Windows NT oder Windows 2000 aufgedeckt.

Eine weitere große Gefährdung der Datensicherheit geht von falsch konfigurierten Netzdiensten aus, deren Kontrollmechanismen dann eventuell leicht zu umgehen sind.

c) Herausfinden von Passwörtern

Leicht zu erratende Passwörter oder die Verwendung des bei der Installation des Betriebssystems eingerichteten Standardpasswortes stellen einen großen Schwachpunkt dar. Passwortraten bzw. -ausprobieren ist immer noch die gebräuchlichste Methode eines Hackers, in ein System einzudringen. Die am meisten gebrauchten Passwörter (sozusagen die Hitparade der Passwörter) können bereits im Internet aus entsprechenden Informationsquellen bezogen werden. Teilweise werden auch Dateien gestohlen, in denen Kennwörter gespeichert sind oder die Kennwörter werden bei einer Datenübertragung „abgehört" bzw. mit Hilfe von Trojanischen Pferden (siehe 5.6.2) ausgespäht.

Mit Hilfe von Entschlüsselungswerkzeugen wie CRACK werden zum Teil auch verschlüsselte Passwortdateien (wie /etc/passwd in Unix-Systemen) geknackt (**Brute Force Attack**). Auch zum Entschlüsseln der in Anwendungssoftware benutzten Passwörter gibt es Password-Recovery-Programme. Mit Hilfe dieser entschlüsselten Passwörter kann häufig Zugang zu anderen Systemen erlangt werden (Domino-Effekt).

Wird beispielsweise ein Administratorpasswort bekannt, kann ein Cracker in das Netzwerk eindringen und einen größeren Schaden anrichten, z.B.:

– Daten und Passworte stehlen, verändern oder löschen,

– in andere Netze eindringen,

- Überwachungsroutinen einrichten oder
- Trojanische Pferde installieren.

d) Abhören und Manipulation von Datenübertragungen

E-Mails und andere Datenpakete können, da sie häufig unverschlüsselt übertragen werden, mittels sog. sniffer-Programme abgehört werden, um daraus sicherheitsrelevante Informationen zu erhalten. Diese Gefahr droht nicht nur durch potentielle Straftäter, sondern auch durch Geheimdienste oder anderen Sicherheitseinrichtungen.

Sniffer können allerdings auch zur Behebung von Datensicherheitsproblemen eingesetzt werden. So können sie bei Verbindungsproblemen im Netzwerk zur genauen Analyse der Datenübermittlung dienen. Der Sniffer zeichnet die Verbindungen auf, damit die Paketinhalte genauer betrachtet werden können.

Die übertragenen Nachrichten können natürlich auch von einem unberechtigten „Mithörer" verändert, verfälscht, unterdrückt oder verzögert werden. Niemand, der eine Nachricht über das Internet empfängt, kann sicher sein, dass sie auch wirklich von dem angeblichen Absender stammt oder dass ihr Inhalt nicht verändert wurde.

e) Schwächen in den zur Datenübertragung verwendeten Protokollen

Die im Internet verwendeten Protokolle (IP und die darüber liegenden Protokolle TCP, UDP usw.) beinhalten generell keine sicheren Mechanismen zur Identifikation und Authentisierung im Netz. Es besteht daher immer die Gefahr des Herauskopierens von Datenpaketen aus dem Informationsfluss und des Versendens gefälschter Pakete (sog. **Spoofing**). Mit fehlerhaften oder gefälschten Wegeinformationen können Zielrechner auch über den tatsächlichen Absender eines Pakets getäuscht werden (Vortäuschen einer falschen Identität, Maskerade).

Bei jedem Verbindungsaufbau wird Speicher und Rechnerzeit verbraucht, der damit anderen Nutzern und Anwendungen nicht zur Verfügung steht. Erfolgt nun eine Überflutung mit Verbindungsaufnahmen und gültigen oder ungültigen Datenpaketen, werden der betroffene Rechner oder ein ganzes Netzwerk blockiert (**Denial of Service**-Attacke = Dienstverweigerung). Dies kann bedeuten, dass

- der Rechner (Server) deutlich langsamer wird,
- der Rechner (Server) von außen nicht mehr erreichbar ist,
- die Netzwerkleistung reduziert wird oder
- der Rechner oder das gesamte Netzwerk abstürzt.

f) Erstellung von Kommunikationsprofilen

Jeder Nutzer des Internets hinterlässt eine Datenspur, so dass festgestellt werden kann, wer welche Informationen abgerufen hat und wer mit wem elektronisch korrespondiert. Diese Erkenntnisse können zu unerwünschten Kommunikationsprofilen verdichtet werden.

g) Unsichere Internet-Dienste

Über **Telnet** erhält ein Anwender Zugang zu einem Remote-Computer. In einer unsicheren Umgebung kann Telnet von einem Angreifer so manipuliert werden, dass Name, Passwort und eventuell die gesamte Übertragung eines Anwenders ausgespäht werden können. Diese Manipulation wird auch des öfteren dazu genutzt, auf Rechnung des Ausgespähten Ressourcen des Internet zu nutzen.

Der FTP-Dienst ermöglicht den Zugriff auf Daten über Netzwerke hinweg. Mittels FTP können beliebige Dateien aus dem Internet auf einen lokalen Rechner heruntergeladen werden. Dies stellt ein erhebliches Sicherheitsrisiko dar, da die Daten nicht nur im Klartext übertragen werden sondern auch Trojanische Pferde, Würmer oder andere Viren enthalten können.

Chat-Programme, die „Plauderstunden" im Internet ermöglichen, stellen eine besonders große Gefahr für die Datensicherheit dar. So können die verwendete IP-Adresse ermittelt und anschließend bekannte Schwachstellen für Angriffe ausgenutzt werden.

Vielfach versuchen Angreifer, Trojanische Pferde durch Anhängung eines ausführbaren Programmes an eine **E-Mail** im Rechner des Nachrichtenempfängers zu platzieren, um vielleicht als TSR (terminate-and-stay-resident = speicherresidentes Programm) Passwörter zu sammeln oder Dokumente zu verändern bzw. zu löschen, ohne dass der Anwender es bemerkt. Eventuell enthält das über Mail verschickte Programm auch einen verschlüsselten Virus, der vom Virenscanner nicht entdeckt werden kann.

h) Aktive Inhalte

ActiveX ist eine Technologie, die es ermöglicht, www-Seiten um eine Vielzahl von Effekten zu erweitern. Als **ActiveX-Controls** werden kleine Programme bezeichnet, die entweder in bestehende www-Seiten eingebunden oder als selbständige Programme ausgeführt werden können. **ActiveX-Scripts** sind Programmcodes, die Interaktionsmöglichkeiten der Benutzer unterstützen und in www-Seiten eingebunden sind.

Diese ActiveX-Komponenten können sowohl zum Ausforschen von Nutzern und Rechnern bzw. Netzwerken dienen als auch Viren ins System einschleusen.

Javascript ist ebenfalls eine Scriptsprache und dient der Erstellung von Webseiten (z.B. Einbindung dynamischer optischer Effekte). Ausgeführt werden die Scripts mit Hilfe der gängigen Webbrowser. Ursprünglich sollten Zugriffe auf Ressourcen im Netzwerk mit Hilfe von Javascript ausgeschlossen sein. Allerdings weisen die Browser so viele Design- und Implementierungsfehler auf, das daraus Sicherheitslücken entstehen, die zu einer Beeinträchtigung der Datensicherheit führen können.

Nicht zu verwechseln mit Javascript ist die Programmiersprache **Java**. Sie bietet die Möglichkeit, Anwendungen für das World Wide Web zu erstellen (Java-Applets). Da aber auch diese Applets mit Hilfe der Browser aufgerufen werden, bestehen auch hier große Sicherheitsrisiken. Überdies dient auch Java im zunehmenden Maße dem Transport von Viren.

i) Unkontrollierter Datenverkehr

Häufig wird nicht überwacht, welche Aktivitäten mit dem aus den Internet eingehenden Nachrichten im eigenen System (oder Netz) durchgeführt werden. Auch wird nicht überprüft, welche (eventuell auch geheime) Daten eigene Mitarbeiter in das Netz (z.B. mittels E-Mail oder File-Transfer) senden.

j) Strafdaten durch ehemalige Mitarbeiter

Die häufigsten Computereinbrüche werden durch ehemalige (unzufriedene) Mitarbeiter oder durch Personen verübt, die gezielt den Kontakt zu Firmenmitgliedern suchen, um so die Voraussetzungen für einen Einbruch zu schaffen.

k) Überlastung der Systeme

Mit **Spamming** wird das massenhafte Versenden von E-Mails bezeichnet. Als Angriff hat es zum Ziel, den Web-Server eines Unternehmens oder einer Behörde bzw. eines Internet-Providers zum Stillstand zu bringen. Zu diesem Zwecke wird der Server und das dazugehörige Netzwerk mit nutzlosen Datenpaketen überflutet und damit überlastet. Dies ist eine Möglichkeit, ein System zum Absturz oder Stillstand zu bringen.

5.5.2 Sicherheitsmaßnahmen für das Internet/Intranet

Neben den aus dem lokalen Netz bekannten Sicherheitsmaßnahmen (z.B. rigorose Einschränkung der Zugriffs- und Nutzungsrechte auf das unbedingt Notwendige, Auswertung von Sicherheitsverletzungen in den maschinell geführten Protokollen und effektiver Passwortschutz – siehe Sicherheitsgrundsätze zur Passwortvergabe, -wahl und -verwaltung) müssen zur Absicherung des Intranets zusätzliche Maßnahmen ergriffen werden. So müssen beispielsweise alle Server und die Firewall durch Maßnahmen der Zugangskontrolle physisch geschützt werden. Die Datenzugriffe auf Server und insbesondere die Nutzung administrativer Berechtigungen müssen intensiv mit Hilfe der Protokollierung überwacht werden.

a) Dienstanweisung

Bezüglich der Nutzung des Intranets/Internets und des E-Mail-Dienstes sollte eine Dienstanweisung erstellt werden, die allen Benutzern schriftlich zur Kenntnis gebracht werden muss. Sinn dieser Richtlinie ist die Sensibilisierung der Benutzer für die Gefahren bei der Nutzung des Internets bzw. Intranets und die Vermittlung von Verhaltensregeln. Begleitend zu der Dienstanweisung muss eine Schulung zu Sicherheitsmaßnahmen erfolgen. Außerdem müssen die Benutzer darüber aufgeklärt werden, dass ihre Verbindungen ins Internet protokolliert werden. Dabei sollte der Grund der Protokollierung (Festhaltung der Verstöße gegen die vorgegebenen Datensicherheits- und Datenschutzregeln) erläutert werden. Die Aufklärung hat auch einen gewissen Warneffekt, der Anwender von einem potenziellen Missbrauch abhalten kann.

b) Protokollierung

Unter Protokollierung ist die Aufzeichnung von Daten zu verstehen, die Aktionen in einem System oder Zustände eines Systems beschreiben. Zur Sicherstellung und zum Nachweis der Ordnungsmäßigkeit der Datenverarbeitung sind Protokolle unerlässlich. Sie können aber auch als Entlastungsbeweis dienen.

Das Wissen der Bediensteten um bestehende Aufzeichnungen und damit um die Möglichkeit umfassender nachträglicher Aufklärung eventueller auch länger zurückliegender Unregelmäßigkeiten trägt wesentlich dazu bei, bereits auf den Versuch eines Missbrauchs der Datenverarbeitungsprogramme zu verzichten.

Der **Umfang der Protokollierung** ist von der Sensibilität der Anwendungen und Daten abhängig. In belanglosen Fällen dürfte es reichen, wenn man sich auf signifikante Stichproben beschränkt (Grundsatz der Angemessenheit).

In der Praxis wird auf die Protokollierung von **lesenden Satzzugriffen** meist verzichtet, da den Benutzern ein aufgabenbezogenes Zugriffsberechtigungsprofil zugeordnet wurde, so dass Lese- und Schreibzugriffe nur im Rahmen dieser Zugriffsberechtigung auftreten können. **Schreibende Zugriffe**, wie Einfügen, Ändern, Löschen, werden in vielen Anwendungen ohnehin veranlasserbezogen festgehalten, so dass für einen festgelegten Zeitraum dokumentiert bleibt, wer aus welchem Grund was verändert hat. Auch Datenbanksysteme protokollieren alle schreibenden Zugriffe.

Es gibt jedoch Ausnahmen, bei denen auch die Protokollierung von satzbezogenen Lesezugriffen für eine effektive Beweissicherung Sinn macht, nämlich bei automatisierten Abrufverfahren (Übermittlung i.S. des Datenschutzrechts). Beispiele für automatisierte Abrufe aus dem öffentlichen Bereich sind Abrufe beim maschinellen Grundbuch (SOLUM STAR), beim Kfz-Halter-Register des Kraftfahrt-Bundesamts oder beim Ausländerzentralregister. Bei manchen dieser Verfahren wird wegen der Menge der Abfragen nur stichprobenweise protokolliert.

Bei einer regelmäßig (täglich) stattfindenden Auswertung der Protokolle muss es – wie erwähnt – vor allem darum gehen, Verstöße gegen die vorgegebenen Datensicherheits- und Datenschutzregeln festzuhalten, um deren Ursachen nachgehen zu können. Durch diese regelmäßige Auswertung der von den Computern erzeugten Protokolle kann unter Umständen festgestellt werden, ob jemand in das System eingedrungen ist oder versucht hat, einzudringen. Wird zum Beispiel festgestellt, dass die Anmel-

dung eines Benutzers zu einer Zeit erfolgte, die nicht in seine Arbeitszeit fällt, kann bereits ein Einbruch aufgedeckt worden sein. Bei der Protokollauswertung ist insbesondere auf folgende Punkte zu achten:
- Unstimmigkeiten bei Login-Datum und -Zeit,
- Anzahl der fehlgeschlagenen Anmeldungen und Zugriffsversuche,
- fehlende oder veränderte bzw. neue Dateien,
- auffällig lange Internetverbindungen,
- Veränderungen bzw. ungewöhnliche Einträge in der Passwortdatei,
- übermäßige Rechner- bzw. Speicherauslastung (Hinweis auf Denial of Service-Attacken),
- mehrmaliger Neustart von Netzwerkkomponenten,
- Änderungen an den Sicherheitsrichtlinien und
- Regelmäßigkeit der Protokollierung (Hinweise auf Manipulation der Logfiles).

Die Protokolldateien müssen gegen mögliche Manipulationen geschützt werden. So versuchen Hacker meistens, ihre Angriffe zu verschleiern, wozu sich das Löschen ihrer Zugriffe in den Logfiles anbietet.

Gemäß Art. 17 Abs. 4 BayDSG ist eine Verarbeitung und Nutzung von gespeicherten Protokolldaten nur zulässig, wenn sie ausschließlich zu Zwecken der Datenschutzkontrolle, der Datensicherung oder zur Sicherstellung eines ordnungsgemäßen Betriebes einer Datenverarbeitung dienen. Durch eine Dienstvereinbarung mit dem Personalrat muss daher sichergestellt sein, dass das Instrument der Protokollierung nicht zweckentfremdet verwendet wird, etwa für die Durchführung einer Verhaltens- oder Leistungskontrolle der Mitarbeiter. In dieser Vereinbarung sollten die zulässigen Auswertungen der Protokolldateien (wer darf diese wie, mit welchen Hilfsmitteln, in welchen Abständen und zu welchen Zwecken auswerten) sowie die Art ihrer Nutzung festgelegt werden. Eine Änderung der Zweckbestimmungen ohne Anhörung der Personalvertretung ist auszuschließen.

Sonstige Hinweise zur Protokollierung enthalten die Orientierungshilfen „Datenschutzrechtliche Protokollierung beim Betrieb informationstechnischer Systeme (IT-Systeme)" sowie „Datenschutzfragen des Anschlusses von Netzen der öffentlichen Verwaltung an das Internet" (beide auf der Home-Page des Bayerischen Landesbeauftragten für den Datenschutz).

c) Analyse des Kommunikationsbedarfs

Als Nächstes muss eine Analyse des Kommunikationsbedarfs durchgeführt werden. Dabei sind folgende Grundsätze zu beachten:

- Es muss festgelegt werden, welche Dienste des Intranets und des Internets genutzt werden sollen. Diese Festlegung dient der Auswahl des zu realisierenden Zugangs.
- Nicht jeder Server im internen Netz muss beispielsweise direkt mit dem Internet verbunden sein.
- Die Zahl der Übergänge zum Internet muss minimiert werden.
- Wenn möglich, sollte der Übergang vom lokalen Netz zum Internet nur an einem einzigen (damit leichter zu kontrollierenden) Punkt erfolgen und nicht mit einer Vielzahl von Verbindungen. Dieser Übergang muss eine Filterwirkung entfalten, d.h. nur Berechtigte mit explizit erlaubten Protokollen in das eigene Netz hineinlassen und auch nur dazu Berechtigten den Zugriff auf genau festgelegte Dienste zu gestatten.
- Schließlich muss festgelegt werden, welche Dienste des Internets/Intranets genutzt werden sollen. Diese Festlegung dient der Auswahl des zu realisierenden Zugangs. Dabei ist zwischen Diensten, die im Internet/Intranet abgerufen werden sollen und Diensten, die im Internet/Intranet angeboten werden sollen, zu unterscheiden.
- Jeder Netzteilnehmer sollte nur auf die Intranet- und Internet-Ressourcen zugreifen können, die er für die Erledigung seiner Aufgaben benötigt.

d) Absicherung der Übergänge

Jedes Netzwerk sollte möglichst nur einen Zugang zum Internet haben. Dieser Übergang muss rigoros abgesichert und überwacht werden, um ein unbefugtes Eindringen in das lokale Netz und damit ein Lesen, Ändern und Löschen von (personenbezogenen) Daten verhindern zu können.

Mittlerweile existieren einige Sicherheitsverfahren, mit denen sich die Identität eines Teilnehmers überprüfen lässt, bevor er Zugang zum System erhält:

- Für einen gesicherten seriellen Datentransfer über Modem sind Modems mit Rückruffunktion (**Callback**) erhältlich. Hierbei wird der anrufende Teilnehmer vom System identifiziert und die Verbindung wird zunächst abgebrochen. Durch eine eingespeicherte Rufnummer (anhand einer vorher festgelegten Tabelle) wird der Anrufer angewählt und damit seine Identität überprüft. Ein Hacker müßte somit für ein unerlaubtes Eindringen im Besitz des gültigen Codes sein und sich am richtigen Endgerät befinden. Das Callback-Verfahren bietet sich an, wenn die Anwender immer von derselben Stelle aus Zugang zum Netz begehren.

– Das Softwareverschlüsselungssystem **Kerberos** (nach dem dreiköpfigen Höllenhund aus der griechischen Sage benannt) ist ein Programm, das Passwörter verschlüsselt und mittels einer Verständigung zwischen den Computern den Anwender sicher authentifiziert. Die Kommunikationspartner stellen sich in verschlüsselter Form je eine Meldung zufälligen Inhalts zu (Zweiweg-Authentisierung), die nur sie entschlüsseln können.

– Jeder Anwender erhält vom System eine Liste mit einmalig verwendbaren Passwörtern, die er mit jedem Zugang der Reihe nach abarbeitet. Sind die Passwörter aufgebraucht, verschickt das System automatisch eine neue Liste.

– Meldet sich ein Teilnehmer beim System an, muss er eine zufällig ausgewählte Frage (zumeist eine mathematische Verknüpfung von Zahlen – Challenge Response) beantworten, bevor er Zugang erlangt. Die Form der Verknüpfung ist nur dem betreffenden Teilnehmer bekannt.

e) Ausfiltern unerwünschter Seitenzugriffe

Das Ausfiltern unerwünschter Seitenzugriffe im Intranet kann durch den Einsatz von Verfahren unterstützt werden, die es erlauben, die Zugriffe aus dem Intranet auf das Internet inhaltsabhängig (z.B. nach Sex, Gewalt oder kriminellen Inhalten) zu filtern und gegebenenfalls zu blockieren. Bei der Filterung werden aufgerufene Internetadressen mit den Listen der aktivierten Kategorien verglichen. Bei Übereinstimmung wird der Zugriff auf das angeforderte Internetangebot abgewiesen und der Anwender mit einem entsprechenden Hinweis darüber informiert. Die Pflege dieser Adresslisten bedingt allerdings einen hohen Verwaltungsaufwand.

f) Abschottung der Netzteilnehmer untereinander

Es muss durch Ergreifung entsprechender Sicherheitsmaßnahmen auch eine Abschottung der Netzteilnehmer untereinander gewährleistet sein, so dass beispielsweise der Netzbetreiber oder die Gemeinde A nicht unerlaubterweise auf die im Netz der Gemeinde B gespeicherten Daten zugreifen kann. Entsprechende Sicherheitsmaßnahmen müssen auch zur Gewährleistung der Vertraulichkeit beim Versand von E-Mails getroffen werden.

g) Einsatz einer Firewall

Um ein Intranet von einem unsicheren Netz oder verschiedene Netzbereiche des Intranets voneinander abzuschotten, bietet sich eine Firewall an. Firewalls können Hardwarekomponenten oder Softwarelösungen sein. Wie beim Hausbau, wo eine Brandschutzmauer einen Raum vor dem Übergreifen des Feuers auf einen anderen Raum schützt, soll eine Firewall ein internes Netz vor unberechtigten Zugriffen von außen durch ein Tor (Gateway) sichern und den Datenverkehr zwischen internen und externen Netz regeln und kontrollieren. Dabei handelt es sich um technische und administrative Maßnahmen zur Kontrolle der Kommunikation zwischen dem eigenen und dem unsicheren offenen Netz (Internet).

Der Hauptzweck einer Firewall besteht also darin, den Benutzern eines externen Netzes die Dienste des internen Netzwerks zu verweigern und zu verhindern, dass kommunale Daten nach außen gelangen, dabei aber gleichzeitig den internen, berechtigten Benutzern alle notwendigen Dienste des externen Netzwerks (z.B. des Internets) zur Verfügung zu stellen. Ein weiteres Ziel ist es, potentielle Angreifer schnellstmöglichst zu erkennen und abzuwehren. Firewalls können helfen, Cracker und Hacker von Netzwerken fernzuhalten. Nahezu jedes Sicherheitssystem kann aber überwunden werden, wenn man entsprechende intensive Bemühungen einsetzt. So schützen Firewalls zwar gegen ganz bestimmte Einbruchs- und Sabotageversuche von außen, zur Verhinderung von Missbrauch durch eigene (oder ehemalige) Mitarbeiter sind sie aber genauso wenig geeignet wie als Virenschutz. So können Angriffe, die über den Inhalt der Anwendungsdaten erfolgen (z.B. mittels Javascript) nicht erkannt und damit auch nicht abgewehrt werden. Außerdem kann eine Firewall nur diejenigen Kommunikationsverbindungen schützen, von denen sie durchlaufen wird. Existieren zusätzliche Übergangsmöglichkeiten zu unsicheren Netzen, wird die Firewall unterlaufen. Daher müssen zusätzliche Sicherheitsmaßnahmen, wie z.B. Authentisierung, der Firewall nachgeschaltet werden und es vervollständigen. Zur Gewährleistung der Datenintegrität ist außerdem eine generelle Virenprüfung sämtlicher übertragenen Dokumente (gilt auch für E-Mail) mit möglichst zwei unterschiedlichen, aktuellen Virensuchprogrammen unbedingt erforderlich.

Eine permanente Überwachung der Firewall und ihrer eingestellten Regeln sowie das Erkennen von Angriffen stellen eine Grundvoraussetzung für die Zuverlässigkeit einer Firewall dar. Diese lückenlose Kontrolle ist jedoch für viele Behörden mit eigenem Personal kaum zu realisieren. Deshalb entscheiden sich immer mehr Stellen für ein Outsourcing der Administration und der Überwachung der Firewall. Dabei müssen die Rechte und Pflichten (z.B. Verschwiegenheitspflicht, Verpflichtung der Mitarbeiter auf das Datengeheimnis etc.) des Auftragnehmers schriftlich geregelt sein, wobei auch auf Kontrollen der Auftragsausführung und Vertragsstrafen einzugehen ist (siehe Muster zur Auftragsdatenverarbeitung auf der Home-Page des Bayer. Landesbeauftragten für den Datenschutz). Zusätzlich sollten alle vom Hersteller der Firewall verfügbaren Service Packs und Patches eingespielt werden, um bekannte Sicherheitslücken schließen zu können.

Selbstverständlich muss jede Firewall selbst wiederum abgesichert und überwacht werden:

- Eine Firewall sollte keine eigenen Dienste unterstützen. Sie darf Anwendern nicht für den direkten Zugriff zur Verfügung stehen und keine anwendungsorientierten Dienste oder Programme anbieten.
- Außer dem Systemverwalter erhält kein Anwender Nutzungsrechte für die Firewall.
- Alle Systemaktivitäten (auch die des Systemverwalters) müssen vollständig protokolliert und unter Sicherheitsgesichtspunkten regelmäßig ausgewertet werden.
- Als Ergänzungssoftware zu Firewalls wurden die sog. **Intrusion Detection-Systeme** entwickelt. Diese Analysesysteme sind primär auf das Entdecken von Eindringlingen ausgelegt und erlauben dabei – sobald Unregelmäßigkeiten festgestellt werden – ein automatisches Auslösen von Alarmen und/oder von Gegenmaßnahmen, z.B.:
  - Trennen der Verbindung oder Beenden der Dienste,
  - evtl. Beendigung des gesamten Netzwerkbetriebs,
  - Analysieren des Angriffs und der Schwachstellen,
  - Sichern von Beweisen,
  - Bewertung des Angriffs,
  - Benachrichtigung der Systemverantwortlichkeiten per E-Mail oder SMS,

- Wiederherstellen des Systems und Wiederaufnahme des Betriebs sowie
- Beseitigung der Schwachstellen.

Eine weitere Aufgabe von Intrusion Detection Systemen ist die Verhinderung von Schäden an den betroffenen Rechnern. Die Protokollierung aller Netzwerkaktivitäten ist dabei eine der wichtigsten Maßnahmen dieser Software. Sie dient vor allem der Suche nach bekannten Angriffsmustern und dem lückenlosen Nachvollzug jedes Netzwerkzugriffs. Im Gegensatz zu Firewalls überwachen Intrusion Detection Systeme den gesamten Datenverkehr auch innerhalb eines LAN oder Intranet. Damit können auch Angriffe aus dem eigenen Netz erkannt und abgefangen werden.

– Die Integrität der Sicherheitsmaßnahmen einer Firewall muss ständig kontrolliert werden (Revision). Bei einem Verdacht auf ein Fehlverhalten der Firewall müssen sofort weitergehende Maßnahmen ergriffen werden.

Nähere Informationen über den Einsatz von Firewalls – insbesondere auch hinsichtlich der Auswertung der Firewall-Protokolle – enthält die Orientierungshilfe „Datenschutzfragen des Anschlusses von Netzen der öffentlichen Verwaltung an das Internet" auf der Home-Page des Bayerischen Landesbeauftragten für den Datenschutz.

h) Verschlüsselung und digitale Unterschrift

Beim Versand von Nachrichten und sonstigen Informationen über das Internet ist zu berücksichtigen, dass das Internet ein offenes Netz ist und von sich aus derzeit keinerlei Schutzmechanismen zur Wahrung der Vertraulichkeit, Integrität und Authentizität bietet. Deshalb sind alle über das Internet zu versendenden schutzwürdigen Daten (z.B. bei Versand per E-Mail oder mit FTP) zu verschlüsseln und soweit möglich digital zu signieren. Dies setzt voraus, dass der Empfänger auch über entsprechende Vorrichtungen verfügt, die es ihm gestatten, die Zeichenfolge wieder zu entschlüsseln und die Signatur zu verifizieren. Wichtig ist dabei, dass bei E-Mails nicht nur die Nachrichten selbst verschlüsselt werden, sondern auch deren Anlagen, soweit schutzwürdige Inhalte gegeben sind. Als hinreichend sichere Algorithmen gelten derzeit symmetrische Verfahren mit mindestens 128 Bit Schlüssellänge. Für asymmetrische Verfahren wird empfohlen, eine Schlüssellänge von wenigstens 1024 Bit zu verwenden.

Softwareprodukte dazu stehen im Internet sowie auf dem Markt zur Verfügung. Eine Verschlüsselung der **internen E-Mails** (also auch innerhalb des Intranets) ist immer dann durchzuführen, wenn personenbezogene Daten übertragen werden, die anderen Mitarbeitern (also auch den Systemverwaltern) nicht zur Kenntnis gelangen dürfen und der unerlaubte Zugriff auf die E-Mails nicht ausgeschlossen werden kann.

i) Absicherung von Internet-Diensten (z. B. FTP, Telnet)

Beim FTP (File Transfer Protocol) sind, neben den bereits erwähnten, weitere Sicherheitsaspekte zu beachten. Einerseits werden Passwörter unverschlüsselt über das Internet gesandt, welche verhältnismäßig einfach geknackt werden können. Andererseits hat mit FTP jedermann die Möglichkeit, auf einem Rechner eine sog. Zeitbombe oder ein Trojanisches Pferd zu platzieren. Daher empfiehlt es sich, nur Einmalpasswörter oder zumindest erweiterte Sicherheitsmaßnahmen (z. B. Verschlüsselung mittels Secure Socket Layers – SSL) vorzusehen und die Schreibberechtigung drastisch einzuschränken.

Für das Telnet gelten im Wesentlichen dieselben Sicherheitsmaßnahmen wie für E-Mail und FTP.

j) Einsatz von virtuellen privaten Netzen (VPN)

Ein VPN ist ein privates Netzwerk, welches von der öffentlichen Telekommunikationsstruktur Gebrauch macht, gleichzeitig die Privatsphäre durch den Einsatz von sog. Tunnelling- und Sicherheitsprotokollen schützt und in der Regel über das Internet realisiert wird. Virtuell bedeutet dabei, dass der Anwender glaubt, seine Daten laufen über exklusive (private) Verbindungen. In Wirklichkeit wird die vorhandene Netzstruktur jedoch – aus Kostengründen – von verschiedenen Anwendern gemeinsam genutzt.

Die Schaffung von VPN bietet sich vor allem dann an, wenn es entfernten Benutzern ermöglicht werden soll, auf das interne Netzwerk zuzugreifen (z.B. Telearbeit). Mit Hilfe von VPN können sichere Verbindungen durch strenge Authentifizierungsmechanismen und Datenverschlüsselung während der Übertragung gewährleistet werden.

Genau wie in jedem anderen Netz muss bei einem VPN die Vertraulichkeit und Integrität der Daten gewährleistet sein. Dies kann in virtuellen privaten Netzwerken durch den Einsatz starker Verschlüsselungstechniken wie Triple DES geschehen. Für die Verschlüsselung wird sich häufig der VPN-Funktionen von Firewalls bedient.

k) Sicherheitsmaßnahmen bei Webbrowser

Die Hersteller der gängigen Webbrowser bemühen sich, bekannt gewordene Sicherheitsprobleme zügig zu beseitigen. Deshalb sollte immer die neueste Programmversion installiert werden.

Aus Gründen einer Virengefährdung und zur Vermeidung des Ausforschens von Nutzern der Rechner sollte bei der Verwendung der gängigen Webbrowser Internet Explorer und Netscape Communicator zumindest bei den für das Internet berechtigten PC's das Ausführen von ActiveX-Scripts und das Aktivieren von Java-Programmen ausgeschaltet werden (im Menü „Ansicht/Optionen/Sicherheit" beim Microsoft Internet Explorer bzw. im Menü „Bearbeiten/Einstellungen/Erweitert" beim Netscape Communicator). Ist dies nicht möglich, sollte zumindest eine hohe Sicherheitsstufe bei den eingesetzten Browsern gewählt werden. Dadurch werden beispielsweise nur zertifizierte ActiveX-Controls akzeptiert. Einen weiteren Schutz bieten Java-Filter, die Listen mit Servern definieren, von denen Java-Applets akzeptiert werden. Bei den neueren Browser-Versionen ist zudem das Arbeiten mit signierten Applets möglich.

Da auch durch die Verwendung der plattformunabhängigen Scriptsprache Javascript Gefahren drohen, sollte diese Funktionalität ebenfalls in den Browsern ausgeschaltet oder nur mit zertifizierten Javascript-Codes gearbeitet werden.

Cookies stellen zwar bisher noch keine so große Gefahr für die Computersicherheit dar, können aber zur Gewinnung von Nutzerprofilen missbraucht werden. Beim Besuch einer Internetseite kann automatisch ein Cookie auf der Festplatte des Anwenders platziert werden. Bei jedem erneuten Besuch erhält der Anbieter somit Informationen über die persönlichen Vorlieben dieses Anwenders und kann ihn gezielt auf bestimmte Seiten lenken. Deshalb sollten die Browser so konfiguriert werden, dass Cookies gar nicht oder wenigstens nicht automatisch akzeptiert werden und alle Cookies, die auf der Festplatte des Anwenders (entweder im Ordner windows/cookie beim Internet Explorer oder in der Datei cookie.txt bei Netscape) gespeichert werden, zumindest angezeigt werden. Der Inhalt dieses Ordners bzw. der Datei kann natürlich auch manuell gelöscht werden.

Ob Daten im Internet verschlüsselt übertragen werden, kann zwar nur von dem Server festgelegt werden, dessen Webseiten abgerufen werden, die meisten Webbrowser besitzen jedoch die Möglichkeit, eine Warnung auszugeben, wenn Daten unverschlüsselt übertragen werden sollen. Diese Warnmöglichkeit sollte unbedingt eingeschaltet werden.

Die Browser selbst verfügen über Verschlüsselungsprogramme mit unterschiedlichen Verschlüsselungsstärken (40 - 128-Bit).

l) Einsatz des Protokolls Secure Socket Layer (SSL)

SSL ist ein Protokoll, dessen Hauptaufgabe darin besteht, verschlüsselte Verbindungen und Echtheitsbestätigungen von Zertifikaten zu ermöglichen. Dabei wird für jede Verbindung ein einmalig gültiger Session Key verwendet. Besteht die Verbindung, verschlüsselt und entschlüsselt SSL die zu übertragenden Informationen. Die gängigen Webbrowser unterstützen dieses Verfahren. Jeder Anbieter einer durch SSL geschützten Internetseite benötigt ein Zertifikat einer Zertifizierungsstelle (CA = Certifying Authority), damit sich der Nutzer von der Identität des Anbieters überzeugen kann.

m) Sicherheitsmaßnahmen bei der Kommunikation mit dem Bürger

Eines der Ziele eines kommunalen Intranets ist häufig – wie erwähnt – die Online-Kommunikation mit dem Bürger mittels Homepages. Dabei ist zu beachten, dass durch Unkenntnis über zulässige Informationsinhalte und durch fehlerhafte oder unzureichende technische und organisatorische Maßnahmen es möglich ist, auf diese Art schutzwürdige Informationen im Internet und im Intranet unzulässigerweise allgemein zugänglich zu machen und so gegen Datenschutzbestimmungen zu verstoßen.

Als Kommunikationsarten kommen in erster Linie in Betracht:
- Informationsabrufe (z.B. Hinweise zu den Aufgaben der Behörden, das Einstellen von Rechtsvorschriften, Angaben zur Erreichbarkeit der Behörden und zu den Öffnungszeiten),
- Versand von E-Mails durch den Bürger an einen Teilnehmer des Intranets bzw.
- Bereitstellung von Formularen, die
  - heruntergeladen und ausgefüllt per Post zurückgeschickt werden können oder
  - online ausgefüllt und zurückgeschickt werden können.

Während bei der Bereitstellung von Informationen und für das Herunterladen von Formularen keine speziellen Sicherheitsmaßnahmen zu beachten sind, müssen beim Versand von E-Mails und von online ausgefüllten Formularen Maßnahmen zum Schutz der Vertraulichkeit und Integrität der Daten und zur Sicherstellung der Authentizität ergriffen werden. So muss darauf hingewiesen werden, ob eine Verschlüsselung der Daten bei der Übertragung möglich ist und gegebenenfalls der öffentliche Schlüssel der Dienststellen bzw. des Sachbearbeiters veröffentlicht oder Verschlüsselungsprotokolle (z.B. SSL) angeboten und verwendet werden. Beim Online-Versand von ausgefüllten Formularen müssen zusätzlich Authentisierungsmechanismen (z.B. Einsatz der digitalen Signatur) vorhanden sein.

Bei der Gestaltung der Homepage(s) sollten die Orientierungshilfen für „Online-Datenschutz-Prinzipien (ODSP)" und zur „Veröffentlichung von Informationen im Internet und im Intranet" (beide auf der Homepage des Bayerischen Landesbeauftragten für den Datenschutz zu finden) beachtet werden.

5.6 Schutz vor Viren und anderen Schädlingen

Ein Computervirus (häufig auch als Computeranomalie oder Malware bezeichnet) verursacht Fehlfunktionen, zerstört Datenbestände und raubt Rechnerzeit oder Speicherplatz. Die Zerstörung von Hardware ist dagegen prinzipiell nicht möglich. Es gibt im Prinzip keine harmlosen Viren. Jeder Virus, auch wenn er sich in seinen Auswirkungen recht moderat verhält, kostet zumindest Speicherplatz auf Datenträgern und Zeit, um ihn wieder los zu werden.

Noch vor kurzem war es ausreichend, Arbeitsplatzrechner ohne Disketten- und ohne CD-ROM-Laufwerk auszustatten, um den Import von Viren abzuwehren. Doch durch die Einrichtung von Intranets – insbesondere bei einem Anschluss an das Internet – steigt das Risiko für einen Virenbefall. So können Viren durch den E-Mail-Verkehr, beim Websurfen oder durch das Herunterladen von Dateien eingeschleust werden. Insbesondere die Bedeutung der in E-Mail-Anhängen verborgenen sogenannten Script-Viren (z.B. „I love you") wird immer größer.

Zur Erstellung dieser neuen Virenart sind detaillierte Kenntnisse über das eingesetzte Betriebssystem oder über Datenstrukturen nicht mehr erforderlich. Es genügt bereits ein einfacher Texteditor, um einen Script-Virus zu modifizieren. Auch mit Hilfe sog. „Virus Construction Kits (VCK)" können selbst von unerfahrenen Anwendern auf einfache Weise Viren erzeugt werden.

5.6.1 Begriff

Als Computerviren werden Programme oder Befehlsfolgen innerhalb eines Programmes bezeichnet, die sich selbst vervielfältigen (Reproduktion), in Wirtsprogramme einnisten und eine vorher definierte Funktion (z.B. Daten löschen, Disketten und Festplatten formatieren oder einfach nur harmlose Meldungen auf den Bildschirm bringen) ausführen können.

5.6.2 Virenarten

Die derzeit bekanntesten Virenarten sind:

a) Dateiviren (Programmviren)

Beim Aufruf eines mit einem Dateivirus verseuchten Programms installiert sich der Virus im Hauptspeicher. Die Vermehrungsfunktion des Virus kommt nun immer dann zum Tragen, wenn irgend ein Programm aufgerufen wird. Ein Befall von Anwendungsdaten (Ausnahme: Makros) wäre daher sinnlos, da diese nicht ausgeführt sondern geladen werden. Zur Vermeidung von Mehrfachinfektionen verfügen die meisten Dateiviren über die Möglichkeit, bereits infizierte Dateien von noch nicht befallenen zu unterscheiden. Die Selbsterkennung dieser Viren arbeitet ähnlich wie ein Virenscanner. Werden bestimmte Bytefolgen innerhalb einer Datei oder in den Dateieinträgen des Platteninhaltsverzeichnisses gefunden, so gilt diese Datei als bereits infiziert.

b) Systemviren

Systemviren kommen heutzutage zwar nur noch selten vor, richten aber große Schäden an. Sie infizieren Systembereiche einer Festplatte, Diskette oder eines anderen bootfähigen Dateispeichers (Boot- und/oder Partitionssektoren). Hauptmerkmal von Systemviren ist, dass sie unabhängig vom eingesetzten PC-Betriebssystem sind. Systemviren können nur durch das Booten einer verseuchten Diskette auf einen PC gelangen. Sie können im Gegensatz zu Dateiviren nicht kopiert werden.

Ein **Boot-Sektor-Virus** macht sich den Umstand zunutze, dass jeder PC zunächst versucht, Programmcodes aus dem Boot-Sektor zu laden und auszuführen, bevor er den Programmcode in den Betriebssystemdateien sucht. Eine Verseuchung des Boot-Sektors einer Festplatte kann dabei zum Beispiel stattfinden, wenn beim Booten des PC eine Diskette mit einem Boot-Sektor-Virus im Laufwerk A eingelegt war (dabei kommt es nicht darauf an, ob die Diskette wirklich ein Betriebssystem, Programm oder nur reine Daten enthält) und das BIOS (Basic Input/Output System) standardmäßig zunächst versucht, ein Betriebssystem vom Laufwerk A zu laden. Dabei wird der Viruscode mitgeladen. Der Virus kann sich nun sofort ungehindert in den freien Platz, den der MBR bietet oder auf den eigentlichen Boot-Sektor der Festplatte kopieren, im Hauptspeicher festsetzen und die uneingeschränkte Kontrolle über das System erlangen. Jede weitere Diskette, die in ein beliebiges Laufwerk eingelegt wird, kann nun infiziert werden und der Virus kann durch das Austauschen von Disketten andere Rechner befallen.

Partitionssektorviren nisten sich im Partitionssektor (Partition Table) der Festplatte ein, wo sie beim Systemstart als erstes geladen werden.

c) Hybride Viren

Hybride Viren (lateinisch für zwittrig) setzen sich sowohl in Programmdateien als auch im Boot-Sektor fest. Sollte zum Beispiel ein infiziertes Programm bemerkt und durch eine Originalsoftware ersetzt worden sein, kann sich dieses Programm bereits beim nächsten Starten des Rechners durch die „Sicherungskopie" des Virus im Boot-Sektor erneut infizieren. Zu dieser Virenart zählen auch die sog. Partition-Table-Viren, die die Tarntechnik der Boot-Sektor-Viren mit einer zusätzlichen Infektionsmethode verbinden.

d) Trojanische Pferde

Trojanische Pferde sind scheinbar nützliche Programme (z.B. Utilities, Computerspiele), die etwas ganz anderes tun, als sie vorgeben. Das heißt, der Computerbenutzer bringt dabei eigenhändig und bewusst das betreffende Programm in sein System, unter der Annahme dieses Programm sei harmlos. Hierzu werden Trojanische Pferde entweder gezielt zugemailt, in Form eines Downloads versteckt oder über einen bestimmten Port während einer Internetverbindung ermöglicht und verbleiben oft eine lange Zeit unbemerkt auf dem Rechner.

Die versteckten Schädlinge werden erst wirksam, wenn der Anwender das Programm aufruft, in dem sie verborgen sind. Gefährlich sind Trojanische Pferde vor allem deshalb, weil sie meist nicht zufällig eingeschleppt werden, wie es bei etwa 95% aller Virusinfektionen der Fall ist, sondern Trojanische Pferde werden meist gezielt eingesetzt, um auf einem Computer oder innerhalb eines Netzwerkes bestimmte Aktionen (z.B. Datenzerstörung, Datenausspähung) auszuführen. Trojanische Pferde werden auch gern von Hackern dazu benutzt, den Zugang zu einem Rechner zu erlangen oder zu erhalten. Teilweise sind Trojanische Pferde in der Lage, eigenständig eine DFÜ-Verbindung aufzubauen, somit muss der Angreifer nicht erst warten, bis der Geschädigte eine Verbindung startet.

e) Würmer

Ein Computerwurm ist ein eigenständiges Programm (benötigt kein Wirtsprogramm), das sich bei minimaler Unterstützung durch ein Netzbetriebssystem (Funktionen wie remote copy und remote execute) durch Reproduktion seines Codes selbständig in einem Netz ausbreiten und unter Ausnutzung von Sicherheitslöchern automatisch aktivieren kann. Würmer (z.B. „I love you"-Virus) durchforsten das Adressbuch eines E-Mail-Clients (z.B. Outlook), kreieren eine E-Mail mit einem Anhang und verschicken sie an die gefundenen Kontakte. Eine Sonderform der Würmer sind die Script-Viren.

f) Makroviren

Ein Makrovirus ist eine in der Makrosprache (z.B. WordBasic, Visual Basic) eines Anwendungsprogrammes geschriebene Routine. Diese Makroroutinen sind in den zu bearbeitendem Text, einer Tabelle oder ähnlichem eingebettet. Damit sind sie individuell an ihr Objekt gebunden. Der Anwender aktiviert diese Routinen automatisch, wenn er das Objekt mit einem Anwendungsprogramm bearbeitet. Makroviren sind plattformunabhängig und können beispielsweise auch Unix-Systeme befallen.

g) Script-Viren

Wie erwähnt, verstecken sich Script-Viren in Anhängen von E-Mails. Wird nun dieser Anhang mit einem Doppelklick gestartet und befinden sich Script-Interpreter – wie z.B. die Microsoft-Komponenten Outlook (ab Version 98) oder WSH (Windows Scripting Host – standardmäßig ab

Windows 98) – im Einsatz, kann der Virus seine Schadensfunktion ausüben.

Ein Anhang (Attachment) einer E-Mail kann aber nicht nur einen in einer Script-Sprache geschriebenen Virus, sondern auch sonstige ausführbare Programme, eine selbstextrahierende Datei oder einen Makrocode (z. B. zur Ausführung in Word-Dokumenten) mit Schadensfunktion enthalten.

h) Hostile Applets

Hostile Applets – also feindliche Anwendungen – stellen ebenfalls eine (wenn auch nur mittelbare) Virengefahr aus dem Internet dar. Diese Art von Viren werden in der immer mächtiger werdenden Programmiersprache Java oder verkleidet als ActiveX–Control für den Microsoft Internet-Explorer geschrieben. Hostile Applets werden beispielsweise dazu benutzt, Informationen zu sammeln und über das Internet an andere Rechner zu übermitteln. Aber auch **Denial of Service**-Angriffe sind mit Hilfe von Hostile Applets möglich. So kann das Applet so viel Rechnerkapazität nutzen, dass keine anderen Anwendungen mehr ausgeführt werden können.

i) Hoax-Viren

Das zunehmende Gefährdungsbewusstsein einerseits und das fehlende Wissen über die Funktionsweise von Viren andererseits führt seit Jahren dazu, dass den über das Internet verbreiteten Warnungen, Hinweisen und Informationen zu Computerviren zunehmend mehr Beachtung geschenkt wird. Bei der Menge dieser Meldungen ist es allerdings kaum noch möglich, diese auf Echtheit zu überprüfen. Diese Tatsache ist der ideale Nährboden für eine weitere Virenart, die sich rapide ausbreitet, die sog. Hoaxes. Ein Hoax (Bluff oder schlechter Scherz) ist eine Falschmeldung, die vor einem nicht vorhandenen Virus warnt und damit zu einer großen Verunsicherung der Anwender und Verantwortlichen führen kann. Einige dieser Viren fordern darüber hinaus dazu auf, einen angeblichen gefährlichen Virus zu entfernen. So warnt beispielsweise eine dieser Virenmeldungen vor einem Virus namens „sulfnbk.exe". Dieser Virus würde sich beim Internetsurfen einschleichen, in den Windows-Ordner „Commands" kopieren und nach einiger Zeit die gesamte Festplatte löschen. Viele verunsicherte Benutzer fahnden auf ihrer Platte sofort nach dieser Datei und löschen sie, womit sie sich einen Bärendienst erweisen. Die betreffende Datei ist nämlich ein normales Systemprogramm, das lange Dateinamen wiederherstellt. Die Benutzer beeinträchtigen somit durch das Löschen ihre eigene Datensicherheit. Hoax-Viren können somit zur Wiederherstellung des Systems eine unnötige Zeit beanspruchen und zu bedeutenden finanziellen Schäden führen. Außerdem fordern Hoax-Viren in der Regel den Anwender auf, die Warnmeldung weiterzuverbreiten, wodurch wiederum die Netzlast unnötigerweise gesteigert wird, was im schlimmsten Falle zu einer Lahmlegung des gesamten Netzbetriebs führen kann.

5.6.3 Vorsorgemaßnahmen gegen einen Virenbefall

a) Allgemeine Vorsorgemaßnahmen

Folgende Vorsorgemaßnahmen bieten sich an:
- Erlass von Dienstanweisungen für den ordnungsgemäßen Betrieb der Rechner,
- regelmäßige Schulung und Sensibilisierung der Mitarbeiter hinsichtlich der Gefahr von Viren, ihrer Symptome und sinnvoller Gegenmaßnahmen (z.B. durch Seminare, Rundschreiben, Fachartikel etc.),
- Einrichtung eines Benutzerservice (organisierte Beschaffung von Hard- und Software, zentrale Wartung und Freigabe der Software, Ansprechpartner bei Virenbefall),
- Installation eines Zugriffsschutzes (Chipkarte, Passwort, Bootschutz, Sperren der Betriebssystemebene, Menüführung, Sperren oder Ausbau von Diskettenlaufwerken, Blockieren der Tastatur etc.) für Stand-alone-PC und Netzwerke,
- Reduzierung der Zugriffsberechtigungen für Ressourcen auf das notwendige Minimum,
- Vermeidung von Wählleitungen,
- Verwendung von diskless-Workstations in Netzwerken bzw. Abschalten nicht benötigter Laufwerke über das BIOS der Clients,
- Vorsicht bei Daten aus öffentlichen Mailboxen,
- Arbeiten von Fremdpersonal nur in Anwesenheit von eigenem Personal,
- Sicherung des Erstbestandes von Betriebssystem, System- und Anwendungsprogrammen sowie von Dateien,
- Speicherung der Programme in ROM-Bereichen oder Verwendung von Magnetplatten mit physischen Schreibschutz,
- regelmäßige Datensicherung (Aufbewahrung von Jahres- und Monatssicherungsbeständen),

- ausschließlicher Einsatz lizenzierter Software (Originaldisketten und Sicherheitskopien mit Schreibschutz versehen und getrennt feuer- und wassergeschützt aufbewahren),
- Programme nur von Originaldisketten bzw. von Sicherheitskopien installieren,
- sofortige Überprüfung der neu installierten Software (auch Originalsoftware) mittels ständig mitlaufendem Virenscanner,
- Verbot des Einsatzes von Fremd-, Test- und Demodisketten,
- ausschließliches Booten von der Festplatte,
- Verbot der Verwendung von Fremdsoftware (keine Raubkopien oder Spielprogramme einsetzen),
- Verbot des Einsatzes privater Soft- und Hardware,
- Verbot des unkontrollierten Einsatzes von Public Domain Programmen,
- Markierung aller ausführbaren Dateien (EXE, COM, BAT etc.) als read-only,
- keine Speicherung der Programme im Source Code, da diese sonst leicht veränderbar sind,
- Verschlüsselung und Versiegelung der Programme,
- Neuformatierung jeder Diskette vor dem Neubespielen (entfernt vorhandene Viren von der Diskette),
- Verwendung eines separaten PC mit residenten Virenscanner zum Testen von Software,
- Einsatz von Protokollierungssoftware und Auswertung der Protokolle sowie
- Einsatz von Virenscanner und Prüfsummenverfahren (Der Einsatz von Prüfsummenverfahren ist eine der effektivsten Möglichkeiten, sowohl bekannte als auch unbekannte Viren zu entdecken. Ein nach dem Prüfsummenverfahren arbeitender Virenscanner erstellt im ersten Durchlauf nach festgelegten Regeln eine Prüfsumme aus dem Datencode. Diese Summe wird bei jedem neuen Durchgang überprüft. Wurde eine Datei verändert, gibt das Programm eine Warnung aus. Am sichersten ist dieses Verfahren, wenn das Prüfsummenprogramm mehrere Algorithmen parallel verwendet und die Prüfsummen auf einer eigenen Diskette abspeichert. So wird verhindert, dass ein Virus die Prüfsumme verändert und sich vor dem Suchprogramm tarnt.),
- Führung von Dateiübersichten,

- regelmäßige, unangemeldete Revisionen der Datenverarbeitung anhand einer Liste aller zugelassenen Programme sowie
- Abschluss einer Versicherung gegen Datenmissbrauch, Datenträgerzerstörung und Ähnliches.

b) Vorsorgemaßnahmen gegen Makroviren

Hierfür kommen in Betracht:
- Aktivierung der Sicherheitsabfrage bei Veränderungen der Dokumentenvorlage NORMAL.DOT (Optionsmenü-Speichern),
- Schutz vor Veränderung der NORMAL.DOT (Schreibschutz) mittels DOS-Attributen (Eingabe des Befehls ATTRIB +R NORMAL.DOT im entsprechenden Verzeichnis),
- Abschaltung der Ausführung von Automakros beim Öffnen eines Dokumentes durch Drücken der Shift-(Hoch-)-Taste,
- Aktivierung des Feldes Makrovirus-Schutzes (z.B. mittels Extras/Optionen/Allgemein bei Winword),
- regelmäßige Überprüfung der INI-Datei des Textverarbeitungssystems (z.B. Winword.ini) auf Virenbefall bzw.
- Lesen von Textdateien unbekannter Herkunft – soweit möglich – mit den Programmen Viewer oder Editor, da diese Programme über keine Makrofunktionen verfügen.

c) Sicherheitsmaßnahmen gegen Script-Viren und Hostile Applets

- Zur Vermeidung eines Virenbefalls und einer Verunsicherung der Anwender sollte alles, was aus dem Internet kommt, also beispielsweise E-Mails, Download-Dateien, Javascripts und ActiveX-Controls, automatisch von Virenscannern überprüft werden. Dabei müssen spezielle Virenscanner zum Einsatz gelangen, die auch Script Viren und Hostile Applets aufspüren können. Werden Dateien verschlüsselt übertragen, müssen diese nach dem Entschlüsseln erneut gescannt werden. Der Einsatz von aktuellen Virenscannern sowohl beim zentralen Datenbankserver als auch beim E-Mail-Server und bei der Firewall ist daher unverzichtbar. Auch ein laufendes Scannen der Arbeitsplatzrechner wird angeraten, insbesondere wenn diese PC mit Disketten- und/oder CD-ROM-Laufwerken ausgestattet sind.

- Dateianhänge an E-Mails, gleich welcher Art (ob DOC-, VBS-, BAT- oder EXE-Files usw.) und unabhängig von ihrer Herkunft (aus dem Internet oder aus dem Intranet), sollten keinesfalls mit Doppelklick geöffnet werden. Stattdessen sollte jeder Dateianhang mit der Funktion „Speichern unter" auf eine mittels Virenscanner überwachten lokalen Festplatte in einem speziell dafür angelegen Verzeichnis gespeichert werden. Erst dann darf der Dateianhang von der Festplatte aus mit der entsprechenden Anwendung gestartet werden.
- Um sich soweit wie möglich als Outlook-Benutzer gegen einen Virenbefall zu schützen, sollte außerdem die Sicherheitsstufe im Internet Explorer über das Menü „Ansicht/(Internet)Optionen/Sicherheit" auf „Hoch (am sichersten)" eingestellt sein. Dies verhindert die Ausführung der automatischen Programmroutine in den E-Mails. Diese Einstellung wirkt sich auch auf Outlook aus, weil Outlook den Internet Explorer zum Anzeigen der HTML-Mails verwendet. Allerdings kann der Internet Explorer bei dieser Einstellung generell keine Visual-Basic-Scripts mehr verarbeiten, was zu Fehlermeldungen beim Internet-Surfen führen kann.
- Das Ausführen von ActiveX-Scripts und das Aktivieren von Java-Programmen kann beim Netscape Communicator über das Menü Bearbeiten/Einstellungen/Erweitert ausgeschaltet werden.
- Außerdem sollte darauf geachtet werden, dass die Dateinamenserweiterungen im Windows Explorer angezeigt werden (einstellbar unter Ansicht/Optionen). Diese Einstellung gilt dann gleichzeitig für die Anzeige von Dateianhängen in E-Mails.
- Des Weiteren sollten die Anwender hinsichtlich der Beachtung des Outlook-Warnfeldes beim Öffnen eines Attachments geschult werden. Dieses Dialogfeld ist in den aktuellen Versionen von Outlook integriert und weist darauf hin, „dass Webseiten, ausführbare Dateien und andere Anlagen Viren oder Skripts enthalten können, die den Computer beschädigen können. Es ist deshalb wichtig sicherzustellen, dass die Quelle der Datei vertrauenswürdig ist." Gleichzeitig wird abgefragt, was mit der Datei passieren soll (Öffnen oder auf Datenträger speichern). Wie bereits erwähnt, sollte die Datei immer auf Datenträger gespeichert werden. Allerdings lässt sich diese Warnmeldung durch eine Deaktivierung der Option „Vor dem Öffnen dieses Dateityps immer bestätigen" ausschalten. Diese Deaktivierung sollte per Dienstanweisung verboten werden.

- Eine weitere Möglichkeit besteht darin, bei Dateianhängen von eingehenden E-Mails am zentralen Mail-Server, die z.b. die Programmendung „.vbs" oder „.exe" enthalten, den Punkt beispielsweise durch das Zeichen „~" zu ersetzen. Aus xxx.exe wird dann xxx~exe, bzw. xxx~vbs. Als Alternative dazu kann auch dem Dateinamen eine weitere Endung hinzugefügt werden (z.B. test.exe.xxx). Beides bewirkt, dass die Anlage nicht mehr mit Doppelklick aus Outlook gestartet werden kann, sondern zuerst gespeichert und umbenannt werden muss. Die Liste der Dateianhänge kann natürlich nach Bedarf erweitert werden. Diese Maßnahme wurde unter anderem vom Zentralen Cert für das Bayerische Behördennetz ergriffen.
- Eine weitere empfehlenswerte Maßnahme besteht darin, ein sog. „Dateiblocking" durchzuführen. Dabei werden Dateianhänge in E-Mails nicht nur auf Viren überprüft, sondern auch bestimmte, einstellbare Dateitypen in sog. „Quarantäneordner" abgelegt und nicht an den eigentlichen Empfänger der E-Mail weitergeleitet. Der vorgesehene Empfänger erhält statt des geblockten Dateianhangs einen entsprechenden Hinweis. Möchte der Adressat nun die geblockte Datei, muss er sich an den Systemverwalter (oder eine damit beauftragte Person) wenden. Dieser hat nun die Möglichkeit, entweder diese benannte Datei per E-Mail weiterzuleiten oder direkt in ein benanntes Dateiverzeichnis einzuspeichern. Unbedingt geblockt werden sollten folgende Dateitypen:
- ausführbare Dateien (wie com, exe, bat),
- in Script-Sprachen erstellte Dateien (z.B. vbs) und
- Systemdateien (wie drv, ole, reg, scr, sys).

5.6.4 Maßnahmen zur Virenentfernung

Hierzu bieten sich an:
1. unverzügliche Netzabschaltung des Rechners, Unterbrechung der Kommunikationsmöglichkeiten und Benachrichtigung des Benutzerservice, Systemverwalters etc.,
2. eventuell Stoppen des eigenen Netzwerkes (bei nicht auszuschließender bereits erfolgter Weiterverbreitung innerhalb des Netzwerkes) und Lösung der Verbindung zu anderen Netzwerken,
3. Erstellung einer Dokumentation über den Virenbefall (für die Virenanalyse),

4. Neustarten des Betriebssystems (Kaltstart = Einschalten des Rechners) von einer schreibgeschützten unverseuchten Diskette,
5. Sicherung der Daten (aber keine Programme) sowie
6. Durchführung einer Virenanalyse und Versuch der Beseitigung der Viren im Originalbestand und auf den Sicherungskopien mittels Virenscanner.

Haben diese Maßnahmen keinen Erfolg, sind folgende Aktivitäten angezeigt:

7. physikalische Neuformatierung der Festplatte (Low-Level-Format) falls der Boot-Sektor-Virus nicht mit Eingabe der Befehle „FDISK /MBR" (säubert einen Virus im Master Boot Record) oder „SYS C:" (beseitigt einen Virus im DOS-Boot-Sektor) beseitigt werden kann,
8. Neuinstallation des Betriebssystems und der Applikationen von virenfreier Ursprungssicherung bzw. von der letzten als nicht verseucht erkannten Sicherung und
9. Restore der Datendateien (Da Virenprogramme nur ausführbare Programme infizieren, geht von Datenbeständen keine Infektionsgefahr aus. Normalerweise können Datendateien – und nur diese – auch von bereits verseuchten Datenträgern übernommen werden. Es sind jedoch auch Viren bekannt geworden, die Daten in den Hauptspeicher einlesen, dort verändern und die Daten mit diesen Veränderungen zurückschreiben. Sicherungen mit solchen Daten sollten dann natürlich nicht ins neue System übernommen werden.).

5.7 Auftragsdatenverarbeitung (Outsourcing)

5.7.1 Outsourcing von DV-Aufgaben

Die zunehmende Vernetzung und die ständig steigende Leistungsfähigkeit der DV-Systeme erfordern auch einen immer höheren Betreuungsaufwand, den sich kleinere Kommunen nicht mehr leisten können oder wollen. Deshalb bieten externe Dienstleister, die sich auf eine bestimmte Dienstleistung spezialisiert haben und über ein kompetentes Expertenteam verfügen, vermehrt DV-Services der unterschiedlichsten Art an, um den Anwender bei schwierigen Spezialaufgaben zu entlasten. Für eine Auftragsdatenverarbeitung kommen insbesondere folgende DV-Aufgaben infrage:

- Konzeption von DV-Systemen und Netzwerken,
- Entwicklung, Wartung und Pflege von Software,
- Wartung von Hardware,
- Administration einzelner Rechnersysteme (z.B. Firewall-Rechner),
- Administration von Netzwerken,
- Bereitstellung und Betrieb von Rechnersystemen,
- Bereitstellung und Betrieb ganzer Rechenzentren,
- Beschaffung, Installation und Betreuung der Bürokommunikation (User-Help-Desk),
- Abwicklung von sonstigen DV-Arbeiten (z.B. Datenerfassung, Datenpflege),
- Bereitstellung von Backup-Systemen sowie
- vollständige Abwicklung ganzer DV-Aufgaben.

Handelte es sich bei den an Private vergebenen Datenverarbeitungsaufgaben früher meist um Datenerfassungsarbeiten, so hat diese Art der Auftragsdatenverarbeitung heute nur noch eine geringe Bedeutung, weil sie meist im Rahmen der Sachbearbeitung erledigt wird. Hingegen ist das Auslagern von Versandarbeiten (ePost) im Kommen. Auch das Vorhalten von Backup-Kapazitäten für den Katastrophenfall ist heute noch ein klassisches Outsourcing-Feld. Viele Institutionen haben ihre DV-Aktivitäten in ein einziges Rechenzentrum verlagert. Diese Entwicklung wurde durch die ständig leistungsfähiger werdenden Rechner begünstigt, die immer mehr Endanwender versorgen können. Im Katastrophenfall weicht man dann meist auf einen Backup-Rechner eines Dienstleisters oder des Herstellers aus.

Stark im Kommen ist auch die Auslagerung der Bürokommunikation. Die Beschaffung, Installation und Betreuung der entsprechenden Software (z.B. Textverarbeitung, E-Mail-Kommunikation) und teilweise der eingesetzten Hardware wird von einem Auftragnehmer übernommen. Gründe dafür sind neben Wirtschaftlichkeitsüberlegungen wiederum das fehlende eigene Fachpersonal und die Schaffung einheitlicher Standards für alle Arbeitsplätze. Bestandteil dieser Outsourcing-Projekte ist in der Regel auch die Einrichtung eines sogenanntes User-Help-Desk, den die kommunalen Anwender bei Auftreten von Problemen zu Rate ziehen können.

Die Auslagerung der gesamten EDV wird an anderer Stelle besprochen (siehe 6.5.5 – Outsourcing von Gemeindedaten).

Gelegentlich werden auch Programmieraufträge an Dritte vergeben. Dabei sollte darauf geachtet werden, dass dem Auftragnehmer keine Echtdaten, insbesondere keine personenbezogenen Daten (auch nicht für Testzwecke) zur Verfügung gestellt werden. Da dem Auftraggeber in der Regel im Rahmen der Softwareüberlassung nicht der sog. Quellcode (Programmlogik) überlassen wird, sondern er lediglich den maschinell erzeugten Objektcode erhält, muss er sich Gedanken darüber machen, wie er im Notfall trotzdem Zugriff auf den Quellcode (Source Code) erhält. Das heißt, die Programmlogik muss bei einer vertrauenswerten Person oder Instanz hinterlegt werden. Diese Personen waren lange Zeit in erster Linie Notare oder Rechtsanwälte. In letzter Zeit wird allerdings immer mehr dazu übergegangen, den Quellcode bei professionellen Firmen zu hinterlegen.

Vorteile eines Outsourcings können beispielsweise sein:
– Kosteneinsparung,
– Einnahmen aus dem Verkauf der vorhandenen Hard- und Software,
– Beseitigung historisch gewachsener Probleme durch Neukonzeption,
– Unabhängigkeit von Hard- und Softwareaufrüstungen bzw. -wechseln sowie
– Unabhängigkeit von Personalqualifikationsproblemen und Personalengpässen.

Allerdings muss sich jede Kommune fragen, ob es nicht aus Datenschutzgründen besser wäre, einzelne dieser Aufgabe im Rathaus durch eigene Kräfte zu erledigen (siehe auch Outsourcing von Gemeindedaten unter 6.5.5). So ist beispielsweise bei medizinischen Daten der Schutz der Patientendaten gegen Beschlagnahme außerhalb des Gewahrsams der Zeugnisverweigerungsberechtigten, im öffentlichen Bereich insbesondere der Krankenhäuser, in der Regel nicht gewährleistet. Solange hier keine entsprechenden gesetzlichen Regelungen existieren, ist besondere Zurückhaltung geboten. Außerdem dürfen die (Städtischen) Krankenhäuser nicht wesentliche Bereiche ihrer Datenverarbeitung in die Hände Dritter geben. Damit soll verhindert werden, dass sie sich von diesen abhängig machen. Gerade wegen der besonderen Sensibilität vieler Patientendaten müssen die Krankenhäuser ein gewisses Grund-Know-How im Umgang mit der Datenverarbeitung aufweisen können.

Im Übrigen kann in manchen Fällen sehr schnell der Zustand erreicht werden, dass die mit dem Outsourcing angestrebten Ziele (Einsparung von

Ressourcen) aufgrund der zu ergreifenden Datenschutz- und Datensicherungsmaßnahmen in Frage gestellt oder gar verfehlt werden. Auch eine Wirtschaftlichkeitsbetrachtung der Outsourcingmaßnahme unter Berücksichtigung des Aufwandes für die erforderlichen Sicherheitsmaßnahmen ist hier dringend geboten.

Zu bedenken ist auch, dass Outsourcing eine mittelfristig kaum widerrufbare Entscheidung ist, da es nach Aufgabe des eignen IT-Know-hows schwierig bis fast unmöglich wird, den Schritt rückgängig zu machen.

5.7.2 Sonstige Formen der Auftragsdatenverarbeitung

Weitere klassische Formen einer Auftragsdatenverarbeitung außer Haus sind die Mikroverfilmung durch Dritte und die Entsorgung von Datenträgern (siehe 5.8).

5.7.3 Verantwortlichkeiten

Wenn eine Kommune personenbezogene Daten durch eine andere Stelle erheben, verarbeiten oder nutzen lässt, so handelt es sich dabei gemäß Art. 6 BayDSG um eine Datenverarbeitung im Auftrag. Datenschutzrechtlich wird der externe Dienstleister in seiner Eigenschaft als Auftragnehmer so behandelt, als sei er eine interne Abteilung des Auftraggebers. Deswegen bleibt der Auftraggeber gemäß Art. 6 Abs. 1 BayDSG für die Einhaltung der Vorschriften des Bayerischen Datenschutzgesetzes und anderer Vorschriften über den Datenschutz verantwortlich. Dies betrifft insbesondere die Vorschriften für die Zulässigkeit der Erhebung, Verarbeitung und Nutzung personenbezogener Daten, die Wahrung der Rechte des Betroffenen sowie die Einhaltung der nach Art. 7 BayDSG erforderlichen Datensicherheitsmaßnahmen. Der Auftragnehmer wird weder „Herr der Daten" noch speichernde Stelle. Er darf die erhaltenen Daten nicht zu eigenständigen Zwecken nutzen und muss sich strikt an die schriftlichen Weisungen des Auftraggebers halten.

5.7.4 Auswahlkriterien

Gemäß Art. 6 Abs. 2 Satz 1 BayDSG sind Auftragnehmer unter besonderer Berücksichtigung der Eignung der von ihnen getroffenen technischen und organisatorischen Maßnahmen sorgfältig auszuwählen. Wichtiges Auswahlkonzept ist somit das Datensicherheitskonzept des Auftragnehmers.

Die Umsetzung dieses Konzeptes sollte durch den Datenschutzbeauftragten des Auftraggebers vor Ort in Augenschein genommen werden (siehe Art. 6 Abs. 2 Satz 3 BayDSG).

5.7.5 Vertragsgestaltung

Der Auftrag ist schriftlich zu erteilen (Art. 6 Abs. 2 Satz 2 BayDSG), wobei detailliert festzulegen sind:
- Art und Umfang der Datenerhebung, -verarbeitung oder -nutzung,
- Auftrags- und Realisierungszeitraum,
- Eigentumsrechte an Hard- und Software,
- System- und Benutzerdokumentation,
- Aufbewahrungspflichten,
- Gewährleistungsansprüche,
- Haftung,
- die vom Auftragnehmer einzuhaltenden technischen und organisatorischen Maßnahmen und
- die Frage, ob und unter welchen Voraussetzungen es zulässig ist, Subunternehmer heranzuziehen.

Dabei ist insbesondere zu regeln:
- Beschreibung der organisatorischen, räumlichen und personellen Maßnahmen zur Gewährleistung der Datensicherheit,
- evtl. Verpflichtung der Mitarbeiter des Auftragnehmers zur Wahrung des Datengeheimnisses gemäß § 5 BDSG,
- Versendungs- und Aufbewahrungsrichtlinien für Datenträger,
- Zeitpunkt und Art der Löschung bzw. Vernichtung von Datenträgern sowie
- Kontrollrecht des Auftraggebers (auch gegenüber etwaigen Subunternehmern).

5.7.6 Überprüfung der Einhaltung der Regelungen

Der Auftraggeber muss, soweit erforderlich, die Einhaltung der getroffenen Regelungen überprüfen (Art. 6 Abs. 2 Satz 3 BayDSG), um zu gewährleisten, dass die Erhebung, Verarbeitung und Nutzung der personenbezogenen Daten durch den Auftragnehmer nur entsprechend seinen Weisungen erfolgt. Ein Auftragnehmer sollte sich nicht mit der bloßen Erklärung des Auftraggebers zufrieden geben, dass dieser die Vorschriften der Datenschutzgesetze beachten werde. Zur Ermöglichung der Überprüfung bedarf es der Einräumung eines Betretungsrechtes für die Betriebs- oder Geschäftsräume des Auftragnehmers.

5.7.7 Pflichten des Auftragnehmers

Der Auftragnehmer darf die Daten nur im Rahmen der Weisungen des Auftraggebers erheben, verarbeiten oder nutzen (Art. 6 Abs. 3 Satz 2 BayDSG). Ist er der Ansicht, dass eine Weisung des Auftraggebers gegen das Bayerische Datenschutzgesetz oder andere Vorschriften über den Datenschutz verstößt, hat er den Auftraggeber unverzüglich darauf hinzuweisen (Art. 6 Abs. 3 Satz 3 BayDSG).

5.8 Vernichtung von Datenträgern

5.8.1 Allgemeines

Wenn die Kenntnis personenbezogener Daten für die speichernde Stelle zur rechtmäßigen Erfüllung ihrer Aufgaben nicht mehr erforderlich oder die Speicherung der Daten unzulässig ist, sind diese zu löschen (Art. 12 Abs. 1 BayDSG) – siehe auch 4.4. Hierbei kommt nur eine physikalische Löschung in Frage, die Eingabe eines „delete"- oder „erase"-Befehles genügt nicht, da die Daten andernfalls jederzeit wieder reproduzierbar wären. Das Löschen durch Unkenntlichmachung gespeicherter personenbezogener Daten stellt gemäß Art. 4 Abs. 6 Nr. 5 BayDSG eine Form der Verarbeitung dar.

Eine Löschung von Daten kann auch durch die Vernichtung von Datenträgern erfolgen. Dabei ist jedoch zu beachten, dass die Anforderungen an technische und organisatorische Maßnahmen bei der Vernichtung von Datenträgern um so höher sein müssen, je höher die Sensibilität der Daten ist. Dabei können die Festlegungen zur Informationsdatenträgervernichtung bei unterschiedlichen Sicherheitsstufen in der 1985 erstmals veröffentlichten **DIN-Norm 32 757** Teil 1 und Teil 2 als Anhaltswert herangezogen werden. Teil 1 dieser Norm beschreibt die Anforderungen an Maschinen und Einrichtungen zum Vernichten von Datenträgern durch Stoffumwandlung oder Verkleinerung (z.B. durch Aktenvernichter) sowie an Prüfmaterial, -verfahren und -zeugnisse. Im Teil 2 werden die Mindestangaben für derartige Maschinen und Einrichtungen festgelegt. Abhängig vom Reproduktionsaufwand der zu vernichtenden Daten legt die Norm dazu fünf Sicherheitsstufen (S1 – S5) fest. Diese werden zur Klassifizierung der Maschinen und Einrichtungen verwendet und liefern somit eine Aussage über den Vernichtungsgrad in Abhängigkeit von der Art der zu vernichtenden Datenträger. Dabei sind die Anforderungen an die Schriftgutvernichtung ab der Sicherheitsstufe 3 (vertrauliches Schriftgut) bereits derart hoch, dass sie die meistern Aktenvernichter nicht mehr erfüllen. Ab der Sicherheitsstufe 4 (geheimes Schriftgut) sind leistungsfähige Aktenvernichter nicht mehr einsetzbar, da sie nicht den erforderlichen Partikelschnitt bieten können. Für die Sicherheitsstufen 4 und 5 sind somit nur sog. Cross Cutter geeignet, die allerdings nicht für die Massenvernichtung dienen können. Verpressung, Verbreitung oder Brikettierung führen in Kombination mit Aktenvernichtern zu eine Erhöhung der bei einem isolierten Einsatz des Aktenvernichters erreichbaren Sicherheitsstufe.

Die Sicherheitsstufen der DIN 32 757 bieten aber auch einer speichernden Stelle eine geeignete Hilfe, um das Schutzbedürfnis ihrer Daten nach ihrer Bedeutung und den jeweiligen Umgebungsbedingungen zu beurteilen und daraus eine geeignete Sicherheitsstufe abzuleiten (siehe auch 5.2.1).

Das **Entsorgungskonzept** von Kommunen ist häufig auf den Standardfall ausgerichtet, bei Archivaussonderungen und größeren Mengen zu entsorgenden Gutes erweist sich das Konzept häufig als nicht geeignet. Vielfach geraten dann Papierunterlagen in den Hausmüll und werden auf Deponien wiedergefunden. Eine zusätzliche Schwachstelle stellt gelegentlich auch die ungesicherte Lagerung des Entsorgungsgutes bis zu seiner Vernichtung dar. Datenträger mit personenbezogenen Daten sind bis zu ihrer endgültigen Vernichtung unter Verschluss in abschließbaren Räumen oder Containern zu bewahren. Dies gilt sowohl für die stationäre als auch für die mobile Datenträgerentsorgung. Ein Entsorgungskonzept darf sich daher nicht auf Maßnahmen zur Vernichtung der Datenträger beschränken, sondern muss auch die Sammlung und Lagerung (einschließlich einer etwaigen Zwischenlagerung), den Transport, die Organisation sowie – bei externer Entsorgung – die Vertragsgestaltung mit einbeziehen und damit den gesamten Entsorgungsvorgang und seine Vorphasen entsprechend berücksichtigen. Maßnahmen für den Fall menschlichen Versagens sind ebenso einzuplanen wie solche für den Fall von Funktionsstörungen technischer Systeme. Ziel muss es dabei sein, von der Sammlung des Vernichtungsgutes bis zur endgültigen Entsorgung ein gleichmäßig hohes Sicherheitsniveau zu erreichen, das der festgelegten Sicherheitsstufe entspricht.

5.8.2 Vernichtung in Eigenregie

Als sicherste Lösung der Datenträgervernichtung wird weiterhin die unmittelbar nach Anfall ohne Zwischenlagerung erfolgende sofortige Entsorgung vor Ort angesehen, weil dadurch das Entsorgungsgut nicht in die Hände Dritter kommt und Risikostrecken weitgehend vermieden werden. Beim Anfall kleiner Mengen zu vernichtender Papierunterlagen bietet sich der Einsatz kleinerer Aktenvernichter in den einzelnen Abteilungen an. In jedem Fall sollte schriftlich geregelt sein, wie Mitarbeiter die Vernichtung ihrer Unterlagen durchzuführen haben. Sie sind dabei zu einer sicheren Verwahrung der Unterlagen bis zu deren Vernichtung zu verpflichten.

Für die physikalische Löschung von magnetischen Datenträgern (z.B. Streamer Tapes) sind spezielle Löschgeräte erhältlich. Festplatten, die sich nicht mehr mittels Löschprogramm komplett überschreiben bzw. im Low-Level-Format formatieren lassen, müssen ebenfalls physikalisch zerstört bzw. mit Hilfe eines starken Magnetfeldes irreversibel gelöscht werden. Bei Mikrofilmen und -fiches reicht zur Sicherstellung der Unlesbarkeit ein Zerschneiden in den Papieraktenvernichtern nicht aus. Auch für diese Datenträger sind spezielle Geräte auf dem Markt, die das zu entsorgende Datengut in kleinste Partikel schneiden, pulverisieren oder einschmelzen.

Werden die Datenträger von der Kommune selbst vernichtet, empfiehlt es sich, insbesondere Folgendes zu regeln:
- Einsammlung, Transport und Aufbewahrung der Datenträger und personelle Zuständigkeiten,
- Art der Vernichtung und personelle Zuständigkeiten und
- Kontrolle und Protokollierung des gesamten Ablaufs.

5.8.3 Vernichtung in Form einer Auftragsdatenverarbeitung

Der Auftraggeber trägt auch dann die Verantwortung für die Einhaltung der Datenschutzvorschriften, wenn er einen Auftragnehmer mit der Vernichtung der Datenträger mit personenbezogenen Daten beauftragt (Art. 6 Abs. 1 Satz 1 BayDSG). Der Auftraggeber muss den Auftragnehmer unter Berücksichtigung seiner Eignung und der von ihm getroffenen technischen und organisatorischen Maßnahmen auswählen (siehe 5.7.2). Der Auftraggeber sollte sich deshalb vor Vertragsunterzeichnung vor Ort davon überzeugen, dass der Auftragnehmer auch tatsächlich dazu in der Lage ist, die datenschutzgerechte Entsorgung sicherzustellen. Auch die ordnungsgemäße Durchführung der Vernichtung der Datenträger ist sporadisch zu überprüfen. Der Auftraggeber kann sich zwar vertraglich gegen etwaige Unregelmäßigkeiten absichern und durch Vereinbarung einer Vertragsstrafe einen etwaig entstehenden materiellen Schaden ersetzen lassen, aber in einem Schadensfall bleibt zumindest die Rufschädigung. Besonders groß kann das Risiko bei einem Auftragnehmer sein, der weniger an einer datenschutzgerechten Entsorgung von Datenträgern interessiert ist, sondern dessen Geschäftsziel in erster Linie die Wiederverwendung von Rohstoffen ist.

Bei der Vernichtung von personenbezogenen Daten im Auftrag ist insbesondere Folgendes zu regeln:

– Festlegung der Art und Menge der zu entsorgenden Datenträger und der dabei zu berücksichtigenden Schutzstufe,
– Auswahl eines geeigneten Vernichtungsverfahrens,
– Bestimmung des Ortes und des Zeitpunktes der Vernichtung (z.B. vor Ort beim Auftraggeber oder in der Betriebsstätte des Auftragnehmers) und der dabei zu ergreifenden Maßnahmen der Zugangskontrolle (z.B. Maßnahmen zur Gebäudesicherung),
– Festlegung der Verantwortlichkeiten für die Aufbewahrung und den Transport der Datenträger (evtl. durch Subunternehmer) und der dabei zu ergreifenden Maßnahmen der Transportkontrolle (z.B. Beschreibung der Transportwege und von Transportbehältnissen),
– Verpflichtung des Personals des Auftragnehmers auf das Datengeheimnis,
– Gewährleistung durch den Auftraggeber, dass Unbefugte keine Kenntnis der auf den Datenträgern gespeicherten Daten erhalten können,
– Informationspflicht des Auftraggebers in bestimmten Ausnahmefällen (beispielsweise bei Betriebsstörungen, im Fehlerfalle, bei Verstößen),
– Haftungsregelung,
– Regelung von Unterauftragsverhältnissen,
– Berechtigung des Auftraggebers zur Durchführung von Kontrollen bei der Aufbewahrung, dem Transport und bei der Vernichtung der Datenträger sowie
– Festlegung von Art und Form der zu übergebenden Bescheinigungen bei Abholung bzw. nach der ordnungsgemäßen Vernichtung durch den Auftragnehmer bei jedem Entsorgungsvorgang.

5.9 Fernwartung

In der modernen Verwaltung wird heute eine Vielzahl von speziellen Rechnern und Verfahren eingesetzt, deren alleinige Wartung durch das eigene Personal wegen der dafür benötigten Spezialkenntnisse vielfach nicht mehr möglich ist, so dass bei Störungen sowie bei in der Hard- oder Software auftretenden Fehlern oft der Hersteller eingeschaltet werden muss. Das kann vor Ort geschehen, meist jedoch im Rahmen des Teleservice, also in Form einer Ferndiagnose und -wartung. Bei der Hardwarewartung wird in der Regel nur auf bestimmte Statusinformationen in eigens dafür eingerichteten Diagnosedateien zugegriffen, die keine personenbezogenen Daten enthalten. Bei vielen DV-Systemen kann aber die Fehlerdiagnose und -behebung mit einer Offenbarung geschützter personenbezogener Daten verbunden sein. Dabei ist eine Fernwartung datenschutzrechtlich besonders problematisch. Bei einer Wartung vor Ort sind die Kontroll- und Eingriffsmöglichkeiten des eigenen Personals im Regelfall größer. Es ist dann eher erkennbar und prüfbar, welche konkreten Personen in Erscheinung treten und ein „Entfernen", Verändern, unzulässiges Lesen oder Übertragen von Daten ist durch die Kontrolle erschwert. Die Fernwartung unterliegt den Vorschriften des Art. 6 Abs. 4 BayDSG. Danach bleibt der Kunde analog zur Auftragesdatenverarbeitung für die Einhaltung der Vorschriften des Bayerischen Datenschutzgesetzes und anderer Vorschriften über den Datenschutz verantwortlich. Die Wartungsfirma muss unter besonderer Berücksichtigung der Eignung der von ihnen getroffenen technischen und organisatorischen Maßnahmen sorgfältig ausgewählt werden. Der Vertrag ist schriftlich zu erteilen, wobei die technischen und organisatorischen Maßnahmen festzulegen sind. Der Kunde hat sich – soweit erforderlich – von der Einhaltung der getroffenen technischen und organisatorischen Maßnahmen zu überzeugen.

Bei Einsatz einer Fernwartung ist daher insbesondere auf die Einhaltung folgender Regeln zu achten:
- Der Kunde definiert Art und Umfang der Fernwartung sowie die Abgrenzung der Kompetenzen und Pflichten zwischen Wartungs- und Kundenpersonal im Wartungsvertrag. Für Zuwiderhandlungen sind empfindliche Vertragsstrafen vorzusehen.
- Das Wartungspersonal muss auf das Datengeheimnis verpflichtet sein.
- Eine Weitergabe der im Rahmen der Fernwartung anfallenden Daten ist zu untersagen.

- Für die Durchführung der Fernwartung muss eine eigene Benutzerkennung eingerichtet werden. Das dazugehörige Passwort ist nach jedem Wartungsvorgang zu ändern.
- Bei der Fernwartung ist die Verbindung oder die Freischaltung (nach einem Authentifikationsprozess) stets vom Anwender aus aufzubauen (Call-Back-Verfahren) oder frei zu geben, damit sichergestellt ist, dass keine unbefugten Einwählversuche stattfinden können. Nach Abschluss der Wartungsarbeiten ist diese Verbindung wieder zu deaktivieren.
- Vom Anwender sind der Wartung/Fernwartung nur solche Zugriffsmöglichkeiten zu eröffnen, die für die Fehlerbehebung unbedingt erforderlich sind. Es ist ferner darauf zu achten, dass im Rahmen der Wartung bzw. Fernwartung keine Funktionen frei geschaltet werden, die eine Übertragung oder Auswertung von Anwenderdatenbeständen zulassen. Ein zweckwidriger Zugriff auf andere Rechner im Netz ist zu unterbinden.
- Soweit möglich müssen alle Aktivitäten im Rahmen der Fernwartung vom Kunden online mitverfolgt werden. Im Zweifelsfalle muss dieser Mitarbeiter auch diese Aktivitäten abbrechen können.
- Außerdem sind alle Aktivitäten der Fernwartung aufzuzeichnen und die entsprechenden Protokolle auszuwerten. Bei besonders kritischen Aktionen ist der gesamte Dialog zu protokollieren, damit später erkennbar wird, auf welche Daten zugegriffen wurde.
- Zur Sicherung der Vertraulichkeit der übertragenen Daten auf dem Übertragungswege kann es erforderlich sein, dass die Daten verschlüsselt werden. Es ist in diesem Falle jedoch darauf zu achten, dass die Protokollierung vor Ort unverschlüsselt erfolgt. Nur so ist eine effektive Kontrolle durch den Anwender gewährleistet.

5.10 Gewährleistung des Persönlichkeitsschutzes

5.10.1 Allgemeines

Es gilt heutzutage fast schon als selbstverständlich, dass personenbezogene Daten unter Verschluss zu halten sind. Vielen kommunalen Bediensteten ist aber nicht bewusst, dass der Datenschutz bereits beim Publikumsverkehr beginnt. Bei jeder persönlichen Kontaktaufnahme können unter Umständen sehr sensible Informationen ausgetauscht werden, die für andere Mithörer oder Wartende nicht bestimmt sind. Gerade in einem Großraumbüro oder in einer Schalterhalle stellt sich das Problem der Wahrung des Persönlichkeitsschutzes, da die Sachbearbeiterplätze aus Kostengründen oder Platzmangel erfahrungsgemäß oft viel zu dicht beieinander liegen, so dass Dritte sensible Gespräche mithören können. Probleme hinsichtlich des Persönlichkeitsschutzes gibt es auch bereits dort, wo sich mehrere Sachbearbeiter ein Zimmer teilen und gleichzeitig Parteienverkehr abwickeln müssen.

Die einzelnen Amtsbereiche einer Gemeindeverwaltung haben mehr oder wenig starken Parteienverkehr abzuwickeln. Schwerpunkt bilden die Einwohnermelde- und Passämter. Gerade in Spitzenzeiten des Parteienverkehrs ist der Persönlichkeitsschutz des einzelnen Bürgers in diesen Behörden häufig nicht mehr gewährleistet. Es fehlen ausreichend große Wartezonen mit der Folge, dass sich die Wartenden bis an den Sachbearbeiterplatz drängen und die Gespräche ihres Vordermanns mit dem Sachbearbeiter mitverfolgen können. Besonders gravierend ist diese Form der Gefährdung des Persönlichkeitsschutzes häufig in kleineren Gemeinden, wo oft keine Anonymität herrscht, da jeder jeden kennt. Hier kann es besonders peinlich sein, wenn Dritte von Dingen Kenntnis erlangen, die schutzwürdige Belange des Betroffenen beeinträchtigen.

5.10.2 Schutzmaßnahmen

a) Bauliche Maßnahmen

Bei der Einrichtung von Großraumbüros und Schalterhallen ist darauf zu achten, dass die Sachbearbeiterplätze in geschachtelten Zonen gruppiert werden und mittels schallisolierenden Raumteilern und Sichtschutz gegeneinander abgeschottet werden, so dass eine Kommunikation über mehrere Schalter ausgeschlossen ist. Wartezonen müssen in einem genügend großen Abstand von den Sachbearbeiterplätzen eingerichtet werden. Für die Führung besonders sensibler Gespräche müssen Einzelzimmer zur Verfügung stehen.

Als bauliche Maßnahmen zur Gewährleistung des Persönlichkeitsschutzes kommt somit Folgendes in Betracht:
– Schaffung von Warte- und Diskretionszonen,
– Schallisolierende Abschottung der Bearbeiterplätze,
– Einbau schalldämmender Bodenbeläge und Deckenelemente sowie
– Einrichtung von abgeschlossenen Einzelzimmern oder Sprechkabinen.

b) Organisatorische Maßnahmen

Neben der Sensibilisierung und Schulung der Mitarbeiter auf Beachtung des Persönlichkeitsschutzes sind folgende Maßnahmen zu ergreifen:
- Bildschirme dürfen nicht so aufgestellt werden, dass Dritte den Bildschirminhalt mitlesen können,
- auf die Möglichkeit, vertrauliche Einzelfallgespräche in einem gesonderten Dienstzimmer führen zu können, muss hingewiesen werden,
- Besuchersteuerung (z.B. durch Lichtzeichenanlage),
- Einlass nur einer Person in das Büro,
- vertrauliche Behandlung der Informationen,
- zugriffssichere Aufbewahrung personenbezogener Unterlagen bzw.
- datenschutzgerechte Entsorgung personenbezogener Unterlagen.

5.11 Zugriffssichere Aufbewahrung personenbezogener Unterlagen

5.11.1 Aufbewahrung bei der Sachbearbeitung

Die Aufbewahrung personenbezogener Unterlagen muss so erfolgen, dass ein unerlaubter Zugriff auf die Unterlagen und die Kenntnisnahme der darin enthaltenen Informationen weitgehendst ausgeschlossen sind. So dürfen personenbezogene Unterlagen und Akten bei einem Parteienverkehr nicht so herumliegen, dass sie von Außenstehenden zur Kenntnis genommen werden können. Beim Verlassen der Zimmer sind diese selbstverständlich abzuschließen. Nach Arbeitsschluss hat die Aufbewahrung in verschließbaren Behältnissen zu erfolgen, so dass auch das Reinigungspersonal keinen Zugriff auf die Unterlagen erhalten kann. Dazu müssen natürlich in den jeweiligen Dienstzimmern eine ausreichende Anzahl an geeigneten Behältnissen zur zugriffssicheren Aufbewahrung dort benötigter schutzwürdiger Unterlagen bereitstehen. Außerdem sollten bei den Sachbearbeitern in den Diensträumen nur die jeweils unmittelbar benötigten Akten vorrätig sein. Von Einheitsschlüsseln für Schränke und sonstige Behältnisse ist abzusehen, da sonst der Schutzzweck nicht erzielt werden kann.

5.11.2 Archivräume

Bei Archivräumen ist darauf zu achten, dass Fremden der Zutritt zu diesen Räumen grundsätzlich zu untersagen ist. Jedoch auch bei den eigenen Mitarbeitern ist darauf zu achten, dass jeweils nur der Zugriff auf die Unterlagen zugelassen ist, die zur eigenen Aufgabenerfüllung benötigt werden. Somit müssen die Eingangstüren beim Verlassen stets verschlossen und die Unterlagen in verschließbaren Regalen aufbewahrt werden. Der Schlüssel zu nicht ständig besetzten Archivräumen darf nur gegen Unterschrift ausgehändigt werden.

Zur Gewährleistung eines Zugangsschutzes sind Türen und Fenster mit geeigneten Schließvorrichtungen auszustatten. Bei Türen ist insbesondere auf Folgendes zu achten:
– Einbau von Sicherheitsschlössern,
– eigener Schließbereich,
– bündiger Abschluss des Schließzylinders mit der Verblendung,
– Ausstattung mit einem Türknauf statt Türgriff,
– Anbringung automatischer Türschließeinrichtungen,
– evtl. Überwachung mit Schließkontaktmeldern sowie
– Installation von Türglocke und Gegensprechanlage.

Hinsichtlich des Zugangsschutzes ist bei Fenstern Folgendes angesagt:
– Gewährleistung der Verschließbarkeit,
– Anbringen von Gittern vor den Fenstern sowie
– spezielle Verglasung (z.B. E30 = mittlere Durchwerfhemmung).

Evtl. ist auch das Ergreifen von weitergehenden Maßnahmen zur Innenraum- (z.B. Installation von Bewegungsmeldern) und Außenhautsicherung erforderlich. Dabei ist zu beachten, dass neben einer Alarmüberwachung von Türen und Fenstern auch Lichtschachtgitter gegen ein Abheben zu sichern sind, soweit sich das Archiv in einem Keller oder Tiefgeschoß befindet. Außerdem ist sicherzustellen, dass ein etwaiger Alarm an einer ständig besetzten Stelle aufläuft.

Soweit möglich sollte ein Archiv auch einen eigenen Brandabschnitt darstellen. Hierzu ist insbesondere auf die entsprechende Ausstattung der Türen (z.B. T90-Türen) und Wände zu achten.

6. Durchführung des Datenschutzes bei den Kommunen

Aus dem Bayerischen Datenschutzgesetz ergibt sich für die Kommunen bei der Aufgabenerfüllung die Verpflichtung, den Datenschutz und die Datensicherheit in ihrer Gemeinde zu gewährleisten. Dazu ist insbesondere eine Reihe technisch-organisatorischer Maßnahmen zu ergreifen, auf die nachfolgend eingegangen wird.

6.1 Sicherstellung des Datenschutzes

6.1.1 Zuständigkeiten

Gemäß Art. 25 Abs. 1 BayDSG haben auch die Gemeinden und Gemeindeverbände, die personenbezogene Daten erheben, verarbeiten oder nutzen, für ihren Bereich die Ausführung des Bayerischen Datenschutzgesetzes sowie anderer Rechtsvorschriften über den Datenschutz sicherzustellen. Diese Gesamtverantwortung kann auch nicht auf einzelne Personen (z.B. auf den gemäß Art. 25 Abs. 2 BayDSG zu bestellenden Datenschutzbeauftragten) verlagert werden. Für die Sicherstellung des Datenschutzes ist nach der Gemeindeordnung grundsätzlich der **Gemeinderat** zuständig. Dieser hat die Voraussetzungen für die Gewährleistung des Datenschutzes und der Datensicherheit innerhalb der Gemeinde zu schaffen. Dazu gehört u.a. die Bestellung eines kommunalen Datenschutzbeauftragten.

6.1.2 Kommunaler Datenschutzbeauftragter (DSB)

a) Bestellung

Die Bestellung oder auch Abberufung eines Datenschutzbeauftragten erfolgt durch das jeweilige kommunale Vertretungsorgan (z.B. Stadt- bzw. Gemeinderat). Diese Bestellungskompetenz kann mittels Geschäftsordnung auf den Bürgermeister (bzw. Landrat) übertragen werden. Eine Bestellung sollte grundsätzlich schriftlich erfolgen, auch wenn dies nicht gesetzlich vorgeschrieben ist.

Die Bestellung eines kommunalen Bediensteten zum Datenschutzbeauftragten unterliegt nicht der förmlichen Beteiligung des Personalrats, da sie nicht unter die Bestimmungen der Art. 75ff. BayPVG fällt, außer wenn für den Beschäftigten mit der Bestellung zum Datenschutzbeauftragten eine erhebliche Veränderung des bisherigen Tätigkeitsbereichs verbunden ist. Dies könnte dann eine Versetzung oder Umsetzung im Sinne von Art. 75 Abs. 1 Nr. 6 BayPVG darstellen. Unabhängig davon sollte der Personalrat im Rahmen des Grundsatzes der vertrauensvollen Zusammenarbeit (Art. 2 Abs. 1 BayPVG) zumindest rechtzeitig über die beabsichtigte Bestellung eines kommunalen Datenschutzbeauftragten informiert werden.

b) Persönliche Voraussetzungen

Zum kommunalen Datenschutzbeauftragten darf gemäß Art. 25 Abs. 1 Satz 1 BayDSG nur ein Bediensteter der Kommune bestellt werden. Allerdings könnten mehrere Gemeinden einen gemeinsamen Datenschutzbeauftragten bestellen (Art. 25 Abs. 2 Satz 2 BayDSG); dies kann aber nicht erzwungen werden. Die Bestellung eines gemeinsamen Datenschutzbeauftragten kann also nur im gegenseitigen Einvernehmen erfolgen. Externe Personen (darunter fallen auch die Gemeinderatsmitglieder) dürfen nicht berufen werden.

Der Datenschutz in einer Kommune kann nur von einem Datenschutzbeauftragten gewährleistet werden, der in der Lage ist, die jeweiligen konkreten **Risiken** der Informationstechnik für den Datenschutz zu erkennen. **Unabdingbare Voraussetzungen** sind dafür fundierte organisatorische, DV-technische und rechtliche Kenntnisse. So muss der Datenschutzbeauftragte sowohl über ausreichende Rechtskenntnisse bezüglich der einschlägigen datenschutzrechtlichen Regelungen als auch über das notwendige technische Verständnis zur Umsetzung der erforderlichen Datensicherheitsmaßnahmen verfügen. Dazu bedarf es einer gewissen Aus- und Fortbildung.

Weitere wünschenswerte Fähigkeiten, über die ein Datenschutzbeauftragter verfügen sollte, sind:
- Lernfähigkeit,
- logisches Denkvermögen,
- sorgfältige und gründliche Arbeitsweise,
- Beurteilungsfähigkeit,
- Konfliktbereitschaft (sachliches Eintreten für den Datenschutz),
- Konsensfähigkeit,
- Fähigkeit zur Kommunikation,
- Verschwiegenheit,

- Durchsetzungsvermögen,
- Unbestechlichkeit,
- Verantwortungsbewusstsein sowie
- pädagogisch-didaktische Fähigkeiten.

Der kommunale Datenschutzbeauftragte ist zwar gemäß Art. 25 Abs. 3 Satz 5 BayDSG im erforderlichen Umfang von der Erfüllung sonstiger dienstlicher Aufgaben freizustellen. Allerdings kann er innerhalb der Gemeinde auch mit anderen Aufgaben beauftragt werden, da er wohl nur in großen Kommunen mit den Datenschutzaufgaben voll ausgelastet sein wird. Er sollte jedoch nicht mit solchen Aufgaben beschäftigt sein, die mit seiner Schutzaufgabe kollidieren. Insbesondere sollte er nicht Leiter der DV-Abteilung bzw. Systemadministrator sein, auch wenn dies gesetzlich nicht verboten ist. Auch Hauptamtsleiter kommen grundsätzlich nicht infrage, da sie in der Regel nicht über genügend Zeit zur Ausübung der Tätigkeit eines Datenschutzbeauftragten verfügen dürften. Interessenkonflikte dürften auch vorliegen, wenn der Datenschutzbeauftragte in der Personalabteilung beschäftigt ist.

c) Organisatorische Stellung

Die behördlichen Datenschutzbeauftragten sind gemäß Art. 25 Abs. 3 BayDSG in dieser Eigenschaft der Leitung der öffentlichen Stelle oder deren ständigen Vertretung unmittelbar zu unterstellen; in Gemeinden können sie auch einem berufsmäßigen Gemeinderatsmitglied unterstellt werden. Die kommunalen Datenschutzbeauftragten sind in ihrer Eigenschaft als behördliche Datenschutzbeauftragte weisungsfrei – auch gegenüber der erwähnten Person, der sie in ihrer Eigenschaft als Datenschutzbeauftragter unterstellt sind. In Zweifelsfällen, die dediziert darzulegen und mit einer eigenen vorläufigen rechtlichen Bewertung zu versehen sind, etwa hinsichtlich der Auslegung von Datenschutzvorschriften, können sich kommunale Datenschutzbeauftragte unmittelbar an den Landesbeauftragten für den Datenschutz wenden. Datenschutzbeauftragte dürfen wegen der Erfüllung ihrer Aufgaben nicht benachteiligt werden.

d) Aufgaben des kommunalen Datenschutzbeauftragten

Die Aufgabe des kommunalen (behördlichen) Datenschutzbeauftragen ist in Art. 25 Abs. 4 Satz 1 des BayDSG allgemein wie folgt beschrieben:
„Die behördlichen Datenschutzbeauftragten haben die Aufgabe, auf die Einhaltung dieses Gesetzes und anderer Vorschriften über den Datenschutz in der öffentlichen Stelle hinzuwirken."

Zu den konkreten Aufgaben eines kommunalen Datenschutzbeauftragten gehört insbesondere
- das Verfahrensverzeichnis nach Art. 27 BayDSG zu führen, soweit die Kommune keine andere Regelung trifft,
- die Freigabe automatisierter Verfahren nach Art. 26 BayDSG zu erteilen,
- den Bürgern als Anlaufstelle für Fragen des Datenschutzes in der Kommune zu dienen,
- die Beantwortung von Auskunftsersuchen nach Art. 10 BayDSG zu koordinieren,
- bei der Gestaltung von Vordrucken im Hinblick auf die Formulierung der Einwilligung nach Art. 15 BayDSG und auf den Hinweis nach Art. 16 Abs. 3 und 4 BayDSG mitzuwirken,
- die Beschäftigten einer Kommune in Angelegenheiten des Datenschutzes zu beraten sowie
- Hinweise zur Datensicherung zu geben.

Als weitere Aufgaben eines kommunalen Datenschutzbeauftragten – die im Gesetz nicht explizit genannt sind – kommen in Frage:
- Kontrolle der Einhaltung der Datenschutzvorschriften und kommunalen Dienstanweisungen zu Datenschutz und Datensicherheit,
- Überwachung der ordnungsgemäßen Anwendung der Datenverarbeitungsprogramme, mit denen personenbezogene Daten verarbeitet werden sollen (Einbindung bei Programmfreigabeverfahren, Durchführung von Kontrollen),
- Mitwirkung bei der Prüfung von personenbezogenen Karteien auf deren Zulässigkeit,
- Mitwirkung bei der Schulung der bei der Verarbeitung personenbezogener Daten tätigen Personen hinsichtlich des Datenschutzes,
- Beteiligung bei der Erstellung von Arbeits- und Benutzeranweisungen, Rundschreiben und Dienstvereinbarungen,

- Prüfung der Zugriffsberechtigungen der Benutzer,
- Beratung bei der Erstellung einer Risikoanalyse und eines daraus resultierenden Sicherheitskonzepts für die Datenverarbeitung und
- Überprüfung der Auftragsdatenverarbeitung hinsichtlich Vertragsgestaltung und Einhaltung der vorgegebenen Maßnahmen zum Datenschutz und zur Datensicherheit.

Eine Checkliste für die Kontrolle der Datensicherheitsmaßnahmen nach Art. 7 BayDSG (wie sie das technische Referat des Bayerischen Landesbeauftragten für den Datenschutz verwendet) kann dem **Anhang** entnommen werden.

Die behördlichen Datenschutzbeauftragten sind gemäß Art. 25 Abs. 4 Satz 2 BayDSG zur Verschwiegenheit über Personen verpflichtet, die ihnen in ihrer Eigenschaft als behördliche Datenschutzbeauftragte Tatsachen anvertraut haben, sowie über diese Tatsachen selbst, soweit sie nicht davon durch diese Personen befreit werden. Somit besteht die Möglichkeit, die Nennung eines Betroffenen gegenüber der Dienststelle zu verweigern, um diesen ggf. schützen zu können. Nur eine Befreiung durch den Betroffenen berechtigt den Datenschutzbeauftragten zu Hinweisen, die Rückschlüsse auf den Betroffenen ermöglichen.

e) Befugnisse

Ein kommunaler Datenschutzbeauftragter kann zwar gegenüber seiner Gemeinde auf die Verantwortung zur Einhaltung des Datenschutzes und der Datensicherheit hinweisen und hinwirken, die Verantwortung für die Gewährleistung des Datenschutzes und der Datensicherheit verbleibt jedoch – wie erwähnt – bei der speichernden Stelle, also der Gemeinde. Der Datenschutzbeauftragte verfügt somit über kein Weisungsrecht gegenüber der speichernden Stelle. Damit trägt auch die Gemeinde die volle Verantwortung für die Einhaltung des Datenschutzes. Unternimmt sie trotz Kenntnis von einem Missstand nichts, hat sie die rechtlichen Konsequenzen aus ihrem Unterlassen oder gar positiven Tun zu tragen. Nur wenn der kommunale Datenschutzbeauftragte seiner Beratungspflicht nicht nachkommt, kann ein Dienstvergehen vorliegen.

Nach Art. 25 Abs. 4 Satz 2 BayDSG können die kommunalen Datenschutzbeauftragten die zur Überwachung der Einhaltung des Bayer. Datenschutzgesetzes und anderer Vorschriften über den Datenschutz erforderliche Einsicht in Dateien und Akten der Gemeinde nehmen, soweit nicht gesetzliche Vorschriften entgegenstehen. Sie dürfen Akten mit personenbezogenen Daten, die dem Arztgeheimnis unterliegen, Akten über die Sicherheitsüberprüfung und nicht in Dateien geführte Personalakten nur mit Einwilligung der Betroffenen einsehen.

6.2 Datenschutzrechtliche Freigabe von Verfahren

Voraussetzung und Umfang der datenschutzrechtlichen Freigabe automatisierter Verfahren, mit denen personenbezogene Daten selbst oder im Auftrag verarbeitet werden, sind in Art. 26 BayDSG enthalten. Damit soll gewährleistet werden, dass nur Verfahren eingesetzt werden, die den Vorschriften der Datenschutzgesetze entsprechen. Eine datenschutzrechtliche Freigabe ist bei Kommunen nur dann nicht erforderlich, wenn es sich um Verfahren handelt, die

- durch den Vorstand der AKDB freigegeben und unverändert übernommen werden (Art. 26 Abs. 1 Satz 2, Halbsatz 1 BayDSG) oder
- gemäß Art. 28 Abs. 1 Satz 2 BayDSG in Verbindung mit § 2 der Datenschutzverordnung von der Freigabe ausgenommen sind, z.B.
  - Verfahren, die ausschließlich Zwecken der Datensicherung und Datenschutzkontrolle dienen,
  - Verfahren, deren einziger Zweck das Führen eines Registers ist, das auf Grund einer Rechtsvorschrift zur Information der Öffentlichkeit bestimmt ist oder allen Personen, die ein berechtigtes Interesse nachweisen können, zur Einsichtnahme offen steht
  - sowie folgende lediglich dem internen Verwaltungsablauf dienende Verfahren:
    - Registraturverfahren,
    - Textverarbeitungsverfahren,
    - Telefon-, Telefax- und sonstige Kommunikations- und Teilnehmerverzeichnisse,
    - Verfahren zur Überwachung von Terminen und Fristen (Termin- und Fristenkalender),
    - Zimmer-, Inventar- und Softwareverzeichnisse,
    - Bibliothekskataloge und Fundstellenverzeichnisse bzw.
    - Anschriftenverzeichnisse für die Versendung von Informationen an Betroffene.

Bei Staatsbehörden müssen zusätzlich die von den zuständigen Staatsministerien landesweit freigegebenen Verfahren nicht mehr freigegeben werden.

Die Verfahrensfreigabe erfolgt durch den kommunalen Datenschutzbeauftragten auf Antrag der Gemeinde (Art. 26 Abs. 3 Satz 2 BayDSG). Gleiches gilt für wesentliche Veränderungen von Verfahren. Eine wesentliche Änderung eines Verfahrens liegt zumindest dann vor, wenn eine der in Art. 26 Abs. 2 BayDSG aufgeführten Angaben geändert wird. Vor einer Verfahrensfreigabe dürfen die Verfahren nicht eingesetzt werden.

Gemäß Art. 26 Abs. 3 BayDSG müssen die Gemeinden dem Antrag auf Verfahrensfreigabe Folgendes beigeben:
- eine Verfahrensbeschreibung mit den in Art. 26 Abs. 2 BayDSG aufgeführten Angaben
  - Bezeichnung des Verfahrens,
  - Zweck und Rechtsgrundlage der Erhebung, Verarbeitung oder Nutzung,
  - Art der gespeicherten Daten,
  - Kreis der Betroffenen,
  - Art der regelmäßig zu übermittelnden Daten und deren Empfänger,
  - Regelfristen für die Löschung der Daten oder für die Prüfung der Löschung,
  - verarbeitungs- und nutzungsberechtigte Personengruppen,
  - bei Auftragsdatenverarbeitung die Auftragnehmer und
  - Empfänger vorgesehener Datenübermittlungen in Drittländer,
- eine allgemeine Beschreibung der für das Verfahren eingesetzten Datenverarbeitungsanlagen sowie
- eine allgemeine Beschreibung der technischen und organisatorischen Datensicherheitsmaßnahmen.

Der kommunale Datenschutzbeauftragte prüft vor Erteilung der Freigabe insbesondere, ob die Rechtsgrundlage für die Erhebung, Verarbeitung oder Nutzung personenbezogener Daten gegeben ist. Ist dies der Fall, erteilt er gemäß Art. 26 Abs. 3 Satz 2 BayDSG die datenschutzrechtliche Freigabe. Andernfalls trägt er seine datenschutzrechtlichen Bedenken vor. Wird diesen Einwendungen nicht Rechnung getragen, legt er die Entscheidung über die datenschutzrechtliche Freigabe gemäß Art. 26 Abs. 3 Satz 3 BayDSG den Personen vor, denen er nach Art. 25 Abs. 3 Satz 1 in seiner

Position als Datenschutzbeauftragter unterstellt ist (z.B. dem Ersten Bürgermeister). Dieser entscheidet dann über die Freigabe. Bei einem gemäß Art. 25 Abs. 2 Satz 2 BayDSG gemeinsam bestellten Datenschutzbeauftragten legt dieser die Entscheidung über die datenschutzrechtliche Freigabe jeweils der Leitung der öffentlichen Stelle vor, für die die Freigabe vorgesehen ist. Bei sehr sensiblen Daten im Sinne von Art. 15 Abs. 7 BayDSG hat der kommunale Datenschutzbeauftragte zuvor eine Stellungnahme des Bayer. Landesbeauftragten für den Datenschutz einzuholen. Bei diesen sensiblen Daten handelt es sich um personenbezogene Daten, aus denen

- die rassische und ethnische Herkunft,
- politische Meinungen,
- religiöse oder philosophische Überzeugungen oder
- die Gewerkschaftszugehörigkeit

hervorgehen, sowie von Daten über

- Gesundheit oder
- Sexualleben.

Muster zur Verfahrensfreigabe, Verfahrensbeschreibung, Beschreibung der eingesetzten Datenverarbeitungsanlagen mit der Beschreibung der Datensicherheitsmaßnahmen können der **Anlage** zu diesem Buch entnommen werden.

Die früher vorgeschriebene Mitteilung der datenschutzrechtlichen Freigabe an den Bayerischen Landesbeauftragten für den Datenschutz ist nicht mehr erforderlich.

6.3 Führen eines Verfahrensverzeichnisses

Aufgrund Art. 27 Abs. 1 BayDSG ist jeder kommunale Datenschutzbeauftragte dazu verpflichtet, ein Verfahrensverzeichnis zu führen. Das Verfahrensverzeichnis stellt praktisch eine Sammlung der datenschutzrechtlichen Freigaben der in der Kommune eingesetzten Verfahren dar, einschließlich der von der AKDB freigegebenen Verfahren. Verfahren, die nach § 2 der Datenschutzverordnung vom 1.4.1994 (zuletzt geändert durch die „Zweite Verordnung zur Änderung der Datenschutzverordnung" vom 13.2.2001) keiner datenschutzrechtlichen Freigabe bedürfen (z.B. Verfahren zur Datensicherung und Datenschutzkontrolle (Protokollierung) – siehe 6.2) sind nicht in das Verfahrensverzeichnis aufzunehmen. Das Verfahrensverzeichnis verschafft dem Datenschutzbeauftragten einen Überblick über die in seiner Kommune eingesetzten automatisierten Verfahren zur Verarbeitung personenbezogener Daten.

In dem Verzeichnis sind gemäß Art. 27 Abs. 2 BayDSG für jedes automatisierte Verfahren die in Art. 26 Abs. 2 BayDSG genannten Angaben festzuhalten. Dabei handelt es sich um folgende Angaben:
- Bezeichnung des Verfahrens,
- Zweck und Rechtsgrundlage der Erhebung, Verarbeitung oder Nutzung,
- Art der gespeicherten Daten,
- Kreis der Betroffenen,
- Art der regelmäßig zu übermittelnden Daten und deren Empfänger,
- Regelfristen für die Löschung der Daten oder für die Prüfung der Löschung,
- verarbeitungs- und nutzungsberechtigte Personengruppen,
- bei eine Auftragsdatenverarbeitung die Auftragnehmer sowie
- Empfänger vorgesehener Datenübermittlungen in Drittländer.

Die im Verfahrensverzeichnis aufgeführten automatisierten Verfahren sind seit 1993 nicht mehr dem Landesbeauftragten für den Datenschutz zu melden. Gemäß Art. 27 Abs. 3 BayDSG kann das Verfahrensverzeichnis von jedem kostenfrei eingesehen werden.

6.4 Datengeheimnis

Jeder Bedienstete einer Kommune ist gehalten, daran mitzuwirken, dass der Kommune anvertraute personenbezogene Daten so verwahrt, verarbeitet und verwendet werden, wie es den rechtlichen Vorschriften entspricht. Dabei kommt es vor allem auf die Verschwiegenheit der Beschäftigten an. Deshalb ist es gemäß Art. 5 BayDSG den bei öffentlichen Stellen beschäftigten Personen untersagt, personenbezogene Daten unbefugt zu erheben, zu verarbeiten oder zu nutzen (Datengeheimnis). Das Datengeheimnis besteht auch nach Beendigung ihrer Tätigkeit fort.

6.5 Einrichtung automatisierter Abrufverfahren

Die Einrichtung automatisierter Abrufverfahren wird in Art. 8 BayDSG geregelt. Von dieser Regelung werden Abrufe aus Datenbeständen ausgenommen, die allen, sei es ohne oder nach besonderer Zulassung, zur Benutzung offen stehen (Art. 8 Abs. 4 BayDSG – sog. öffentliche Datenbanken, z.B. Videotexte). Dabei ist es gleichgültig, ob bei diesen Online-Verfahren lediglich Einzeldaten oder ganze Datenbestände übertragen werden.

Die **Inbetriebnahme** eines automatisierten Verfahrens zur Übermittlung personenbezogener Daten an **Dritte** durch Abruf ist gemäß Art. 8 Abs. 1 BayDSG zulässig, soweit das genutzte automatisierte Verfahren unter Berücksichtigung der **schutzwürdigen Interessen** der Betroffenen und der Aufgaben der beteiligten Stellen **angemessen** ist. Angemessen kann ein Verfahren etwa dann sein, wenn eine besonders große Dringlichkeit an einem Datenzugriff besteht oder Massendaten übermittelt werden müssen. Die Abwägung hinsichtlich der Angemessenheit muss bereits vor der Inbetriebnahme des Online-Verfahrens erfolgen.

Die Datenübermittlung muss – wie erwähnt – an Dritte erfolgen, damit werden Zugriffe innerhalb der speichernden Stelle nicht von Art. 8 BayDSG geregelt. Gleiches gilt für Online-Zugriffe innerhalb von **Verwaltungsgemeinschaften** (siehe auch Wilde/Ehmann/Niese/Knoblauch, Bayerisches Datenschutzgesetz Art. 8, Rdnr. 2 a). Ebenfalls ausgenommen sind Zugriffe im Rahmen der **Auftragsdatenverarbeitung** (Art. 6 BayDSG – vgl. unter 5.7), da ein Auftragnehmer nicht Dritter im Sinne des Gesetzes ist.

Gemäß Art. 8 Abs. 2 BayDSG haben die an der Datenübermittlung beteiligten Stellen (speichernde Stelle und abrufender Dritter) zu gewährleisten, dass die Zulässigkeit des Abrufverfahrens kontrolliert werden kann. Zu diesem Zwecke müssen sie **schriftlich** festlegen:

– die Aufgaben, zu deren Erfüllung personenbezogene Daten verarbeitet werden und die Rechtsgrundlage der Verarbeitung,
– die Datenempfänger,
– die Art der zu übermittelnden Daten sowie
– die nach Art. 7 BayDSG erforderlichen technischen und organisatorischen Maßnahmen (vgl. unter Nr. 5.2).

Die Verantwortung für die Zulässigkeit des einzelnen Abrufs trägt der Empfänger (Art. 8 Abs. 3 Satz 2 BayDSG), wobei sich die Zulässigkeit dieses Abrufs nach dem für die Erhebung und Übermittlung geltenden Vorschriften des Bayerischen Datenschutzgesetzes richtet (Art. 8 Abs. 3 Satz 1 BayDSG). Der Empfänger muss also vor dem Datenzugriff prüfen, ob er ein berechtigtes Interesse an diesem Zugriff hat. Die speichernde Stelle prüft die Zulässigkeit der Abrufe nur, wenn dazu Anlass besteht

(Art. 8 Abs. 3 Satz 3 BayDSG – z.B. bei Beschwerden). Zu diesem Zwecke hat die speichernde Stelle zu gewährleisten, dass die Übermittlung personenbezogener Daten zumindest durch geeignete Stichprobenverfahren festgestellt und überprüft werden kann (Art. 8 Abs. 3 Satz 4 BayDSG). Eine Vollprotokollierung der Übertragungsaktivitäten (z.B. zur Beweissicherung) ist dadurch aber keineswegs verboten. Wird ein Gesamtbestand personenbezogener Daten abgerufen oder übermittelt (**Stapelverarbeitung**), so bezieht sich die Gewährleistung der Feststellung und Überprüfung nur auf die Zulässigkeit des Abrufes oder der Übermittlung des Gesamtbestandes (Art. 8 Abs. 3 Satz 5 BayDSG).

Nähere Hinweise zur Protokollierung können der Nr. 5.5.2 entnommen werden.

6.6 Technisch-organisatorische Einzelprobleme

Der Bayerische Landesbeauftragte für den Datenschutz wird von Kommunen immer wieder in die Lösung technisch-organisatorischer Einzelprobleme eingebunden. Nachfolgend einige dieser allgemein interessanten Probleme, die zum Teil auch in den Tätigkeitsberichten des Bayerischen Landesbeauftragten erörtert wurden.

6.6.1 Druck von Lohnsteuerkarten mit den Steuerdaten durch Privatfirmen

Problem:
Eine Gemeinde lässt ihre Lohnsteuerkarten über einen Anbieter von Softwarepaketen und EDV-Beratung bei einem Partnerunternehmen des Anbieters in Berlin erstellen. Zu diesem Zwecke werden online die zur Erstellung der Lohnsteuerkarten notwendigen Steuerdaten nach Berlin übertragen. Der Transport der daraufhin erstellten Steuerkarten zu den Gemeinden erfolgt per UPS.

Stellungnahme des Bayerischen Landesbeauftragten für den Datenschutz:
Das Bayerische Staatsministerium der Finanzen erachtet diese Art des Drucks von Lohnsteuerkarten – im Gegensatz zu früheren Fällen – nunmehr für zulässig, wenn die Gemeinden die Wahrung des Steuergeheimnisses sicherstellen, das heißt wenn das eingesetzte Personal des beauftragten Unternehmens nach dem Verpflichtungsgesetz verpflichtet wird und vertraglich geregelt ist, dass ausschließlich diese nach dem Verpflichtungs-

gesetz verpflichteten Personen tätig werden. Dieser Meinung des Finanzministeriums hat sich der Bayerische Landesbeauftragte angeschlossen (vgl. 19. TB Nr. 17.3.7). Zusätzlich wurden folgende Forderungen zur Sicherstellung des Datenschutzes und der Datensicherheit gestellt:
- Das Tätigwerden von Subunternehmen bzw. nicht beauftragter Unternehmen, deren Personal nicht nach dem Verpflichtungsgesetz verpflichtet wird, ist durch Aufnahme entsprechender Bedingungen bei der Beauftragung des privaten Unternehmens auszuschließen.
- Die Übermittlung von Daten auf elektronischen Datenträgern oder online ist nur dann zulässig, wenn sichergestellt ist, dass ein unberechtigter Datenzugriff nicht erfolgen kann; das heißt die Datenübermittlung muss nach dem Stand der Technik verschlüsselt erfolgen.
- Das beauftragte Unternehmen ist ausdrücklich auf § 30 AO hinzuweisen.

6.6.2 Einrichtung von Telearbeitsplätzen

Problem:
Immer mehr Kommunen beabsichtigen, Telearbeitsplätze einzurichten, bedenken aber nicht, welche Risiken bei der Telearbeit drohen und welche Sicherheitsgrundsätze dabei zu beachten sind.

Lösung:
Gefährdungen können am Telearbeitsplatz (Diebstahl von IT-Komponenten, unberechtigte Kenntnisnahme von Informationen, Verlust der Verfügbarkeit der Daten durch technische Störungen), auf den Telekommunikationsverbindungen (Verlust der Integrität und Vertraulichkeit der Daten) sowie bei der Anbindung der IT-Komponenten selbst (Anschluss an offene Netze) entstehen. So bestehen bei der Datenübertragung im Rahmen der Telearbeit insbesondere auch folgende Risiken:
- Einschleusen von Viren,
- Eindringversuche von Hackern bzw.
- vorsätzliche oder fahrlässige unberechtigte Handlungen der Mitarbeiter.

Deshalb sind folgende Sicherheitsgrundsätze zu beachten (siehe auch 17. TB Nr. 18.3.3 und 18. TB Nr. 19.3.6 des Bayerischen Landesbeauftragten für den Datenschutz):
- Auf die Bearbeitung von sensitiven Daten, insbesondere von Personaldaten im häuslichen Bereich, sollte verzichtet werden.

- Die Telearbeiter bleiben Bedienstete der Kommune; es findet keine Auftragsdatenverarbeitung statt.
- Der Dienstherr bleibt weisungsbefugt, er bestimmt die Art und Weise, wie die Aufgaben zu erledigen sind.
- In einer Dienstanweisung sind die Telearbeiter zur Einhaltung aller vorgegebenen Sicherheitsmaßnahmen schriftlich zu verpflichten. Außerdem sind Art und Umfang der Aufgaben und die Rahmenbedingungen, unter denen die Aufgaben abzulaufen haben, zu definieren. Diese Dienstanweisung muss überdies detaillierte Aussagen über die Pflichten der in Telearbeit stehenden Mitarbeiter enthalten.
- Sicherheitsvorgaben, die in einer solchen Dienstanweisung vorgegeben werden sollten, sind:
  - Der Aktentransport erfolgt in verschlossenen Behältnissen, die der Dienstherr zur Verfügung stellt. Soweit beim Transport öffentliche Verkehrsmittel benützt werden, ist darauf zu achten, dass die Behältnisse dort nicht unbeaufsichtigt abgestellt oder ganz vergessen werden.
  - Für die Aufbewahrung der dienstlichen Unterlagen im häuslichen Bereich muss ein verschließbarer Schrank oder Teil eines Schrankes vorhanden sein; unter Umständen lassen sich auch die verschließbaren Transportbehältnisse zur Aufbewahrung heranziehen. Die Unterlagen dürfen in der Wohnung nicht offen herumliegen, Familienangehörige dürfen keinen Zugang zu den Unterlagen erhalten. Nicht mehr benötigte Unterlagen müssen datenschutzgerecht entsorgt werden.
  - Werden für die Bearbeitung elektronische Rechner eingesetzt, sind diese einschließlich der benötigten Datenträger vom Dienstherrn zur Verfügung zu stellen und von einer zentralen Stelle zu konfigurieren. Zur Vermeidung von Abhängigkeiten sollten weder private Hard- und Software noch private Anschlüsse bei der Telearbeit genutzt werden. Die Schulung und Einweisung in die DV-Systeme wird ebenso vom Arbeitgeber vorgenommen, wie die Systemadministration.
  - Rechner und Datenträger sind gegen den Zugriff Unberechtigter zu schützen.
  - Auf dem Rechner dürfen keine anderen als dienstlichen Aufgaben zum Ablauf kommen.
  - Der Rechner ist mit einer Sicherheitskomponente gegen die Inbetriebnahme Unbefugter abzusichern. Außerdem ist ein Virensuchprogramm zu installieren.

- Das DV-System zeichnet Inbetriebnahme, Benutzung und Sicherheitsverstöße in einem Protokoll auf. Die Protokolle sind dem Dienstherrn monatlich zur Verfügung zu stellen. Da diese Protokolle zur Verhaltenskontrolle geeignet sind, ist eine Mitbestimmung durch den Personalrat nach Art. 75 a Abs. 1 Nr. 1 BayPVG zwingend. Unabhängig davon empfiehlt es sich, für die Verarbeitung dieser Protokolle eine strikte Zweckbindung zu vereinbaren.
- Wenn Datenbestände länger als einen Tag gespeichert werden, ist täglich eine Datensicherung auf Diskette oder ähnlichen Datenträger zu ziehen. Diese Sicherungsdatenträger sind unter Verschluss zu halten.
- Der elektronisch gespeicherte Datenbestand ist so gering wie möglich zu halten.
- Der Arbeitnehmer muss dem Kontrollrecht des Arbeitgebers und der von diesem beauftragten Person (z.B. Datenschutzbeauftragter) schriftlich zustimmen (Einwilligungserklärung).

Ein Online-Anschluss des Rechners an das Netzwerk des Dienstherrn setzt Sicherheitsmaßnahmen auf dem Übertragungswege und Abschottungsmaßnahmen sowohl beim zentralen als auch beim dezentralen System voraus. So müssen – wie bei jeder Netzwerkanbindung – Maßnahmen ergriffen werden, um die Vertraulichkeit, die Verfügbarkeit und die Integrität der Daten zu gewährleisten:

- Zur Sicherung der Kommunikationsanschlüsse bieten sich am zentralen Rechner der Einsatz spezieller Kommunikationsrechner, einer Call-Back-Funktion und sicherer Identifikations- und Authentisierungsmechanismen an.
- So muss bei jeder Verbindungsaufnahme eine Identifikation und Authentisierung des Telearbeiters als Maßnahme der Zugriffskontrolle (mittels Passwort u.U. mit Chipkarte gekoppelt) erfolgen.
- Aus Gründen der Datensicherheit empfiehlt es sich, alle Daten auf einen Server beim Arbeitgeber abzulegen und somit eine dezentrale Speicherung des Datenbestands zu vermeiden.
- Werden sensible Daten auf der Festplatte des Teleworkers abgelegt, müssen diese automatisch verschlüsselt gespeichert werden.
- Damit die Daten bei der Übertragung nicht abgehört werden können, müssen hierbei ebenfalls Verschlüsselungsalgorithmen eingesetzt werden.

- So weit möglich sollten Dokumente bei der Übertragung mit einer digitalen Signatur versehen werden.
- Nach jeder Datenübertragung ist auf den betreffenden Rechnern ein Virensuchlauf durchzuführen. Gleiches gilt natürlich auch bei jedem Einspielen von Daten von Diskette oder CD.
- Um das mögliche Missbrauchsrisiko bei der Nutzung der Datenübertragung zu minimieren, besteht die Möglichkeit, Zugriffe zeitlich zu beschränken. So kann beispielsweise ausgeschlossen werden, dass Mitarbeiter an Feiertagen und nachts auf den Rechner bei der Dienststelle zugreifen können.

Bei der Einführung der Telearbeit ist der Personalrat zu beteiligen und Art und Umfang der Telearbeit mit der Personalvertretung in einer Personalvereinbarung zu regeln.

6.6.3 Datensicherheit beim Versand von Telefax
Problem:
Der Versand von Telefaxen hat sich bei vielen Gemeinden zu einer beliebten und vor allem wirtschaftlichen Möglichkeit des Dokumententransports entwickelt. Er ist damit eine echte Alternative zur herkömmlichen Briefpost geworden. Doch viele Kommunen sind sich nicht der Gefahr für die Datensicherheit beim Versand von Telefaxen bewusst.

Lösung:
Im Gegensatz zur Briefpost handelt es sich beim Telefax um eine Art offener Zustellung. Dies bedeutet:
- Alle Informationen werden unverschlüsselt übertragen.
- Der Telefaxverkehr ist analog zum Telefongespräch abhörbar.

In mehreren Tätigkeitsberichten (z.B. im 15. und im 17. TB) ist der Bayerische Landesbeauftragte für den Datenschutz ausführlich auf die damit verbundenen Risiken und auf mögliche Sicherheitsmaßnahmen eingegangen.

Trotz aller möglicher ergriffener technischer und organisatorischer Maßnahmen kann es immer wieder zu Fehlübertragungen kommen. Als häufigste Ursache dafür ist meist menschliches Versagen verantwortlich, etwa nicht erkannte Tippfehler bei der Eingabe der Zielnummer. Vorsicht ist vor allem dort geboten, wo ein Fax-Gerät mit einer eigenen Amtsnummer an einer ISDN-Nebenstellenanlage hängt. Hier muss, um ins Netz zu gelangen, eine „0" gewählt werden. Wird das unterlassen, kommt es in manchen Fällen zu Fehlleitungen, nämlich dann, wenn die verkürzte Nummer einen Fax-Anschluss darstellt. Dabei kann insbesondere bei der Übertragung von Telefaxen mit besonders schutzwürdigem Inhalt (sensible personenbezogenen Daten) eine Fehlzustellung gravierende Folgen für den Absender, Empfänger und Betroffenen haben. Deshalb sollte vor Versand von schutzwürdigen Daten mit dem Telefax-Dienst geprüft werden, ob diese Versandart wirklich erforderlich und nicht eine andere Versandart angemessener ist. Dies bedeutet, dass die Übertragung sensibler Daten nur im Ausnahmefall unter Einhaltung sämtlicher Sicherheitsvorkehrungen erfolgen darf.

Weitere Informationen zur Sicherstellung der „Datensicherheit beim Telefax-Dienst" enthält die gleichnamige Orientierungshilfe auf der Home-Page des Bayerischen Landesbeauftragten für den Datenschutz.

6.6.4 Schutz von Serverräumen

Problem:
Da die heutigen Server die Rolle der früheren Großrechner übernommen haben, insbesondere was die Speicherung und Verarbeitung personenbezogener Daten betrifft, müssen auch ihre Standorte mit Maßnahmen der Zugangskontrolle (Art. 7 Abs. 2 Nr. 1 BayDSG) gegen unbefugten Zutritt und gegen Einwirkungsmöglichkeiten von außen geschützt werden. Doch welche Maßnahmen sind dazu erforderlich?

Lösung:
Dabei sollten sich die vorgesehenen Schutzmaßnahmen an der Sensibilität der auf den Servern gespeicherten Informationen und an den akzeptablen Ausfallzeiten orientieren.
Als Schutzmaßnahmen kommen insbesondere in Betracht (siehe 19. TB Nr. 17.3.8):

a) Festlegung der Zugangsberechtigten

Der Kreis der Zugangsberechtigten zu den Serverräumen ist auf das unbedingt notwendige Personal zu beschränken.

b) Außen- und Innenhautsicherung

Die Maßnahmen zur Außenhautsicherung sollen sowohl Sicherheitsmaßnahmen gegen Eindringversuche als auch gegen Einwirkversuche beinhalten. Mit Hilfe der Innenhautsicherung soll die Anwesenheit unbefugter Personen in den Serverräumen erkannt werden. So kommen insbesondere folgende Maßnahmen in Frage:
- Tür und Fensterschutz (einbruch- und durchbruchhemmend, Einsatz einer Einbruchmeldeanlage, Schließkontaktmelder, Glasbruchmelder, Spezialverglasung, Anbringung einer Sicherheitsfolie, automatische Rollladensicherung etc.) und
- Einsatz von Bewegungsmeldern.

c) Zutrittskontrolle

Zur Verhinderung eines unbefugten physischen Zutritts zu den Serverräumen können maschinelle Zutrittskontrollsysteme eingesetzt werden.

d) Closed-shop-Betrieb

Personen, die nicht für die Wartung und den Betrieb der Server zuständig sind, dürfen keinen Zutritt zu den Serverräumen erhalten.

e) Revisionsfähige Schlüssel- und Chipkartenregelung

Die Schlüssel- und/oder Chipkartenvergabe für die Serverräume muss revisionsfähig erfolgen.

f) Maßnahmen zur Bekämpfung von physischen Schäden

Insbesondere sind Maßnahmen zum Schutz vor Feuer und Wassereinbrüchen zu ergreifen. Dazu gehört – soweit möglich – auch die Trennung von Servern und Netzverteilern und die Unterbringung in unterschiedlichen Brandabschnitten. Außerdem kommen beispielsweise folgende Maßnahmen in Betracht:
- Vermeidung wasserführender Leitungen,
- Feuchtigkeitsmelder,
- Brandmeldeeinrichungen,
- geschlossene Brandabschnitte,
- geeignete Feuerlöschgeräte,

- Vermeidung unnötiger Brandlasten oder
- Überspannungsschutzeinrichtungen.

6.6.5 Outsourcing von Gemeindedaten und der Systemadministration

Problem:

Immer mehr Gemeinden bitten den Bayerischen Landesbeauftragten für den Datenschutz um Auskunft, ob eine Kommune berechtigt ist, die Verarbeitung personenbezogener Daten in ein privat betriebenes Rechenzentrum auszulagern. Unklarheit herrscht auch darüber, inwieweit einzelne DV-Leistungen (z.B. Systemverwaltung) ausgelagert werden können.

Lösung:

a) Outsourcing des gesamten Datenbestandes

Art. 6 BayDSG enthält Regelungen, die bei der Erhebung, Verarbeitung oder Nutzung personenbezogener Daten im Auftrag zu beachten sind. Im Umkehrschluss kann daraus entnommen werden, dass sich eine öffentliche Stelle bei der Erhebung, Verarbeitung oder Nutzung personenbezogener Daten grundsätzlich einer anderen Stelle bedienen darf, wobei vom Gesetzgeber keine Einschränkung zugunsten lediglich öffentlicher Auftragnehmer getroffen wurde. Voraussetzung ist jedoch, dass keine Funktionsübertragung stattfindet, das heißt die Aufgabe selbst, zu deren Wahrnehmung die Erhebung, Verarbeitung oder Nutzung dient, muss beim Auftraggeber verbleiben (Wilde/Ehmann/Niese/ Knoblauch, Bayerisches Datenschutzgesetz Art. 6, Rdnr. 10). Die Erhebung, Verarbeitung oder Nutzung von Daten, mit der die andere Stelle beauftragt wird, darf somit im Ergebnis lediglich in einer Hilfstätigkeit bestehen.

Bei der Auftragsdatenverarbeitung bleibt der Auftraggeber für die Einhaltung der Vorschriften des Bayerischen Datenschutzgesetzes und anderer Vorschriften über den Datenschutz verantwortlich. Die im zweiten Abschnitt des Bayerischen Datenschutzgesetzes genannten Rechte, zum Beispiel das Auskunftsrecht des Betroffenen, sind ihm gegenüber geltend zu machen (Art. 6 Abs. 1 BayDSG). Nach Art. 6 Abs. 2 BayDSG ist der Auftragnehmer unter besonderer Berücksichtigung der Eignung der von ihm getroffenen technischen und organisatorischen Maßnahmen sorgfältig auszuwählen. Der Auftrag ist schriftlich zu erteilen, wobei Datenerhebung, -verarbeitung oder -nutzung, die technischen und organisatorischen Maßnahmen und etwaige Unterauftragsverhältnisse festzulegen sind (siehe bereits unter 5.7).

Der Bayerische Landesbeauftragte für den Datenschutz hält die Vorhaltung personenbezogener Daten von Gemeinden in einer Datenbank eines privaten Rechenzentrumsbetreibers im Rahmen der Auftragsdatenverarbeitung unter Beachtung der oben dargestellten Grundsätze generell für zulässig, wenn auch nicht unbedingt für wünschenswert, da sich die Gefahr, dass Unberechtigte auf die den Gemeinden größtenteils gezwungenermaßen und nicht freiwillig anvertrauten Daten Zugriff nehmen können, erhöht.

Er weißt jedoch darauf hin, dass für bestimmte Daten spezielle gesetzliche Bestimmungen eine Datenverarbeitung im Auftrag ausschließen. So können nach Art. 36 Abs. 1 Satz 1 MeldeG **Meldebehörden** lediglich andere Gemeinden oder die Anstalt für kommunale Datenverarbeitung in Bayern mit der Erfüllung der Aufgaben nach dem Bayerischen Meldegesetz und den aufgrund dieses Gesetzes erlassenen Rechtsvorschriften mit Hilfe automatisierter Verfahren beauftragen. Diese Regelung schließt zwar die Möglichkeit, sich zur Erfüllung einzelner Datenverarbeitungsaufgaben, wie zum Beispiel der Erfassung von Daten, privater Institutionen zu bedienen, soweit dabei die Voraussetzungen des Bayerischen Meldegesetzes und des Bayerischen Datenschutzgesetzes beachtet werden, nicht aus; die Beauftragung privater Auftragnehmer mit der Erfüllung **aller** mit der automatisierten Führung des **Melderegisters** zusammenhängenden Aufgaben ist danach jedoch **nicht möglich.** Gleiches gilt gemäß Art. 80 Abs. 5 Nr. 2 SGB X für die **Sozialdatenverarbeitung** im Auftrag. Auch hier darf der Auftrag nicht die **gesamte** Speicherung des Datenbestandes umfassen.

Soweit die Speicherung dieser Datenbestände von der Auftragsdatenverarbeitung ausgenommen werden würde – was wohl aus praktischen Gründen wenig Sinn machen würde, da der gewünschte Effekt der Datenauslagerung (Kosten- und Personalersparnis) verloren ginge – müßte darauf geachtet werden, dass eine Kenntnisnahme und ein Zugriff auf andere sensible Datenbestände durch den Auftragnehmer im Hinblick auf die schutzwürdigen Belange der Betroffenen durch **Verschlüsselung** auszuschließen ist. Dies gilt z.B. für folgende Datenbestände:

– aus dem Steueramt (§ 30 AO – Steuergeheimnis),
– aus dem Personalbereich (Art. 100 ff. BayBG – Vertraulichkeit der Personalakte),

- für Datenbestände, die der ärztlichen Schweigepflicht unterliegen (§ 203 StGB – Patientengeheimnis),
- für Personenbestandsdaten (§ 61 PStG – eingeschränktes Einsichtsrecht),
- aber auch für Daten in Vollstreckungsangelegenheiten und sonstigen Verwaltungsverfahren, die nach Art. 30 BayVwVfG geheimzuhalten sind.

b) zentrale Datenbank verschiedener Gemeinden

Bei der Vorhaltung personenbezogener Daten **verschiedener Gemeinden** in einer zentralen Datenbank ist außerdem darauf zu achten, dass die Datenbestände zumindest logisch getrennt voneinander gespeichert werden. Die Anlegung einer einzigen Datei für alle Gemeinden ist **unzulässig**, soweit eine solche nicht ausdrücklich vom Gesetz vorgesehen ist. Sie ist aus datenschutzrechtlicher Sicht auch insoweit abzulehnen, als ein Missbrauch einer solchen Datei regelmäßig schwer wiegender ist als der der Datei einer einzelnen Gemeinde, da sie einen wesentlich umfassenderen Datenbestand aufweist. Aus allgemeinen datenschutzrechtlichen Überlegungen heraus ist es zudem wünschenswert, zentrale Datensammlungen möglichst zu verhindern bzw. – soweit sie sich nicht vermeiden lassen – ihre Zahl möglichst gering zu halten, da sie eine erhöhte Gefahr in sich bergen, unzulässigerweise oder gegebenenfalls auch nach Schaffung einer entsprechenden Rechtsgrundlage für andere Zwecke als die, zu denen sie angelegt wurden, genutzt zu werden.

Der Zugriff auf die Daten ist darüber hinaus insoweit zu beschränken, als jede Gemeinde nur ihre eigenen Daten abrufen kann, da die Zuständigkeit nicht über das jeweilige Hoheitsgebiet hinaus reicht. Sollten im Einzelfall Daten einer anderen Gemeinde zur Erfüllung einer bestimmten Aufgabe notwendig sein, können diese unter Berücksichtigung der einschlägigen datenschutzrechtlichen Vorschriften übermittelt werden.

Außerdem weist der Bayerische Landesbeauftragte darauf hin, dass durch ausreichende technische und organisatorische Maßnahmen sicherzustellen ist, dass die Vorschriften des Bayerischen Datenschutzgesetzes und anderer Gesetze über den Datenschutz eingehalten werden. Dazu gehört zum Beispiel, dass geeignete Vorkehrungen getroffen werden, um einen Zugriff unbefugter Dritter auf die gespeicherten Daten zu verhindern. Außerdem ist zur Wahrung der Vertraulichkeit und Integrität der Daten eine Verschlüsselung der Daten auf dem Übertragungsweg, der bedingt ist durch die räumliche Trennung des Rechners von der Gemeindeverwaltung, zwingend erforderlich. Als hinreichend sichere Algorithmen gelten derzeit beispielsweise Triple-DES mit 112 oder IDEA mit 128 Bit Schlüssellänge. Für asymmetrische Verfahren wie RSA wird empfohlen, eine Schlüssellänge von wenigstens 1024 Bit zu verwenden. Zur Durchführung der Verschlüsselung bietet sich die Einrichtung eines virtuellen privaten Netzes (VPN) an. Ein VPN ist ein privates Netzwerk, welches von der öffentlichen Telekommunikationsstruktur Gebrauch macht, gleichzeitig die Privatsphäre durch den Einsatz von sog. Tunnelling- und Sicherheitsprotokollen schützt und in der Regel über das Internet realisiert wird. Virtuell bedeutet dabei, dass der Anwender glaubt, seine Daten laufen über exklusive (private) Verbindungen. In Wirklichkeit wird die vorhandene Netzstruktur jedoch – aus Kostengründen – von verschiedenen Anwendern gemeinsam genutzt.

Neben den allgemein bekannten Sicherheitsmaßnahmen (z.B. rigorose Einschränkung der Zugriffs- und Nutzungsrechte auf das unbedingt Notwendige, Ergreifung von Maßnahmen zur Virenbekämpfung, Auswertung von Sicherheitsverletzungen in den maschinell geführten Protokollen und effektiver Passwortschutz – siehe Sicherheitsgrundsätze zur Passwortvergabe, -wahl und -verwaltung) müssen zur Absicherung der Gemeindedaten zusätzliche Maßnahmen ergriffen werden. So müssen beispielsweise alle Server durch Maßnahmen der Zugangskontrolle physisch geschützt werden. Die Datenzugriffe auf Server und insbesondere die Nutzung administrativer Berechtigungen müssen intensiv mit Hilfe der Protokollierung überwacht werden. Sonstige Hinweise zur Protokollierung enthält die Orientierungshilfe „Datenschutzrechtliche Protokollierung beim Betrieb informationstechnischer Systeme (IT-Systeme)" auf der Homepage des Bayerischen Landesbeauftragten für den Datenschutz.

Natürlich ist es im Rahmen der Auftragskontrolle auch erforderlich, dass sich die Gemeinde davon überzeugt, dass der Auftragnehmer die Datensicherheit durch Ergreifung der oben angeführten Datensicherheitsmaßnahmen gewährleistet.

c) Auslagerung der Systemadministration

Eine Übernahme der Systemadministration der Server und die Überwachung des lokalen Netzwerkes einer Gemeinde mittels Fernwartung durch eine Privatfirma ist nicht als Teilaspekt der Speicherung und sonstigen Verarbeitung von personenbezogenen Daten anzusehen, weil Aufgabe der Systemadministration die Herstellung und Aufrechterhaltung des ordnungsgemäßen Betriebs der DV-Anlagen, nicht aber die fachspezifische Verarbeitung personenbezogener Daten ist. Damit ist auch für Meldedaten und Sozialdaten der Begriff der Datenverarbeitung im Auftrag (Art. 6 BayDSG) nicht erfüllt. Die Privatfirma wird nicht Auftragnehmer im Sinne des Bayerischen Datenschutzgesetzes. Zur ausreichenden Wahrung der Belange des Betroffenen sieht Art. 6 Abs. 4 BayDSG i.d.F. des Änderungsgesetzes vom 25.10.2000 (GVBl S. 752) wegen der ähnlich gelagerten Interessenlage jedoch die entsprechende Geltung der Absätze 1 bis 3 dieser Vorschrift vor. Damit ist gemäß Art. 6 Abs. 2 BayDSG insbesondere der Auftrag schriftlich zu erteilen, wobei u.a. die technischen und organisatorischen Maßnahmen festzulegen sind. Unbedingt erforderlich sind insbesondere Maßnahmen zur:

– Zugangskontrolle (z.B. Identifikation und Authentisierung, sicherer Verbindungsaufbau mittels Call Back-Verfahren über eine Firewall, dedizierte Vergabe von Zugriffsrechten und Wartungsprivilegien, Protokollierung aller Zugriffe, Ergreifung von Maßnahmen beim Zugriff auf Kundendaten),

– Wahrung der Vertraulichkeit (z.B. Einsatz von Datenverschlüsselungskomponenten bei der Datenspeicherung und der Datenübertragung, Errichtung von „Virtuellen Privaten Netzen"),

– Kundenkontrollmaßnahmen (z.B. Kontrolle der Wartungsaktivitäten online oder mittels ausgewerteter Wartungsprotokolle, ggf. Unterbrechungsmöglichkeit der Fernwartung) und

– Organisatorische Maßnahmen (z.B. Einhaltung der Verschwiegenheitsvorschriften, schriftliche Festlegung der Wartungsaktivitäten, Kontrolle der Protokolle).

Da im Gegensatz zu einer reinen Hard- bzw. Softwarefernwartung auch die Systemadministrierung durch den Auftragnehmer erfolgt, ist neben einer Datenverschlüsselung – soweit möglich – insbesondere Wert auf eine umfassende Protokollierung aller Systemaktivitäten und Fernwartungszugriffe zu legen. Aus den Protokollen muss sich die Frage beantworten lassen: „Wer hat wann mit welchen Mitteln was veranlasst bzw. worauf zugegriffen?" Außerdem müssen sich Systemzustände ableiten lassen: „Wer hatte von wann bis wann welche Zugriffsrechte?" Folgende Aktivitäten sind zur Überwachung der Systemadministrations- und Fernwartungsaktivitäten vollständig zu protokollieren:

- Systemgenerierung und Modifikation von Systemparametern,
- Einrichten von Benutzern,
- Verwaltung von Befugnistabellen,
- Änderungen an der Dateiorganisation,
- Durchführung von Backup-, Restore- und sonstigen Datensicherungsmaßnahmen,
- Aufruf von Administrations-Tools,
- Versuche unbefugten Einloggens sowie die Überschreitung von Befugnissen,
- Datenübermittlungen,
- Benutzung von automatisierten Abrufverfahren,
- Eingabe, Veränderung und Löschung von Daten durch den Auftragnehmer sowie
- Aufruf von besonders „sensiblen" Programmen.

Die Zwangsläufigkeit und damit die Vollständigkeit der Protokolle muss gewährleistet werden. Das Gleiche gilt für die Manipulationssicherheit der Einträge in den Protokolldateien. Die Protokolle müssen durch den Auftraggeber ausgewertet werden. Dazu sind sie so zu gestalten, dass eine effektive Überprüfung möglich ist.

Im Übrigen muss darauf hingewiesen werden, dass bei einer Auslagerung von Systemadministrationstätigkeiten an eine Privatfirma die Aufrechterhaltung eines ordnungsgemäßen Betriebes der Datenverarbeitungsanlagen (z.B. im Falle eines Streiks) beim Auftragnehmer nicht gewährleistet ist.

7. Die wichtigsten kommunalen Datenschutzfragen

Bereits in Nr. 6.1.1 ist ausgeführt, dass grundsätzlich der **Gemeinderat** den Datenschutz in der Gemeinde **sicherzustellen** hat (Art. 25 BayDSG i.V. mit Art. 29 GO); laufende Angelegenheiten wird i.d.R. der **erste Bürgermeister** erledigen (Art. 37 Abs. 1 Nr. 1 GO), soweit die Aufgabe nicht übertragen wurde (etwa durch die Geschäftsordnung oder einen Gemeinderatsbeschluss mit Zustimmung des Bürgermeisters), z.B. auf den **gemeindlichen Datenschutzbeauftragten** (vgl. zu seinen Aufgaben insbesondere auch Art. 25 Abs. 4 Satz 1 BayDSG). In der kommunalen Praxis haben sich für die Kommunen bisher vor allem folgende Datenschutzfragen gestellt:

7.1 Weitergabe personenbezogener Daten an den Gemeinderat oder an dessen Ausschüsse

Da der Gemeinderat und seine Ausschüsse (nicht nur kommunalrechtlich sondern auch) datenschutzrechtlich Teil der öffentlichen Stelle „Gemeindeverwaltung" sind, ist die Weitergabe personenbezogener Daten durch die (sonstige) Gemeindeverwaltung (einschließlich Bürgermeister) an den Gemeinderat oder einen Ausschuss (im Folgenden nur Gemeinderat) eine Datennutzung i.S. von Art. 4 Abs. 7 BayDSG; es handelt sich nicht um eine Datenübermittlung i.S. von Art. 4 Abs. 6 Nr. 3 BayDSG.

Diese Datennutzung ist (vorbehaltlich bestehender Sondervorschriften) nach Art. 17 Abs. 1 BayDSG zulässig, soweit sie zur Erfüllung der Aufgaben des Gemeinderats erforderlich ist und für Zwecke erfolgt, für die die Daten erhoben oder gespeichert worden sind, oder eine der Ausnahmen vom Grundsatz der Zweckbindung nach Art. 17 Abs. 2, 3 und 5 BayDSG vorliegt. Die Aufgaben des Gemeinderats ergeben sich aus Art. 29 und Art. 30 Abs. 2 und 3 GO: Verwalten der Gemeinde und Überwachen der Gemeindeverwaltung, insbesondere der Ausführung eigener Beschlüsse. Hierfür sind ausreichende Informationen über die Sachverhalte erforderlich, die Gegenstand der Beratung oder Abstimmung sein sollen; darin liegt – wie auch Art. 17 Abs. 3 Satz 1 BayDSG entnommen werden kann – i.d.R. keine Zweckänderung. Als Sondervorschrift, die dem Bayerischen Datenschutzgesetz vorgeht, wäre hier beispielsweise Art. 46 Abs. 2 Satz 2 GO (Sitzungsladung unter Angabe der Tagesordnung) zu nennen (vgl. Nr. 7.3 sowie Nr. 7.6).

Dem **Informationsrecht** des Gemeinderats korrespondiert die **Informationspflicht** des ersten Bürgermeisters. Begrenzt wird der Informationsanspruch des Gemeinderats durch den auch in Art. 17 Abs. 1 BayDSG enthaltenen **Erforderlichkeitsgrundsatz**. Missbräuchliche oder gar willkürliche Anfragen des Gemeinderats muss und darf der erste Bürgermeister nicht beantworten. Wenn der Gemeinderat beispielsweise ohne einen konkreten Anlass umfangreiche Berichte oder grundlos Akten anfordert, ist auf diesen Grundsatz zu verweisen. Eine Überwachungsmaßnahme nach Art. 30 Abs. 3 GO ist nur dann erforderlich, wenn sie der Gewährleistung der Gesetzmäßigkeit der Verwaltung dient.

7.2 Kein Informationsrecht einzelner Gemeinderatsmitglieder oder Fraktionen

Das Informationsrecht steht nach ständiger Rechtsprechung dem Gemeinderat nur als Gesamtorgan zu. Ein einzelnes Gemeinderatsmitglied oder eine einzelne Fraktion hat von sich aus keinen entsprechenden Anspruch (vgl. BayVGH n.F. 24, 129/131, FStBay 22/1990 = BayVBl 1990, 278 und BVerwG, BayVBl 1990, 284 sowie Nr. 8.10 des 18. TB, S. 92 = FStBay 36/1999). Ein einzelnes Gemeinderatsmitglied hat danach auch dann keinen einklagbaren Anspruch darauf, von der Gemeindeverwaltung bestimmte Informationen zu erlangen, wenn diese der Vorbereitung bestimmter Beschlussanträge dienen sollen. Dieses Überwachungsrecht und damit das Recht auf Akteneinsicht (vgl. hierzu auch unter Nr. 7.4) kann der Gemeinderat allerdings einzelnen Gemeinderatsmitgliedern für bestimmte Aufgabengebiete oder für Einzelfälle übertragen. Es handelt sich dabei um abgeleitete Befugnisse; das einzelne Gemeinderatsmitglied nimmt das Überwachungsrecht des Gemeinderats für den Gemeinderat wahr. Die Übertragung kann durch einen gesonderten Beschluss oder durch die Geschäftsordnung erfolgen. Ist ein Mitglied des Gemeinderats der Auffassung, dass der erste Bürgermeister eine Sitzung ungenügend vorbereitet hat, indem er zu wenige Informationen in der Tagesordnung oder in den Sitzungsunterlagen zur Verfügung gestellt hat, kann es im Gemeinderat beantragen, dass vom ersten Bürgermeister weitere Auskünfte verlangt werden oder die Behandlung des Tagesordnungspunktes vertagt wird (vgl. KommP BY 1994, 90 sowie Wilde, a.a.O., Teil C, XII.2 c; zum Recht auf Akteneinsicht unten Nr. 7.4).

Ein allgemeines Auskunftsrecht enthält allerdings Art. 23 Abs. 2 Satz 2 LKrO, wonach jedem Kreisrat durch das Landratsamt Auskunft erteilt werden muss.

7.3 Sitzungsladung, Tagesordnung, Sitzungsunterlagen

Der erste Bürgermeister bereitet gemäß Art. 46 Abs. 2 Sätze 1 und 2 GO die Beratungsgegenstände der Gemeinderatssitzung vor und lädt unter Angabe der Tagesordnung den Gemeinderat zu seinen Sitzungen. In der Tagesordnung sind die Beratungsgegenstände so konkret zu benennen, dass die Gemeinderatsmitglieder die Möglichkeit haben, sich auf die Behandlung der einzelnen Gegenstände ordnungsgemäß vorzubereiten (vgl. § 24 Abs. 2 des Geschäftsordnungsmusters für den Gemeinderat des Bayerischen Gemeindetags). Dazu kann es im Einzelfall erforderlich sein, die Namen Betroffener in der Tagesordnung zu nennen. Dabei ist zu berücksichtigen, dass die Tagesordnung öffentlicher Sitzungen nach Art. 52 Abs. 1 Satz 1 GO ortsüblich bekannt zu machen ist. Personenbezogene Daten, die zur Bezeichnung des Beratungsgegenstandes nicht erforderlich sind, dürfen der Öffentlichkeit nicht bekannt gegeben werden und sind daher nicht in die Tagesordnung aufzunehmen. Soweit eine zusätzliche Information des Gemeinderats erforderlich ist, können Sitzungsunterlagen ausgegeben werden (vgl. Wilde, a. a. O., Teil C, XIII.2e).

Insbesondere bei Bauanträgen wird immer wieder nachgefragt, welche Angaben über den Bauherrn und das Bauvorhaben gemacht werden dürfen. I. d. R. genügen hier für die Bezeichnung des Beratungsgegenstandes die Angabe des Bauplatzes (Straße, Hausnummer, evtl. Flurnummer), die Art des Bauvorhabens (z. B. Mehrfamilienhaus, Garage) und der Name des Bauherrn; seine vollständige Anschrift ist hingegen nicht erforderlich.

Die Tagesordnung zu nichtöffentlichen Sitzungen des Gemeinderats wird nicht veröffentlicht, weshalb hier die Beratungsgegenstände konkreter benannt werden können. Bei der Entscheidung über einen Antrag auf Stundung von Gewerbesteuerzahlungen kann zum Beispiel der Name des Antragstellers angegeben werden (vgl. Nr. 7.6 des 15. TB, S. 61).

Bei komplexen Sachverhalten kann neben dem mündlichen Vortrag des Bürgermeisters in der Sitzung auch die Ausgabe von Sitzungsunterlagen notwendig sein. Diese können erforderlichenfalls auch schon zur Sitzungsvorbereitung mit der Tagesordnung an die Gemeinderatsmitglieder versandt werden. Sitzungsunterlagen zu besonders sensiblen, in nichtöffentlicher Sitzung zu behandelnden Beratungsgegenständen sollen allerdings lediglich (ggf. nummeriert) als Tischvorlagen für die Dauer der Gemeinderatssitzung zur Verfügung gestellt werden (vgl. Nr. 7.4 des 14.TB, S. 58, Nr. 7.2 und 7.3 des 15. TB, S. 57 ff. sowie Nr. 8.5 des 18. TB, S. 89 und hierzu FStBay 4/1999 und 229/2000); eine unzulässige Weitergabe der Sitzungsunterlagen wird dadurch vermieden. Zur Behandlung von Planunterlagen über Bauvorhaben in öffentlicher Sitzung hat sich der Bayerische Landesbeauftragte für den Datenschutz in Nr. 8.7 seines 18. TB geäußert (vgl. hierzu auch FStBay 129/1997). Schließlich haben Gemeinderatsmitglieder – sowie ihre Hinterbliebenen und Erben – einbehaltene Sitzungsunterlagen auf Verlangen des Gemeinderats herauszugeben (Art. 20 Abs. 2 Sätze 3 und 5 GO).

Gemäß Art. 20 Abs. 2 GO haben die Mitglieder des Gemeinderats über die ihnen bei ihrer ehrenamtlichen Tätigkeit bekannt gewordenen Angelegenheiten Verschwiegenheit zu bewahren, soweit es sich um geheimhaltungsbedürftige Sachverhalte handelt. Dies kann auch Unterlagen betreffen, die für eine öffentliche Sitzung vorgesehen waren, dort aber nicht zur Sprache gekommen sind. Die Nichtöffentlichkeit eines Tagesordnungspunkts ist zwar stets ein starkes Indiz für die Geheimhaltungsbedürftigkeit, sie ist jedoch nicht deren Voraussetzung (vgl. Nr. 7.4 des 14. TB, S. 58 sowie Wilde, a.a.O., Teil C, XII.2f; zur Unzulässigkeit der Speicherung von Sitzungsvorlagen in einem Privat-PC eines Gemeinderatsmitglieds vgl. auch Nr. 7.12 des 13. TB, S. 44).

7.4 Akteneinsicht

Aus Art. 30 Abs. 3 GO ergibt sich die grundsätzliche Befugnis des Gemeinderats, Einsicht in die Unterlagen der Verwaltung zu verlangen; er kann diese Befugnis auf einzelne Gemeinderatsmitglieder delegieren. Bei sensiblen Unterlagen ist dies im Interesse der Betroffenen auch zu empfehlen. Das beauftragte und Einsicht nehmende Gemeinderatsmitglied kann über den festgestellten Sachverhalt in geeigneter Form im Gemeinderat berichten. Einzelne Mitglieder des Gemeinderats können Akteneinsicht nur verlangen, wenn ihnen der Gemeinderat die Befugnis dazu ausdrücklich übertragen hat. § 4 Abs. 5 des Geschäftsordnungsmusters für den Gemeinderat bestimmt hierzu, dass Mitgliedern des Gemeinderats ein Recht auf Akteneinsicht nur zusteht,

– wenn ihnen vom Gemeinderat durch Beschluss bestimmte Aufgabengebiete zur Bearbeitung nach § 4 Abs. 3 der Geschäftsordnung zugeteilt

wurden und sie insoweit mit der Überwachung der gemeindlichen Verwaltungstätigkeit betraut wurden oder
- soweit ihnen der erste Bürgermeister einzelne seiner Befugnisse nach § 4 Abs. 4 der Geschäftsordnung übertragen hat oder
- wenn sie der Gemeinderat mit der Einsichtnahme beauftragt hat.

Das Verlangen auf Akteneinsicht ist gegenüber dem ersten Bürgermeister geltend zu machen (vgl. § 4 Abs. 5 Satz 3 des Geschäftsordnungsmusters für den Gemeinderat).

7.5 Behandlung von Angelegenheiten, die Sondervorschriften unterliegen

Angelegenheiten, die etwa dem Steuergeheimnis oder dem Sozialgeheimnis unterliegen, sind grundsätzlich in nichtöffentlicher Sitzung zu behandeln (vgl. § 22 Abs. 1 Nr. 1 des Geschäftsordnungsmusters für den Gemeinderat sowie unten Nr. 7.7).

7.5.1 Steuergeheimnis (§ 30 AO)

Gemäß § 30 Abs. 4 Nr. 1 AO ist eine Offenbarung steuerlicher Verhältnisse gegenüber dem Gemeinderat zulässig, wenn sie der Durchführung eines Verwaltungsverfahrens in Steuersachen dient. Die Überprüfung von Einzelfällen durch den Gemeinderat im Rahmen der Überwachung der Verwaltung nach Art. 30 Abs. 3 GO dient diesem Zweck und ist damit zulässig. Auch die Offenbarung steuerlicher Daten an einen gemeindlichen Rechnungsprüfungsausschuß dient der Durchführung des steuerlichen Verfahrens und ist zulässig (vgl. Wilde, a.a.O., Teil C, XII.2h).

7.5.2 Sozialgeheimnis (§ 35 SGB I)

Auch Daten, die dem Sozialgeheimnis unterliegen (z.B. Sozialhilfedaten, Wohngelddaten) dürfen dem Gemeinderat im Rahmen der Überwachung der Gemeindeverwaltung nach Art. 30 Abs. 3 GO eröffnet werden, soweit sie zur Aufgabenerfüllung des Sozialleistungsträgers erforderlich sind; hierzu gehört die Kontrolle des gesetzmäßigen Vollzugs der Vorschriften des Sozialgesetzbuches. Hier dürfte allerdings häufig eine ausreichend anonymisierte Information, insbesondere ohne Nennung der Namen der Betroffenen ausreichen.

7.6 Bekanntmachung der Tagesordnung von Sitzungen kommunaler Gremien (insbesondere Weitergabe an die Presse und sonstige Dritte)

Art. 52 Abs. 1 Satz 1 GO bestimmt, dass bei der ortsüblichen Bekanntmachung des Zeitpunkts und des Orts der Gemeinderatssitzungen die Tagesordnung anzugeben ist; dies gilt natürlich nur für die öffentlichen Sitzungen, die Tagesordnung nichtöffentlicher Sitzungen ist nicht bekanntzumachen (vgl. Bauer/Böhle/Masson/Samper, Art. 52 GO Anm. 1). Die Gemeinden können die Tagesordnung öffentlicher Sitzungen auch an die Presse weitergeben, die Tagesordnung nichtöffentlicher Sitzungen natürlich nicht (vgl. Nr. 7.3 des 14. TB, S. 57 und Nr. 8.3 des 16. TB, S. 70 sowie FStBay 229/2000 und auch § 24 Abs. 4 des Geschäftsordnungsmusters für den Gemeinderat). Die Übermittlung darüber hinausgehender personenbezogener Daten an die Presse richtet sich nach Art. 19 Abs. 1 BayDSG (zur Interessenabwägung vgl. Nr. 7.3 des 15. TB, S. 59).

7.7 Öffentlichkeit und Nichtöffentlichkeit der Sitzungen kommunaler Gremien

Gemäß Art. 52 Abs. 2 Satz 1 (i. V. m. Art. 55 Abs. 2) GO sind Sitzungen des Gemeinderats (und beschließender Ausschüsse) grundsätzlich „öffentlich, soweit nicht Rücksichten auf das Wohl der Allgemeinheit oder auf berechtigte Ansprüche Einzelner entgegenstehen". Das Interesse der Allgemeinheit an einer öffentlichen Sitzung hat zunächst Vorrang. Ob es nach Art. 52 Abs. 2 Satz 1 Hs. 2 GO ausnahmsweise zurücktreten muss, hängt von den entgegenstehenden Einzelinteressen ab (Abwägung). Wenn der konkrete Personenbezug zumindest für Personen ohne Zusatzwissen nicht erkennbar wird, kann der Tagesordnungspunkt grundsätzlich öffentlich behandelt werden, da in diesem Fall die Ansprüche Dritter nicht im Sinne von Art. 52 Abs. 2 Satz 1 Hs. 2 Alt. 1 GO „berechtigt" sind (vgl. Wilde, a. a. O., Teil C, XII.4).

§ 22 Abs. 1 des Geschäftsordnungsmusters für den Gemeinderat enthält eine beispielhafte Aufzählung der Gegenstände, die in nichtöffentlicher Sitzung zu behandeln sind. Danach sind etwa Personalangelegenheiten in Einzelfällen und Rechtsgeschäfte in Grundstücksangelegenheiten in nichtöffentlicher Sitzung zu behandeln; dies gilt nach Auffassung des Bayerischen Landesbeauftragten für den Datenschutz auch für die Auswahl der Personen für das Schöffenamt (vgl. FStBay 58/2001).

Demgegenüber sind gemäß Nr. 7.7 des 14. TB, S. 60 beispielsweise Bauanträge und Einwendungen in Planfeststellungsverfahren grundsätzlich in öffentlicher Sitzung zu behandeln. Die Mitglieder des Gemeinderats haben auch einen Anspruch darauf, Namen und Adressen von Bauherren oder Widerspruchsführern bei Bauvorhaben zu erhalten. Auch Rechnungsprüfungsberichte sind nach Auffassung des LfD Bayern in Nr. 12.1.7 seines 19. TB, S. 114 f. (vgl. auch FStBay 57/2001) grundsätzlich in öffentlicher Sitzung zu behandeln; allerdings könnten es berechtigte Ansprüche Einzelner (hier: Personalangelegenheit) notwendig machen, einen Teil des Prüfungsberichts in nichtöffentlicher Sitzung zu behandeln (19. TB a.a.O.).

7.8 Tonband- und Videoaufnahmen in Sitzungen kommunaler Gremien

7.8.1 Gemeindliche Tonbandaufnahmen ausschließlich zur Erstellung der Sitzungsniederschrift (öffentliche wie nichtöffentliche Sitzung)

§ 34 Abs. 2 Satz 1 des Geschäftsordnungsmusters für den Gemeinderat sieht vor, dass Tonbandaufnahmen als Hilfsmittel für die Anfertigung der Niederschrift gefertigt werden können. Ein einzelnes Gemeinderatsmitglied kann dann der Tonbandaufzeichnung seines Redebeitrags nicht widersprechen. Erhebt es Einwendungen gegen die Niederschrift einer Sitzung, so ist ihm die Tonbandaufzeichnung auf Wunsch zugänglich zu machen (vgl. KommP BY 1995, 48). Art. 12 Abs. 4 Satz 2 BayDSG, der auf diesen Sachverhalt entsprechend anwendbar ist, bestimmt, dass personenbezogene Daten in Akten zu löschen sind, wenn der gesamte Akt zur Aufgabenerfüllung nicht mehr erforderlich ist; mit Genehmigung der Niederschrift kann hiervon i.d.R. ausgegangen werden. § 35 Abs. 2 Satz 2 der früheren Mustergeschäftsordnung sieht daher vor, dass Tonbandaufnahmen unverzüglich nach Genehmigung der Niederschrift zu löschen sind und Außenstehenden nicht zugänglich gemacht werden dürfen.

7.8.2 Tonband- und Videoaufnahmen durch Gemeinderatsmitglieder, Pressevertreter oder sonstige Besucher in öffentlicher Sitzung

Nicht unter Nr. 7.8.1 fallende Tonbandaufzeichnungen sind nur zulässig, wenn der Gemeinderat zustimmt (Bauer/Böhle/Masson/Samper, Art. 52 GO Anm. 3, wonach auch jedes Gemeinderatsmitglied das Recht haben soll, in diesen Fällen das Abschalten des Tonbandgeräts während seines Redebeitrags zu verlangen). Die Gegenmeinung, vertritt die Auffassung, dass solche Tonbandaufzeichnungen stets zulässig seien (vgl. etwa Hölzl/ Hien, Art. 52 GO Erl. 3). Das BVerwG hat hierzu entschieden, dass die Pressefreiheit nicht dadurch verletzt werde, dass ein Ratsvorsitzender in Ausführung eines entsprechenden Ratsbeschlusses einem Journalisten untersagt, die öffentliche Sitzung des Rates auf Tonband aufzuzeichnen; ein Rechtsanspruch der Presse auf Tonbandaufzeichnungen während der Sitzungen bestehe nicht (BVerwGE 85, 283 = NJW 1991, 118).

Für Tonbandaufzeichnungen durch einzelne Gemeinderatsmitglieder gilt das Gleiche wie für Pressevertreter oder sonstige Besucher einer öffentlichen Sitzung. In nichtöffentlichen Sitzungen sind Tonbandaufnahmen durch einzelne Gemeinderatsmitglieder auf jeden Fall unzulässig. Heimliche Tonbandaufnahmen sind strafbar (§ 201 StGB). Für Videoaufnahmen durch Pressevertreter oder Besucher gelten die gleichen Voraussetzungen wie für Tonbandaufnahmen (vgl. Wilde, a. a. O., Teil C, XII.5).

7.9 Behandlung der Sitzungsniederschrift kommunaler Gremien

Zur Anfertigung von Sitzungsniederschriften kommunaler Gremien im häuslichen Bereich (Telearbeit) hat sich der Bayerische Landesbeauftragte für den Datenschutz in Nr. 8.8 seines 18. Tätigkeitsberichts geäußert (vgl. hierzu unter Datensicherheitsaspekten bereits unter Nr. 6.5.2).

7.9.1 Einsichtsrecht; Erteilung von Abschriften oder Herausgabe von Disketten bei Mitgliedern des Gremiums

Die Mitglieder kommunaler Gremien können die Niederschriften öffentlicher und nichtöffentlicher Sitzungen einsehen. Sie haben Anspruch auf Abschriften der gefassten Beschlüsse öffentlicher Sitzungen (vgl. etwa Art. 54 Abs. 3 Satz 1 GO sowie Art. 48 Abs. 2 Satz 1 LkrO und hierzu Nr. 8.2 Ziff. 1.1 des 16. TB, S. 69). Das Gremium kann zudem in seiner Geschäftsordnung regeln, dass seinen Mitgliedern daneben auch Abschriften der Sitzungsniederschriften öffentlicher Sitzungen auszuhändigen sind. Von der Herausgabe der Niederschriften in Form von Disketten rät der Bayerische Landesbeauftragte für den Datenschutz in Nr. 8.8 des 17. TB, S. 100 ab, da sie eine automatisierte Auswertung nach vielen Suchkriterien ermöglicht (vgl. auch unten Nr. 7.11).

Es ist hingegen problematisch, Abschriften der Niederschriften nichtöffentlicher Sitzungen an Mitglieder des Gemeinderats herauszugeben. Falls sie personenbezogene Daten i.S. des Art. 4 Abs. 1 BayDSG oder Geheimnisse i.S. des § 203 Abs. 2 StGB enthalten, dürfen sie nur herausgegeben werden, wenn es zur Aufgabenerfüllung der Gemeinderatsmitglieder erforderlich ist; daher dürfen auch Niederschriften nichtöffentlicher Ausschusssitzungen i.d.R. nicht an Nichtausschussmitglieder ausgehändigt werden (vgl. Nr. 8.2 Ziff. 1.2 des 16. TB, S. 70). Abschriften der Beschlüsse nichtöffentlicher Sitzungen können erst dann erteilt werden, wenn die Gründe für die Nichtöffentlichkeit weggefallen sind (vgl. § 36 Abs. 2 Satz 2 der früheren Mustergeschäftsordnung für Gemeinderäte, AllMBl 1990 S. 292); wenn dies der Fall ist, gilt für diese Beschlüsse das Gleiche wie für die Beschlüsse öffentlicher Sitzungen.

7.9.2 Einsichtsrecht und Erteilung von Abschriften bei Gemeindebürgern

Die Einsicht in die Niederschriften über öffentliche Gemeinderatssitzungen steht allen Gemeindebürgern frei, ebenso auswärts wohnenden Personen hinsichtlich ihres Grundbesitzes oder ihrer gewerblichen Niederlassungen im Gemeindegebiet (Art. 54 Abs. 3 Satz 2 GO). Die Gemeinde kann auch Abschriften aus den Niederschriften öffentlicher Sitzungen zur Verfügung stellen; dies steht in ihrem Ermessen (vgl. Nr. 7.3 letzter Absatz des 14. TB, S. 57). In die Niederschriften nichtöffentlicher Sitzungen kann nicht Einsicht genommen werden; daher dürfen davon natürlich auch Abschriften für Gemeindebürger nicht gemacht werden.

7.9.3 Behördeninterne Weitergabe der Niederschriften öffentlicher Sitzungen

Es ist zulässig, die Teile der Niederschriften öffentlicher Sitzungen an die Abteilungen zu übersenden, die jeweils hierfür zuständig sind, nicht jedoch, sie regelmäßig und umfassend an das Rechnungsprüfungsamt weiterzugeben (Nr. 8.2 Ziff. 2 des 16. TB, S. 70). Hinsichtlich der Weitergabe der Niederschriften nichtöffentlicher Sitzungen innerhalb der Behörde (beispielsweise auch an berufsmäßige Stadtratsmitglieder außerhalb ihres Aufgabengebiets) sind die strengen bereichsspezifischen und allgemeinen datenschutzrechtlichen Bestimmungen (Datennutzung i.S. von Art. 17 BayDSG) einzelfallbezogen zu prüfen.

7.9.4 Veröffentlichung der Niederschriften

Der Gemeinderat kann beschließen, dass Niederschriften öffentlicher Sitzungen (z. B. im gemeindlichen Amtsblatt) veröffentlicht werden, wenn sie lediglich den in Art. 54 Abs. 1 GO vorgesehenen Mindestinhalt enthalten; die Gemeindeordnung sieht das allerdings nicht vor. Eine weitergehende Information der Öffentlichkeit über den Ablauf einer Sitzung ist nach Art. 19 Abs. 1 Nr. 1 bzw. Nr. 2 BayDSG zu beurteilen.

Unzulässig wäre es z. b., konkrete Schreiben von Bürgern unter Namensnennung zu veröffentlichen. Solche Schreiben können zwar – i. d. R. aber nur mit ihrem wesentlichen Inhalt, soweit er für die Beschlussfassung erforderlich ist – in der Gemeinderatssitzung verlesen werden oder den Gemeinderatsmitgliedern in Kopie ausgehändigt werden; will der einzelne Gemeindebürger hiervon Kenntnis erlangen, kann er jedoch auf die öffentlichen Gemeinderatssitzungen verwiesen werden (vgl. Wilde, a. a. O., Teil C, XII.6.b).

Eine Veröffentlichung der Niederschrift über eine nichtöffentliche Sitzung ist stets unzulässig (vgl. allerdings Art. 52 Abs. 3 GO).

7.10 Verschwiegenheitspflicht der Gemeinderatsmitglieder

Gemäß Art. 20 Abs. 2 Satz 1 GO haben die Gemeinderatsmitglieder über die ihnen bei ihrer ehrenamtlichen Tätigkeit bekannt gewordenen (und nicht offenkundigen) Angelegenheiten Verschwiegenheit zu bewahren; hierauf sind sie hinzuweisen. Falls sie unbefugt personenbezogene Daten offenbaren, können sie mit einem Ordnungsgeld bis zu 500 Euro belegt werden (Art. 20 Abs. 4 GO); anstelle eines Ordnungsgelds kann der Gemeinderat auch eine Ermahnung oder Rüge aussprechen (BayVGH, Beschluss vom 23.10.1998, FStBay 197/1999). Auch strafrechtliche Vorschriften (z. B. § 203 Abs. 2 StGB) können ggf. zu prüfen sein.

7.11 Öffentlichkeitsarbeit im Internet

Die Zeitschrift apf hat in einer umfassenden Aufsatzreihe vom November 1998 (S. 221) bis zum Januar 2000 (S. 11) in elf Beiträgen über die „Anwendung des Internets (auch) in kleinen Gemeinden" ausführlich berichtet. Zum Datenschutz finden sich in Teil 6 (apf 1999, 129) Ziff. 11.5 entsprechende Ausführungen. Rein statistische Angaben sind in datenschutzrechtlicher Hinsicht unproblematisch. Auch die Öffnungszeiten gemeindlicher Einrichtungen, die Geschäftsordnung des Gemeinderats, Gemeindesatzungen oder sonstiges Ortsrecht und ähnliche allgemeine, nicht auf einzelne Personen bezogene Informationen, dürfen im Internet veröffentlicht werden. Die Veröffentlichung personenbezogener Daten bedarf allerdings einer sorgfältigen Prüfung (Art. 15 Abs. 1 BayDSG).

7.11.1 Veröffentlichungen über die Zuständigkeiten in der Gemeindeverwaltung/Mitarbeiterdaten im Internet

Im Rahmen einer ordnungsgemäßen Aufgabenerfüllung haben die Gemeinden auch darüber zu informieren, welche ihrer Bediensteten die richtigen Ansprechpartner sind. Hierfür ist es i.S. von Art. 19 Abs. 1 Nr. 1 BayDSG i.d.R. zulässig, Bedienstete mit „Außenwirkung" namentlich bekannt zu geben (vgl. hierzu allerdings im Einzelnen unter Nr. 7.23.6).

7.11.2 Veröffentlichungen aus dem Gemeinderat

Hier ist zu beachten, dass verschiedene besondere Geheimhaltungsvorschriften Art. 19 Abs. 1 BayDSG vorgehen und oft strengere Voraussetzungen an die Zulässigkeit von Datenübermittlungen an Dritte stellen (z.B. § 30 AO und Art. 100ff. BayBG). Gemeinderatsmitglieder können – auch ohne Zustimmung des Gemeinderats – selbst verfasste Berichte über in den öffentlichen Sitzungen zur Sprache gekommene Vorgänge veröffentlichen; dabei muss jedoch deutlich werden, dass es sich um persönliche Notizen des Gemeinderatsmitglieds und nicht um eine Veröffentlichung der Gemeinde handelt. Unzulässig wäre es allerdings, internes Zusatzwissen (z.B. aus den Sitzungsunterlagen oder aus dem nichtöffentlichen Teil der Gemeinderatssitzung) in diesen Berichten zu verwerten (vgl. Nr. 8.9 Ziff. 1 des 18. TB, S. 91 = FStBay 56/1999 sowie Wilde, a.a.O., Teil C, XII.8a). Auch hier ist auf Art. 20 Abs. 4 Satz 1 GO sowie § 203 Abs. 2 und § 353 b StGB hinzuweisen.

a) Veröffentlichung der Tagesordnungen oder der Niederschriften von Sitzungen kommunaler Gremien

Die Tagesordnungen oder die Niederschriften über öffentliche Gemeinderatssitzungen, in denen lediglich der in Art. 54 Abs. 1 GO vorgesehene Mindestinhalt enthalten ist, dürfen durch die Gemeinde oder durch Dritte mit Zustimmung der Gemeinde veröffentlicht werden (vgl. hierzu auch

KommP BY 1998, 47). Allerdings ist auch hier zu berücksichtigen, dass diese Daten dann weltweit abgerufen und ausgewertet werden können. Daher ist bei der Abfassung der Niederschriften sorgfältig darauf zu achten, wirklich nur den Mindestinhalt zu veröffentlichen. Vor allem die Namen Betroffener sind zu anonymisieren, soweit sie zur Information nicht erforderlich sind; dies dürfte beispielsweise bei Bauaufträgen oder Personalentscheidungen i.d.R. der Fall sein.

In Nr. 8.9 seines 18. TB, S. 91 (= FStBay 56/1999) verweist der LfD ergänzend darauf, dass auch ein Zuhörer persönliche Notizen von öffentlichen Gemeinderatssitzungen im Internet veröffentlichen darf.

b) Veröffentlichung persönlicher Angaben mit Einwilligung der Betroffenen

Personenbezogene Daten dürfen i.d.R. dann veröffentlicht werden, wenn der Betroffene einwilligt (Art. 15 Abs. 1 Nr. 2 BayDSG). Dies gilt beispielsweise für eine Präsentation des Gemeinderats im Internet (oder in sonstigen Publikationen), in der auch persönliche Angaben zu den einzelnen Mitgliedern des Gemeinderats (z.B. Alter, Beruf, Privatanschrift) enthalten sind. Lediglich die organisatorischen Grunddaten des Gemeinderats – wie z.B. Name und Vorname der Mitglieder, deren Mitgliedschaft in Ausschüssen, besondere Funktionen (z.B. Ausschussvorsitz, besondere Zuständigkeiten) und die Zugehörigkeit zu Parteien oder Wählergruppierungen – können auch ohne Einwilligung der einzelnen Gemeinderatsmitglieder veröffentlicht werden („erforderlich" im Sinne von Art. 19 Abs. 1 Nr. 1 BayDSG).

Mit Einwilligung der Betroffenen ist beispielsweise auch die Veröffentlichung von privaten Zimmervermietern oder von Gewerberegisterdaten (vgl. hierzu Nr. 13.4 des 18. TB, S. 107 = FStBay 85/1999) zulässig. Die Veröffentlichung der Anschriften von Vereinen ist dagegen regelmäßig auch ohne deren Zustimmung zulässig; dies gilt auch dann, wenn – wie bei kleinen Vereinen üblich – der Verein unter der Anschrift des Vereinsvorsitzenden zu erreichen ist (vgl. Wilde, a.a.O., Teil C, XII.8a cc, am Ende).

7.12 Auswertung von Unterschriftenlisten

7.12.1 Unterschriftenlisten bei Bürgerbegehren

Bei der Auswertung der für ein Bürgerbegehren (Art. 18 a GO) abgegebenen Unterschriftenlisten müssen die Gemeinden den Grundsatz der **Zweckbindung** beachten (vgl. Art. 17 Abs. 1 Nr. 2 BayDSG). Dies bedeutet, dass die Unterschriften grundsätzlich nur hinsichtlich der Frage ausgewertet werden dürfen, ob das Bürgerbegehren von einer ausreichenden **Anzahl** von Bürgern (vgl. Art. 18 a Abs. 6 GO, Art. 25 a Abs. 6 LKrO) unterschrieben wurde (Nr. 8.4.2 des 17. TB, S. 99). Eine darüber hinaus gehende Auswertung der Listen ist dagegen unzulässig, soweit nicht die Voraussetzungen einer zulässigen Zweckänderung vorliegen, Art. 17 Abs. 2 BayDSG. Auch das Bayerische Staatsministerium des Innern hat die Gemeinden und Landkreise in einem Rundschreiben vom 6.3.1996 auf die Beachtung des Grundsatzes der Zweckbindung bei der Überprüfung der Unterschriftenlisten hingewiesen (vgl. FStBay 54/1999).

Ein Verstoß gegen den Grundsatz der Zweckbindung liegt z.B. vor, wenn eine öffentliche Stelle die Unterschriftenlisten für ein Bürgerbegehren zu dem Zweck auswertet, **Wahlhelfer** zu gewinnen (Nr. 8.6.2 des 19. TB, S. 94 f. = FStBay 91/2000). Die Zweckänderungsvorschrift des Art. 17 Abs. 2 Nr. 12 BayDSG (Ernennung oder Berufung von Wahlberechtigten für Wahlehrenämter) beschränkt sich nämlich ausdrücklich auf die wahlberechtigten Bediensteten der jeweiligen öffentlichen Stelle. Aus der abschließenden Regelung dieser Vorschrift ergibt sich, dass eine Nutzung anderer als der genannten Daten (Familienname, Vorname, akademische Grade und Anschrift) der genannten Personengruppe unzulässig ist (vgl. hierzu Wilde/Ehmann/Niese/Knoblauch, BayDSG, Art. 17, Rdnr. 45 ff.).

Im Zusammenhang mit der Auswertung von Unterschriftenlisten bei Bürgerbegehren hat der Bayerische Landesbeauftragte für den Datenschutz außerdem beanstandet, dass eine Gemeinde in ihrem Mitteilungsblatt bekannt gegeben habe, eine Überprüfung der Unterschriftenlisten habe ergeben, dass sich „**Neubürger**", die erst seit einigen Wochen in der Gemeinde wohnten, gegen ein bestimmtes Projekt ausgesprochen hätten. In einem weiteren Fall schrieb der Bürgermeister **Gemeindebedienstete** an, die sich in die Unterschriftenliste eingetragen hatten und forderte sie auf, sich in Zukunft in ähnlichen Fällen zunächst bei der Verwaltung zu informieren (vgl. zu diesen Fällen Nr. 8.4.2 des 17. TB, S. 99 = FStBay 140/1997 und ferner Nr. 8.4.2 des 18. TB, S. 88 = FStBay 54/1999).

Aus datenschutzrechtlicher Sicht unzulässig ist auch das Verlesen der Namen und anderer personenbezogener Daten aus Unterschriftslisten eines Bürgerbegehrens in einer **öffentlichen** Gemeinderatssitzung (Nr. 8.6.1 des 19. TB, S. 92 ff. = FStBay 16/2000; KommP BY 2000, S. 170 ff.). Dies ergibt sich aus folgenden Gesichtspunkten:

Nach der Abgabe der Unterschriftslisten bei der Gemeinde unterliegen diese den allgemeinen datenschutzrechtlichen Bestimmungen der Art. 15 ff. BayDSG. Der **Gemeinderat** kann im Rahmen des Art. 30 Abs. 3 GO Einsicht in die ausgewerteten Listen verlangen. Dies kann, unter Beachtung des Grundsatzes der Zweckbindung, entweder in **nichtöffentlicher** Sitzung oder durch ein **beauftragtes** Mitglied des Gemeinderats in den Amtsräumen der Gemeinde erfolgen. Das Verlesen der Listen in öffentlicher Sitzung ist mangels Vorliegen einer Rechtsgrundlage eine unzulässige Datenübermittlung an die Öffentlichkeit (Zuhörer und Presse). Die Beratung und Abstimmung über die Zulässigkeit eines Bürgerbegehrens in öffentlicher Gemeinderatssitzung ist zwar regelmäßig dann unproblematisch, wenn zu der Frage, ob das Bürgerbegehren von einer ausreichenden Anzahl stimmberechtigter Gemeindebürger unterstützt wird, lediglich das **Ergebnis** der Überprüfung der Unterschriftenlisten bekannt gegeben wird. Einer namentlichen Erwähnung der Unterstützer des Bürgerbegehrens in öffentlicher Gemeinderatssitzung stehen jedoch deren berechtigte Ansprüche entgegen. Diese müssen darauf vertrauen können, dass ihre Daten entsprechend den gesetzlichen Bestimmungen behandelt werden und im Bereich der Verwaltung und des zuständigen Entscheidungsgremiums verbleiben.

7.12.2 Eintragungslisten zu einem Volksbegehren

Gesetzliche Regelungen zum Umgang mit den **Eintragungslisten** zu Volksbegehren enthält § 80 Abs. 7 LWO. Gemäß § 80 Abs. 7 Satz 1 LWO kann die Gemeinde bereits vor Abschluss der Eintragungslisten Auskünfte über die Zahl der Eintragungen erteilen; im übrigen dürfen aus den Eintragungslisten **keine** Auskünfte erteilt und keine Aufzeichnungen zugelassen werden.

Unzulässig sind daher z. B. Aussagen in einem gemeindlichen Mitteilungsblatt über das **Alter** der an der Eintragung beteiligten Bürger und ein Vergleich zwischen der **Beteiligung** an dem Volksbegehren und an einer vorausgegangenen Wahl (vgl. Nr. 8.3 des 17. TB, S. 98). Eine statistische Auswertung ist nur bei Wahlen – nicht bei Volksbegehren oder -entscheiden – durch das Landesamt für Statistik und Datenverarbeitung vorgesehen, Art. 92 LWG, § 86 LWO. Hierauf hat das Bayerische Staatsministerium des Innern in einer Vollzugsbekanntmachung vom 6.12.1994 (Staatsanzeiger Nr. 50, Ziff. 8.2 und 8.3) ausdrücklich hingewiesen. Ebenfalls unzulässig mangels einer Rechtsgrundlage ist der Vergleich zwischen der Teilnahme an Wahlen und an einem Volksbegehren. Das Abstimmungsgeheimnis erfasst auch die Frage der Teilnahme an einer Abstimmung, soweit sie durch die Öffentlichkeit der Wahlhandlung nicht zwangsläufig bekannt ist. § 88 Abs. 1, 2, § 89 Abs. 2 LWO enthalten hierzu entsprechende Schutzvorschriften.

§ 80 Abs. 7 Satz 2 LWO schreibt ferner vor, dass den Stimmberechtigten bei Volksbegehren nur die **laufende** Liste vorgelegt werden darf. Zulässig ist also nur die Vorlage des laufenden Listenblatts, nicht jedoch der gesamten Eintragungsliste (vgl. Nr. 8.3 des 17. TB, S. 98 und Nr. 7.10.3 des 12. TB, S. 35). Aus datenschutzrechtlicher Sicht ist dabei jedoch problematisch, dass Eintragende von Personen (u.a. auch von deren Geburtsdatum, Art. 69 Abs. 2 LWG) Kenntnis erlangen können, die sich vor ihnen eingetragen haben. Wünschenswert wäre ein Verfahren, mit dem dieses vermieden wird, z.B. durch das Abdecken der Voreintragungen (vgl. Nr. 8.3 des 18. TB, S. 88).

7.13 Einsichtnahme in und Weitergabe von Unterschriftenlisten

Der Bayerische Landesbeauftragte für den Datenschutz hatte sich ferner mit der Frage zu beschäftigen, ob die Übergabe einer Unterschriftenliste, mit der die Mitglieder einer Interessengemeinschaft die Durchführung bestimmter Maßnahmen von der Gemeinde verlangten, durch den ersten Bürgermeister an die Mitglieder des **Gemeinderats** zulässig war (vgl. Nr. 7.6 des 14. TB, S. 59ff.).

Materieller Maßstab für die Beurteilung dieser Frage ist Art. 40 Abs. 1 KWBG (**Verschwiegenheitspflicht** des kommunalen Wahlbeamten), wobei bei der Beurteilung der Zulässigkeit der Weitergabe der Liste mit personenbezogenen Daten der Beschwerdeführer die Grundsätze des Bayerischen Datenschutzgesetzes entsprechend heranzuziehen sind. Die Zulässigkeit der Weitergabe richtet sich danach, ob sie im Rahmen des dienstlichen Verkehrs zur rechtmäßigen Erfüllung der gesetzlichen Aufgaben des ersten Bürgermeisters erforderlich ist, vgl. Art. 17 Abs. 1 Nr. 1 BayDSG. Dabei sind folgende Gesichtspunkte von Bedeutung:

- Die Bürger machen von ihrem **Petitionsrecht** (Art. 115 BV, Art. 56 Abs. 3 GO) Gebrauch. Zunächst ist zu fragen, ob eine **laufende Angelegenheit** im Sinne des Art. 37 Abs. 1 Satz 1 Nr. 1 GO betroffen ist, die für die Gemeinde keine grundsätzliche Bedeutung hat und keine erheblichen Verpflichtungen erwarten lässt. Diese erledigt der erste Bürgermeister in eigener Zuständigkeit, so dass eine Befassung des Gemeinderats und eine Offenlegung der Unterschriftenliste nicht erforderlich und damit datenschutzrechtlich unzulässig ist.
- Anders ist dies in Angelegenheiten von **grundsätzlicher** Bedeutung, zu deren Entscheidung der Gemeinderat zuständig ist, Art. 29 i.V.m. Art. 37 GO. In diesen Fällen ist der erste Bürgermeister nicht nur berechtigt, sondern sogar verpflichtet, den Gemeinderat über das Vorbringen der Petenten zu unterrichten. Er kann den Mitgliedern des Gemeinderats auch Einsicht in die vorgelegten Listen gewähren bzw. ihnen Kopien aushändigen, damit sie sich aus der Zahl und den Namen der Petenten eine Meinung über das Gewicht des zugrunde liegenden Bürgerwillens bilden können. Dabei ist auch zu berücksichtigen, dass es sich bei den Unterschriften nicht um besonders sensible Daten handelt und die Gemeinderatsmitglieder grundsätzlich über die ihnen bei ihrer ehrenamtlichen Tätigkeit bekannt gewordenen Angelegenheiten Verschwiegenheit zu bewahren haben, Art. 20 Abs. 2 Satz 1 GO. Zu berücksichtigen sind daneben die Umstände der Sammlung, z.B. dass die Listen frei zugänglich öffentlich ausliegen und für Eintragende Voreinträge einsehbar sind. Jeder Petent muss unter diesen Umständen damit rechnen, dass sein Name Dritten – insbesondere den Gemeinderäten, die sich aufgrund ihrer Aufgabenstellung hiermit zu beschäftigen haben – bekannt wird.

Immer wieder gibt es Anfragen Dritter an Gemeinden mit der Bitte, **Einsicht** in Unterschriftenlisten zu gewähren, in denen sich Personen gegen Vorhaben in der Gemeinde wenden. Die Zulässigkeit dieser Übermittlung personenbezogener Daten richtet sich nach den Vorschriften des Bayerischen Datenschutzgesetzes, insbesondere den Art. 17ff. BayDSG. Sie ist von der oben dargestellten Möglichkeit der Einsichtnahme der Gemeinderatsmitglieder deutlich zu unterscheiden.

So nahm ein interessierter Bürger (ohne weitere rechtliche oder berechtigte Interessen) Einsicht in die Unterschriftenlisten einer Aktion, die sich gegen die Aufstellung eines Bebauungsplans richtete (vgl. Nr. 8.5 des 16. TB, S. 71). Eine solche Übermittlung personenbezogener Daten (Art. 4

Abs. 6 Satz 2 Nr. 3 b BayDSG) ist nur dann zulässig, wenn das Bayerische Datenschutzgesetz oder eine andere Rechtsvorschrift sie erlaubt oder anordnet oder der Betroffene einwilligt, Art. 15 Abs. 1 BayDSG. Art. 40 Abs. 1 KWBG erlaubt die Einsichtnahme in der Regel nicht, da sie nicht im Rahmen des dienstlichen Verkehrs zur rechtmäßigen Erfüllung der gesetzlichen Aufgaben des ersten Bürgermeisters erforderlich ist. Erforderlich ist daher die freiwillige, informierte und schriftliche **Einwilligung** (Art. 15 Abs. 2 bis 4 BayDSG) jedes Unterzeichners der Liste, um die Einsichtnahme durch Dritte zu ermöglichen.

In einem anderen Fall hatte der erste Bürgermeister einer Gemeinde Unterschriftenlisten einer **Bürgerinitiative**, die sich gegen die geplante Erweiterung eines Feuerwehrgerätehauses wandte, an den Vorsitzenden des örtlichen Feuerwehrvereins und den Kommandanten der freiwilligen **Feuerwehr** weiter gegeben (vgl. Nr. 7.8 des 12. TB, S. 33 ff.). Obwohl sich die Zulässigkeit der Weitergabe der Listen nach unterschiedlichen Vorschriften richtet (die freiwillige Feuerwehr ist eine öffentliche Einrichtung; der Feuerwehrverein dagegen ein Privater), sind solche Weitergaben unzulässig. Es ist zum einen nicht erforderlich, den Feuerwehrkommandanten über die Namen und Anschriften der Bürger zu informieren, die sich gegen dieses Vorhaben wenden, vgl. Art. 18 Abs. 1 BayDSG. Die Mitteilung der Tatsache des Widerstands und der Zahl der Unterzeichner reicht für eine Beurteilung der tatsächlichen Bedeutung dieses Widerstands aus. Zum anderen liegt ein **berechtigtes Interesse** des Feuerwehrvereins an der Kenntnis der Namen der Unterzeichner nicht vor, da durch die Diskussion seine Interessen allenfalls mittelbar berührt werden, vgl. Art. 19 Abs. 1 Nr. 2 BayDSG. Außerdem sind **schutzwürdige Interessen** der Unterzeichner zu berücksichtigen, die z.B. darin liegen können, dass Spannungen zwischen Befürwortern und Gegnern des Vorhabens in der Gemeinde entstehen.

In einem weiteren Fall hatte eine Gemeinde ein im Rahmen eines Bauleitplanverfahrens an sie gerichtetes Schreiben mit einer Unterschriftenliste mit den Namen, Anschriften und Unterschriften der **Eingabeführer** an die Vorhabensträgerin, eine private Firma, weiter gegeben (vgl. Nr. 8.10 des 19. TB, S. 98 ff.). Die Gemeinde begründete die Weitergabe u.a. damit, dass die vorgebrachten Anregungen bzw. Bedenken in öffentlicher Gemeinderatssitzung, unter Einbeziehung der Vorhabensträgerin, abgehandelt werden könnten. Nachdem Bauleitplanverfahren öffentlich abzuwickeln seien, seien keine personenbezogenen Daten in unzulässiger Weise weitergegeben worden. Auch hier fehlt es an einem **berechtigten Inte-**

resse der Vorhabensträgerin an der Kenntnis der Namen und Anschriften der Petenten (Art. 19 Abs. 1 Nr. 2 BayDSG), so dass die Übermittlung dieser personenbezogenen Daten unzulässig ist. Es hätte gereicht, wenn ihr die Gemeinde mitgeteilt hätte, dass sich eine bestimmte Anzahl von Einwendungsführern gegen das Vorhaben ausgesprochen habe. Ein darüber hinaus gehendes berechtigtes Interesse an der Kenntnis von Namen und Anschriften der einzelnen Unterzeichner der Liste besteht nicht. Außerdem haben diese ein **schutzwürdiges Interesse** am Ausschluss der Datenübermittlung, da sie darauf vertrauen dürfen, dass die Gemeinde das ausdrücklich an sie gerichtete Schreiben nur für den konkreten Zweck verwendet. Es kann z. B. auch nicht ausgeschlossen werden, dass Mitarbeiter der Firma, die in der Gemeinde wohnen, und Personen, die beabsichtigen, sich bei der Firma zu bewerben, an der Unterschriftenaktion teilgenommen haben. Diese haben ein schutzwürdiges Interesse daran, dass ihnen durch ihre Unterschriftsleistung keine Nachteile entstehen. Auch im Rahmen der Behandlung des Gemeinderats mit dieser Angelegenheit gemäß Art. 52 Abs. 2 GO wäre ein Verlesen der Liste in öffentlicher Sitzung unzulässig gewesen, so dass auch insoweit schutzbedürftige Interessen der Beteiligten vorliegen.

7.14 Weitergabe des Namens eines Anzeigeerstatters

Es kommt immer wieder vor, dass einer öffentlichen Stelle durch eine Eingabe Missstände oder Mängel (z. B. bei einer kommunalen Einrichtung oder bei einem örtlichen Unternehmen) bekannt werden. Bei einer Überprüfung wollen die „Angezeigten" dann häufig den Namen des Beschwerdeführers erfahren. Hier ist, auch im Hinblick auf das soziale Klima in der Gemeinde, äußerste Vorsicht geboten (vgl. Nr. 8.18 des 18. TB, S. 97 = FStBay 23/1999):

- Grundsätzlich hat ein Beschwerdeführer ein **schutzwürdiges Interesse** an der Geheimhaltung seines Namens. Einem Bürger, der eine Behörde auf tatsächliche oder vermeintliche Missstände und Verstöße gegen Rechtsvorschriften hinweist, dürfen dadurch keine Nachteile entstehen. Dies ist auch im Interesse der Behörden, da sie zur ordnungsgemäßen Erfüllung ihrer Aufgaben auf derartige Informationen angewiesen sind (vgl. Nr. 7.8 des 15. TB, S. 62).
- Ein Informant ist nur in Ausnahmefällen nicht schutzwürdig, wenn es sich z. B. um haltlose, grob unwahre oder gar verleumderische Angaben handelt. Die Weitergabe seines Namens an den Angezeigten ist zulässig,

wenn sich dieser mit erlaubten Mitteln gegen derartige Angaben zur Wehr setzen will.
- Keinesfalls darf die Behörde in diesen Fällen immer damit argumentieren, dass dem Überprüften ein Recht auf **Akteneinsicht** zustünde und er dann sowieso den Namen des Beschwerdeführers erfahre (15. TB a.a.O.) Das Recht auf Auskunft aus Akten besteht nämlich nur insoweit, als deren Kenntnis zur Geltendmachung oder Verteidigung der rechtlichen Interessen eines Beteiligten erforderlich ist (Art. 29 Abs. 1 Satz 1 BayVwVfG). Dies ist bei einem Anzeigeerstatter, bei dem obige Ausnahmefälle nicht vorliegen, in der Regel nicht der Fall.

7.15 Aufzeichnen personenbezogener Daten von Bürgern

Es kommt immer wieder vor, dass öffentliche Stellen Interessierten nur dann Einsicht in öffentlich ausliegende Unterlagen gewähren wollen, wenn sich diese registrieren lassen und/oder die Einsichtnahme mit ihrer Unterschrift bestätigen. Wenn dies im jeweiligen Verfahrensrecht nicht vorgesehen ist, ist diese Praxis jedoch unzulässig:
- Z.B. wollte ein Landratsamt einer Petentin nur dann Einblick in öffentlich ausgelegte immissionsschutzrechtliche **Genehmigungsunterlagen** gewähren, wenn sie eine Erklärung mit Angabe ihrer Adresse unterzeichne, dass ihr Einsicht in die Unterlagen gewährt worden sei (Nr. 17.3 des 14. TB, S. 78). Die Erklärung sollte als Nachweis der Einsichtnahme zu den Verfahrensakten genommen werden. Vergleichbar war die Aufforderung, sich mit Namen und Anschrift nach Einsicht in einen Bebauungsplanentwurf beim Stadtbauamt einzutragen (14. TB a.a.O.). Ein anderes Landratsamt ließ ebenfalls die Namen von Bürgern notieren, die in öffentlich ausliegende Planunterlagen in einem immissionsschutzrechtlichen Verfahren Einsicht nahmen (Nr. 8.1 des 17. TB, S. 95 ff.). Vergleichbare Fälle kommen immer wieder vor (vgl. bereits Nr. 7.3 des 8. TB, S. 36 bezüglich der Registrierung von Namen bei der Einsicht in Unterlagen für ein **Planfeststellungsverfahren**).
- Die immissionsschutzrechtlichen Verfahrensbestimmungen, aber auch andere Bestimmungen, wie z.B. des BauGB (vgl. hierzu Nr. 17.3 des 14. TB, S. 78), sehen eine Feststellung von Personen, die in Planunterlagen Einsicht nehmen, nicht vor. Durch dieses Vorgehen könnten sich möglicherweise Bürger von einer Einsichtnahme abschrecken lassen. Dabei ist es unerheblich, ob die Namensliste zur Akte genommen oder nach dem Ende der Einwendungsfrist vernichtet wird. Erst in

einem späteren Verfahrensstadium – wenn schriftliche Einwendungen gegen ein Vorhaben vorliegen – ist deren Weiterleitung mit Namen und Adresse zur Überprüfung erforderlich und rechtlich zulässig.

7.16 Gemeindliche Umfragen

Die Befragung von Gemeindebürgern zu gemeindlichen Maßnahmen, Vorhaben etc. erfordert aus datenschutzrechtlicher Sicht deren freiwillige, informierte und schriftliche **Einwilligung** (Art. 15 Abs. 1 Nr. 2, Abs. 2 bis 4 BayDSG), da eine Rechtsgrundlage für die beabsichtigte Datenerhebung zumeist nicht vorliegen wird (Nr. 8.8.3 des 11. TB, S. 28 ff.). Besonders ist die Freiwilligkeit der Teilnahme an der Befragung hervorzuheben, Art. 16 Abs. 3 Satz 2 BayDSG, um den Eindruck einer Teilnahmepflicht zu vermeiden. Allerdings ist zu berücksichtigen, dass häufig die Erhebung personenbezogener Daten nicht erforderlich ist, so dass deren Erhebung dann unzulässig ist (Grundsatz der **Erforderlichkeit**). Eine anonymisierte Befragung der Gemeindebürger reicht meist aus (Nr. 18.2 des 12. TB, S. 53). Die Anonymisierung ist durch geeignete Maßnahmen sicher zu stellen, wie z.B. durch Rücklaufkarten, die einen abtrennbaren Anschriftenteil enthalten, der mit einer Liste der Gemeindebürger verglichen werden kann, so dass mehrfache Stimmabgaben weitgehend ausgeschlossen werden können. Der abtrennbare Teil und die Liste sind nach dem Abgleich zu vernichten; der Antwortenteil kann datenschutzgerecht ausgewertet werden.

7.17 Postöffnung in Behörden

Eine datenschutzgerechte Organisation der **Postöffnung** und -verteilung in Behörden ist unbedingt erforderlich, um die Kenntnisnahme sensibler personenbezogener Daten durch Unbefugte soweit wie möglich auszuschließen. Hierfür gelten folgende allgemeine Grundsätze (vgl. Nr. 12.2.1 des 19. TB, S. 115):

– Die Öffnung **dienstlicher** Post an Bedienstete und von Bediensteten ist im Rahmen des Direktionsrechts des Dienstvorgesetzten grundsätzlich zulässig. Soweit es sich jedoch erkennbar um **Privatpost** handelt, ist eine Öffnung als Verletzung des Brief- bzw. Postgeheimnisses (Art. 10 GG) unzulässig. Nach § 12 Abs. 4 Satz 4 AGO ist bei Eingängen mit der Behördenanschrift und dem Zusatz „zu Händen von" sicherzustellen, dass die bezeichneten Personen von ihnen Kenntnis erhalten. Im Un-

terschied hierzu sind Sendungen, die an Beschäftigte persönlich gerichtet sind, diesen unmittelbar und ungeöffnet auszuhändigen (§ 12 Abs. 4 Satz 1 AGO). Enthalten sie dienstliche Mitteilungen, muss sie der Empfänger unverzüglich an die Eingangsstelle zurückgeben.
- Darüber hinaus ist eine ungeöffnete Weitergabe der Post bei folgenden Personengruppen vorgeschrieben. An Bedienstete in ihrer Funktion als Personalratsmitglied, als Schwerbehindertenvertreter und als Gleichstellungsbeauftragte (vgl. § 12 Abs. 4 Satz 5 AGO). Auch die Post an den behördlichen Datenschutzbeauftragten sollte ungeöffnet weitergeleitet werden. Die Behörde hat entsprechende organisatorische Regelungen zu treffen, dass die an diese Stellen direkt adressierten oder entsprechend als vertraulich gekennzeichneten Postsendungen ungeöffnet von der Posteingangsstelle weitergeleitet werden. Auch in Zweifelsfällen sollte die für diese Stellen bestimmte Post diesen unmittelbar zugeleitet werden. Durch § 12 Abs. 4 Satz 3 i.V.m. Abs. 6 AGO ist grundsätzlich sichergestellt, dass dienstliche Schreiben, die keinem besonderen Vertrauensschutz unterliegen, an die Posteingangsstelle zurückgegeben und von dort weitergeleitet werden.

Der Bayerische Landesbeauftragte für den Datenschutz hatte sich mit der Frage zu beschäftigen, ob auch die Postsendungen für einen **Ausschuss** (hier den Umlegungsausschuss) diesem ungeöffnet übergeben werden müssen. Hierzu vertrat er folgende Auffassung (vgl. Nr. 8.7 des 16. TB, S. 72 ff.):
- Das Öffnen der für den Umlegungsausschuss bestimmten Post in der Posteinlaufstelle ist zulässig. Der Umlegungsausschuss nach § 46 Abs. 2 BauGB ist ein Organ der Gemeinde, das sich, wie auch die anderen Organe der Gemeinde, der Gemeindeverwaltung bedient. Die an ihn adressierte Post nimmt die Posteinlaufstelle entgegen, soweit in der Gemeinde keine andere Regelung besteht. Zum Verfahren bei den eingehenden Sendungen kann die AGO, die gem. § 1 Abs. 1 Satz 1 für alle Behörden des Freistaates Bayern gilt, herangezogen werden. Aus dem Wortlaut und der Systematik der in ihr enthaltenen Vorschriften ergibt sich, dass die Eingangsstelle Sendungen mit der persönlichen Anschrift eines Behördenangehörigen an diesen ungeöffnet weiterzureichen hat. Post mit dem Zusatz „zu Händen von", darf geöffnet werden. Darüber hinaus ist in weiteren Fällen aus datenschutzrechtlichen Gründen eine ungeöffnete Weitergabe der Post erforderlich. So müssen z.B. **Beihilfeanträge**, die von außen als solche erkennbar sind, **ungeöffnet**

der Beihilfestelle zugeleitet werden, weil andernfalls Beschäftigte Kenntnis über sensible personenbezogene Daten von Beschäftigten derselben Dienststelle erhalten. Ungeöffnet bleiben z.B. auch Postsendungen an den Standesbeamten und an Ärzte in Krankenhäusern. Demgegenüber sind keine vergleichbaren schutzwürdigen Belange der Absender von Schreiben an den Umlegungsausschuss ersichtlich, die einer Öffnung dieser Schreiben in der Posteinlaufstelle entgegenstehen.

– Die Kenntnisnahme vom Inhalt dieser Postsendungen durch das Oberbürgermeisterreferat, das Baureferat und das Stadtvermessungsamt ist differenziert zu betrachten. Nach Art. 4 Abs. 7 i.V.m. Art. 17 Abs. 1 BayDSG ist eine Kenntnisnahme des Inhalts der eingehenden Sendungen (Nutzen personenbezogener Daten) durch Bedienstete der Stadt zulässig, soweit es zu deren Aufgabenerfüllung erforderlich ist. Die Stadt hat die technischen und organisatorischen Maßnahmen zu treffen, dass keine Unbefugten vom Inhalt dieser Sendungen Kenntnis erhalten (vgl. Art. 7 Abs. 1 Satz 1 BayDSG). Der Umlegungsausschuss ist für die Durchführung der Umlegung mit selbstständigen Entscheidungsbefugnissen ausgestattet und hat sie in eigener Verantwortung durchzuführen. Er ist insoweit gegenüber dem Gemeinderat und der Gemeindeverwaltung weisungsunabhängig. Bedienstete der Gemeinde dürfen demnach vom Inhalt der Sendungen Kenntnis nehmen, wenn sie Funktionen in diesem Ausschuss ausüben bzw. Hilfstätigkeiten für ihn ausführen. Die Postverteilung innerhalb des Umlegungsausschusses regelt dieser in eigener Zuständigkeit. So kann sich z.B. der Vorsitzende des Ausschusses den Posteinlauf oder auch nur bestimmte Schreiben vorlegen lassen. Im Hinblick auf die Weisungsunabhängigkeit des Umlegungsausschusses können jedoch Aufsichtsrechte und Leitungsfunktionen innerhalb der allgemeinen Verwaltungshierarchie (z.B. der Leiter eines Amtes über die ihm nachgeordneten Sachgebiete und Dienststellen) die Kenntnisnahme des Inhalts der Schreiben nicht rechtfertigen. Eine Zuleitung an das Oberbürgermeisterreferat ist somit nur in dem Fall zulässig, dass der erste Bürgermeister Ausschussvorsitzender ist. Die regelmäßige Zuleitung an die übrigen oben erwähnten Nutzer und Stellen ist dagegen nicht zulässig.

Ein besonders sensibler Bereich sind die **Gesundheitsämter**, deren Post häufig äußerst sensible Daten enthält. Auch im Hinblick auf die Eingliederung der Gesundheitsämter in die Kreisverwaltungsbehörden hat sich der Bayerische Landesbeauftragte mit den Anforderungen an eine datenschutzgerechte Organisation des Posteinlaufs beschäftigt (vgl. Nr. 3.5.1 des 17. TB, S. 26 und Nr. 3.8 des 19. TB, S. 38):

- Der Posteinlauf für das Gesundheitsamt bzw. für die Gesundheitsabteilung muss so organisiert werden, dass der Einlauf für die Arbeitsbereiche freiwillige Beratung bzw. freiwillige Begutachtung **unmittelbar** dem hierfür zuständigen ärztlichen, veterinärärztlichen bzw. sonstigen Fachpersonal zugeleitet wird. Andere Referate des Amtes dürfen keinen Zugang zu solchen Schreiben erlangen.
- Grundsätzlich dürfen in der zentralen Eingangsstelle an das Gesundheitsamt gerichtete Sendungen wie normale Behördenpost geöffnet und weiterbehandelt werden. Lässt ein Eingang aber erkennen, dass einer der obigen Ausnahmefälle gegeben ist, muss er ungeöffnet weitergeleitet werden. Um solche Fälle leichter erkennen zu können, kann den Klienten empfohlen werden, beim weiteren Schriftwechsel auf den Briefumschlägen entsprechende Zusätze anzubringen (vgl. Nr. 3.8 des 19. TB, S. 38). Werden Briefe in der Eingangsstelle geöffnet, weil der sensible Aufgabenbereich aus der Beschriftung auf dem Umschlag nicht erkennbar ist, ist sicher zu stellen, dass das Schreiben – abweichend vom üblichen Postlauf – unmittelbar an die zuständige Stelle weitergeleitet wird. Das Personal der Eingangsstelle sollte schriftlich eingehend über die sensiblen Aufgabenbereiche unterrichtet werden.

7.18 Adressdateien und Adresslisten

Kommunen führen häufig für ihre gesamte Verwaltung eine automatisierte **zentrale** Adressdatei für alle Zahlungspflichtigen bzw. -empfänger, in der neben dem Namen und der Adresse auch die Bankverbindung sowie weitere Merkmale, wie die für Zwecke der Erhebung der Grundsteuer benötigten Objektdaten, gespeichert werden. Sobald über einen Suchbegriff aus der Datei eine Adresse abgerufen wird, werden, ohne dass zu diesem Zeitpunkt eine Einzelfallbearbeitung erfolgt, auch die Bankverbindung und evtl. weitere Objektdaten am Bildschirm angezeigt. Der Bayerische Landesbeauftragte für den Datenschutz vertritt hierzu folgende Auffassung (vgl. Nr. 8.7 des 19. TB, S. 95 ff.; siehe auch FStBay 17/2000):

- Der **Online-Abruf** aus der Adressdatei ist eine Nutzung personenbezogener Daten, die nur dann zulässig ist, wenn eine Rechtsvorschrift sie erlaubt oder anordnet, oder wenn der Betroffene darin eingewilligt hat (Art. 15 Abs. 1 BayDSG). Soweit die Verwendung der Daten in spezialgesetzlichen Bestimmungen geregelt ist (z.B. SGB X, BayBG, AO) ist zu

prüfen, ob diese Vorschriften einen Abruf durch den im Schreiben der Gemeinde genannten Personenkreis zulassen.
- Unzulässig ist es z.B., im Rahmen einer derartigen Adressdatei für alle Anordnungsdienststellen u.a. Daten über Immobilienobjekte sowohl von Bürgern als auch von städtischen Bediensteten einzusehen. Diese Informationen stammen aus den beim Stadtsteueramt für Zwecke der Erhebung der Grundsteuer eingerichteten Datenbeständen. Hier sind die Bestimmungen der AO zu beachten, insbesondere § 30 AO (Steuergeheimnis). Eine Durchbrechung des Steuergeheimnisses ist nur aufgrund der abschließenden Regelung des § 30 Abs. 4 AO zulässig. Der Zugriff auf die dem Steuergeheimnis unterliegenden Merkmale ist daher ausnahmslos auf die jeweils zuständigen Mitarbeiter im gemeindlichen Steueramt zu beschränken.

Außerdem hatte sich der LfD Bayern mit der Zulässigkeit des Zugriffs auf die Daten von Bediensteten der Kommune, soweit es sich um **Personalaktendaten** handelt (z.B. für die Überweisung der Reisekosten) und der Bedienstete nicht als Privatperson betroffen ist, zu befassen. Ein (lesender) Zugriff aller Haushaltssachbearbeiter und Anordnungsbefugten ist nicht zulässig. Die Daten der Bediensteten sollten daher außerhalb der zentralen Adressdatei gespeichert bzw. der (auch nur lesende) Zugriff auf die Personalsachbearbeiter beschränkt werden. Im Übrigen setzt die Nutzung der Daten in der Adressdatei voraus, dass der Abruf für Zwecke erfolgt, für die die Daten erhoben bzw. gespeichert worden sind (Art. 17 Abs. 1 Nr. 2 BayDSG). Dies bedeutet z.B., dass die Datensätze der Adressdatei, die der Stadt z.B. zur Rückzahlung zu viel bezahlter Abwassergebühren überlassen wurden, nicht zur Erfüllung sonstiger Aufgaben verwendet werden dürfen, es sei denn, es liegen die Voraussetzungen des Art. 17 Abs. 2 bis 4 BayDSG (zulässige Zweckänderung) vor.

Häufig gibt es Anfragen Dritter (z.B. Sportvereine, Kulturvereine etc.) an Kommunen, ob sie ihnen nicht vorhandene **Adresslisten** von Personen des öffentlichen Lebens zur Verfügung stellen können. Diese Listen enthalten zumeist den Namen, den Vornamen, den Titel, den Beruf und zum Teil auch die Privatanschrift dieser Bürger. Bei der Weitergabe an Dritte sind folgende datenschutzrechtliche Maßgaben zu beachten (vgl. Nr. 8.14 des 18. TB, S. 94 ff. = FStBay 136/1998):

- Die Datenweitergabe an eine andere **öffentliche** Stelle für Veranstaltungen, Empfänge etc. ist keine Zweckänderung, soweit die Adressen aus allgemein zugänglichen Quellen und damit ohne bestimmte Zweckänderung entnommen worden sind. Da die Datenweitergabe nach Art. 18 Abs. 1 BayDSG nur dann zulässig ist, wenn sie zur Aufgabenerfüllung erforderlich ist, ist vor jeder einzelnen Weitergabe zu prüfen, ob die vollständige Liste oder nur Auszüge aus dieser weitergegeben werden dürfen. Bei Daten, die die Gemeinde bei den Betroffenen erhoben hat, liegt dagegen eine Zweckänderung vor, für die es in Art. 17 Abs. 2 bis 4 BayDSG keine zulässige Zweckdurchbrechung gibt. Die Übermittlung dieser Daten ohne Einwilligung der Betroffenen (Art. 15 Abs. 1 Nr. 2, Abs. 2 bis 4 BayDSG) ist daher unzulässig.

- Die Weitergabe der vollständigen oder auszugsweisen Adressliste an nichtöffentliche Stellen ist nach Art. 19 Abs. 1 Nr. 2 BayDSG zulässig, wenn der Auskunftsersuchende ein **berechtigtes** Interesse an der Kenntnis der zu übermittelnden Daten glaubhaft darlegt und die Betroffenen **kein schutzwürdiges Interesse** an dem Ausschluss der Übermittlung haben. Ein schutzwürdiges Interesse am Ausschluss der Übermittlung ist dabei immer anzunehmen, wenn die Betroffenen ihre Daten der Stadt mitgeteilt haben, um von dieser eingeladen zu werden. In den Fällen, in denen die Stadt selbst die Daten allgemein zugänglichen Quellen entnommen hat, ist in jedem Einzelfall zu prüfen, ob ein schutzwürdiges Interesse vorliegt.

- Die Datenübermittlung ist mit der **Auflage** zu versehen, dass die Daten nur zu dem übermittelten Zweck verwendet werden dürfen. Die Übermittlung von Privatanschriften ist datenschutzrechtlich bedenklich, da bei Repräsentanten des öffentlichen Lebens die Möglichkeit von Belästigungen oder Gefahren für die eigene Sicherheit oder die ihrer Angehörigen besteht.

- Empfehlenswert ist immer das Einholen einer **Einwilligung**. Da eine solche für jeden Einzelfall in der Regel nicht in Betracht kommen dürfte, bietet sich eine generelle Einwilligung für künftige Fälle an, wobei differenziert werden könnte (z.B. nach öffentlichen Stellen, Wirtschaftsverbänden, Vereinen etc.).

Ein Beispiel für eine datenschutzgerechte Möglichkeit die Beteiligung Betroffener an Vorhaben, Umfragen etc. zu erreichen, ist das sog. **Adressmittlungsverfahren** (vgl. Wilde/Ehmann/Niese/Knoblauch, Art. 19 BayDSG, Rdnr. 27a ff.). Dabei gibt die datenhaltende Stelle keine personenbezogenen Daten an öffentliche oder nichtöffentliche Dritte weiter, sondern informiert die Betroffenen und überlässt diesen die freie Entscheidung über ihre Mitwirkung.

Der Bayerische Landesbeauftragte für den Datenschutz schildert hierzu in Nr. 8.10 seines 16. TB, S. 74 ff. den Fall, dass eine Stadt einer Fachhochschule die Adressdaten der derzeitigen und früheren Abonnenten des Theaters der Stadt übermitteln sollte. Die Fachhochschule benötigte die Daten zur Durchführung einer Umfrage zur Erstellung einer Studie über den Rückgang der Theaterabonnements: Die Übermittlung der Adressdaten ist zur Durchführung der Umfrage nicht erforderlich. Die von der Fachhochschule vorbereiteten Fragebögen können auch von der Theaterverwaltung an die Abonnenten versandt werden. Diese sind dabei auf die Freiwilligkeit der Teilnahme an der Umfrage hinzuweisen. Die Rücksendung der anonymisierten Fragebögen in einem Briefumschlag ohne Absender kann dabei auch unmittelbar an die Fachhochschule zur Auswertung erfolgen.

7.19 Melderegisterdaten

Eine umfassende und instruktive Auseinandersetzung mit den Problemen beim Umgang mit **Meldedaten** enthält das im R. Boorberg Verlag erschienene Buch von Ehmann „Mit Meldedaten richtig umgehen". Im Folgenden sollen daher nur einige Beispielfälle dargestellt werden, die sich in der Beratungspraxis des Bayerischen Landesbeauftragten für den Datenschutz als besonders relevant herausgestellt haben.

7.19.1 Melderegisterauskünfte an Parteien

Vor Wahlen erhalten viele Bürger persönlich an sie adressierte **Wahlwerbung** politischer Parteien. Nach Art. 35 Abs. 1 Satz 1 MeldeG darf die Meldebehörde Parteien, Wählergruppen und anderen Trägern von Wahlvorschlägen im Zusammenhang mit allgemeinen Wahlen und mit Abstimmungen in den sechs Monaten vor der Stimmabgabe Auskunft aus dem Melderegister über Vor- und Familiennamen, den Doktorgrad und Anschriften von Gruppen von Wahlberechtigten erteilen, für deren Zusammensetzung das Lebensalter der Betroffenen maßgebend ist, es sei denn, der Bürger hat dieser Weitergabe seiner Daten **widersprochen** (vgl. Nr. 9.1 des 18. TB, S. 99 und FStBay 37/1997). Um eine Weitergabe ihrer Meldedaten zu verhindern, können Betroffene also nach Art. 35 Abs. 1 Satz 3 MeldeG einer Weitergabe ihrer Daten an Parteien und Wählergruppen zu Wahlwerbezwecken durch einfache Mitteilung an ihr Meldeamt widersprechen.

Dieses **Widerspruchsrecht** ist zuverlässig zu beachten (vgl. Nr. 9.1 des 17. TB, S. 105). Eine Überprüfung der Petitionen Betroffener durch den Bayerischen Landesbeauftragten für den Datenschutz ergab z.B., dass einige Gemeinden ihre in den Einwohnermeldeämtern eingesetzten EDV-Verfahren auf neue Verfahren umgestellt hatten (Nr. 9.2 des 19. TB, S. 102). Bei der Übernahme der Datenbestände waren die Sperrvermerke nicht beachtet worden. Die Fehler wurden auch bei der Weiterleitung der Daten (hier an Adressbuchverlage) nicht bemerkt. Die Gemeinden haben auch bei Programmänderungen und Neuprogrammierungen durch technisch-organisatorische Maßnahmen (umfassende Teststrategien und Qualitätssicherungsmaßnahmen) sicherzustellen, dass die Voraussetzungen für Auskunftserteilungen im Rahmen des Art. 35 MeldeG eingehalten und sowohl Widersprüche nach Art. 35 MeldeG als auch Auskunftssperren nach Art. 34 MeldeG beachtet werden.

Ferner ist zu beachten, dass Art. 35 Abs. 1 MeldeG bei der Zusammensetzung der Gruppen von Wahlberechtigten, über die Auskunft erteilt werden kann, allein auf das **Lebensalter** abstellt. Ein anderes Auswahlkriterium, z.B. „**Neubürger**" oder „**EU-Ausländer**" ist nicht zulässig (Nr. 9.1 des 17. TB, S. 105). Auch die **Geburtstage** dürfen nicht mitgeteilt werden, Art. 35 Abs. 1 Satz 2 MeldeG (Nr. 9.3 des 16. TB, S. 76; Nr. 8.7 des 15. TB, S. 67). Das **Geschlecht** ist ebenfalls kein zulässiges Auswahlkriterium (Nr. 8.5.1 des 12. TB, S. 38).

Die Datenweitergabe ist nur im Zusammenhang mit **allgemeinen** Wahlen und Abstimmungen zulässig. Hierzu zählen Europa-, Bundestags-, Landtags- und Kommunalwahlen sowie Volksabstimmungen und Bürgerentscheide. Nicht hierzu gehören Wahlen von kommunalen Beiräten, wie z.B. zu den Ausländer- und Seniorenbeiräten (Nr. 8.3.3 des 13. TB, S. 47) oder gar Wahlen privater Organisationen (z.B. Vereine).

Ferner darf gemäß Art. 35 Abs. 2 Satz 1 MeldeG eine Melderegisterauskunft über **Alters- oder Ehejubiläen** von Einwohnern an Parteien, Wählergruppen, Mitglieder parlamentarischer Vertretungskörperschaften und Bewerber für diese sowie an Presse und Rundfunk erteilt werden (Nr. 9.3 des 16. TB, S. 76). Zulässig ist die Übermittlung von Vor- und Familiennamen, akademischen Graden und Adressen sowie des Tages und der Art des Jubiläums. Auch hier gibt es ein Widerspruchsrecht Betroffener, auf das sie hinzuweisen sind (Art. 35 Abs. 2 Satz 1, 2 MeldeG). Unzulässig ist dagegen die Bekanntgabe der Daten von Bürgern, die demnächst volljährig werden (Nr. 9.4 des 11. TB, S. 33).

Unzulässig ist ferner das Erteilen von Auskünften an politische Parteien aus den **Wählerverzeichnissen** und aus Verzeichnissen über Haus- und Grundbesitzer (vgl. Nr. 8.2.2 des 17. TB, S. 96 ff.). Nach § 21 Abs. 3 Satz 1 GLKrWO dürfen Wahlberechtigte im Zusammenhang mit der Prüfung des Stimmrechts einzelner bestimmter Personen Auszüge aus den Wählerverzeichnissen fertigen. Die Auszüge dürfen nur zur Prüfung des Stimmrechts verwendet und Dritten nicht zugänglich gemacht werden (§ 21 Abs. 3 Satz 3 GLKrWO). Name und Anschrift eines Grundsteuerpflichtigen unterliegen dem Steuergeheimnis nach § 30 AO. Die Gemeinde darf diese Daten nach § 31 Abs. 3 AO zur Verwaltung anderer Abgaben sowie zur Erfüllung sonstiger öffentlicher Aufgaben verwenden und den hierfür zuständigen Gerichten, Behörden oder juristischen Personen des öffentlichen Rechts auf Ersuchen mitteilen, soweit nicht überwiegende schutzwürdige Interessen des Betroffenen entgegenstehen. Eine Übermittlung der dem Steuergeheimnis unterliegenden Daten an politische Parteien zur Wahlwerbung ist nicht zulässig.

7.19.2 Melderegisterauskünfte an Adressbuchverlage

Gemäß Art. 35 Abs. 3 Satz 1 MeldeG darf die Meldebehörde **Adressbuchverlagen** Auskunft über Vor- und Familiennamen, den Doktorgrad und die Anschriften sämtlicher Einwohner, die das 18. Lebensjahr vollendet haben, erteilen, es sei denn, der Betroffene hat der Weitergabe seiner Daten widersprochen, Art. 35 Abs. 3 Satz 2 MeldeG. Bei der Anmeldung sind die Bürger auf ihr Widerspruchsrecht hinzuweisen, Art. 35 Abs. 3 Satz 3 MeldeG (vgl. auch Nr. 9.1 des 18. TB, S. 99). Wie sich aus der Beratungspraxis des Bayerischen Landesbeauftragten für den Datenschutz zeigt, reicht dieser Hinweis zumeist nicht aus. Vielen Bürger ist ihr Widerspruchsrecht nicht bekannt, so dass ein Hinweis der Gemeinde vor der beabsichtigten Weitergabe dieser Daten in geeigneter Form (Amtsblatt, Amtstafel, örtliche Presse etc.) ratsam ist (vgl. Nr. 9.1 des 19. TB, S. 102 = FStBay 47/2001). Die Herausgabe dieser Daten steht im pflichtgemäßen Ermessen der Kommunen, da Art. 35 Abs. 3 Satz 1 MeldeG keine Übermittlungspflicht enthält.

Mit der immer weiteren Verbreitung von Computern mit CD-ROM-Laufwerken ist es für gewerbliche Unternehmen zunehmend interessant, **Adressbücher auf CD-ROM** zu veröffentlichen. Diese elektronischen Verzeichnisse bieten gegenüber den Adressbüchern in Papierform vielfältige Auswertungsmöglichkeiten nach verschiedenen Suchkriterien (Nr. 9.4

des 17. TB, S. 106 ff.). Der Bayerische Landesbeauftragte für den Datenschutz vertritt hierzu die Auffassung, dass solange ein wirksamer Schutz der übermittelten Melderegisterdaten vor der Übernahme in ein elektronisches Verzeichnis nicht gewährleistet ist, die Betroffenen auch auf die Übernahme in solche Verzeichnisse hingewiesen werden müssen.

7.19.3 Melderegisterauskünfte über technische Medien

Technisch interessant und vereinzelt angedacht ist das Erteilen von (einfachen) Melderegisterauskünften über das Internet. Ein solches Vorhaben ist jedoch unzulässig (vgl. Nr. 9.5 des 17. TB, S. 107). Das Melderegister ist **kein** öffentliches Register, sondern ein für behördliche Zwecke bestimmtes Register, das die Meldebehörden zur Erfüllung ihrer Aufgaben führen (Art. 2 Abs. 1 Satz 3 MeldeG). Im Internet dagegen wären die eingestellten Meldedaten ohne Einschränkung für die Öffentlichkeit verfügbar. Zwar sieht Art. 34 Abs. 1 MeldeG für die Erteilung einer einfachen Melderegisterauskunft keine besonderen Voraussetzungen vor. Diese Vorschrift bestimmt jedoch eindeutig, dass die Auskunft durch die Meldebehörde erteilt wird und es sich um eine Auskunft über einzelne bestimmte Einwohner handeln muss. Die Meldebehörde hat z.B. zu prüfen, ob die Angaben des Auskunftssuchenden ausreichen, um Personenverwechslungen auszuschließen. Dies wäre bei einer Einstellung von Meldedaten in das Internet nicht mehr möglich. Regelmäßige Auskünfte an Private oder Online-Abrufe durch Private sind im Meldegesetz nicht vorgesehen und damit unzulässig.

Aber auch die Erteilung von Melderegisterauskünften per **Telefon**, **Telefax** oder **E-Mail** begegnet grundsätzlichen datenschutzrechtlichen Bedenken. Es besteht nämlich die Gefahr, dass der Anfragende eine falsche Identität vorspiegelt oder die Informationen mitgehört, abgefangen oder unterdrückt werden. Außerdem kann die Auskunft evtl. den Adressaten nicht (direkt) erreichen (vgl. FStBay 139/2001).

7.19.4 Sonstige Fragen

Die Einrichtung eines **Online-Zugriffs** auf Melderegisterdaten innerhalb einer Gemeindeverwaltung ist nicht ohne Weiteres zulässig (vgl. Nr. 9.4 des 19. TB, S. 103):
– Nach Art. 31 Abs. 7 Satz 1 i.V.m. Abs. 1 MeldeG dürfen die in Art. 3 Abs. 1 MeldeG genannten Daten und Hinweise innerhalb der Gemein-

de weitergegeben werden, wenn dies zur Aufgabenerfüllung der Meldebehörde bzw. des Bediensteten, der die Daten erhält, erforderlich ist. Für die Weitergabe und Einsichtnahme von Daten und Hinweisen nach Art. 3 Abs. 2 MeldeG ist Art. 31 Abs. 2 und 6 MeldeG zu beachten (Art. 31 Abs. 7 Satz 3 MeldeG). Da es sich bei der Weitergabe von Meldedaten innerhalb der Gemeinde um eine Datennutzung und nicht um eine Datenübermittlung handelt, dürfen die Daten abweichend von Art. 31 Abs. 4 MeldeG auch regelmäßig weitergegeben werden. Dies gilt auch für automatisierte Abrufverfahren, die als regelmäßige Datenweitergabe anzusehen sind.

– Die Einrichtung eines **automatisierten Abrufverfahrens** ist allerdings nur dann zulässig, wenn sie zur Aufgabenerfüllung **erforderlich** ist. Das ist der Fall, wenn der betreffende Mitarbeiter zur Erfüllung seiner dienstlichen Aufgaben ständig einen Zugriff auf das Melderegister benötigt. Soweit danach die Einrichtung eines automatisierten Abrufverfahrens zulässig ist, ist darauf zu achten, dass der Zugriff auf die zur Aufgabenerfüllung erforderlichen Daten beschränkt wird.

Besondere Vorsicht ist auch im Zusammenhang mit **Adoptionen** geboten (vgl. Nr. 9.3 des 19. TB, S. 102 ff.). Z.B. ergaben Überprüfungen des Bayerischen Landesbeauftragten für den Datenschutz, dass in Kommunen bei Minderjährigenadoptionen in den Melderegistern unter der Rubrik „Früherer Name" der Geburtsname der adoptierten Kinder gespeichert war. Der Geburtsname wurde im Online-Verfahren an die Polizei übermittelt, die die Betroffenen im Rahmen der Abklärung ihrer Personalien auch zu ihrem früheren Namen befragte. Die Speicherung des Geburtsnamens ist unzulässig. Nach Art. 11 Abs. 1 Satz 1 MeldeG hat die Meldebehörde gespeicherte Daten zu löschen, wenn sie zur Erfüllung der der Meldebehörde obliegenden Aufgaben nicht mehr erforderlich sind. Die Speicherung des früheren Namens eines minderjährigen adoptierten Kindes ist weder zum Nachweis seiner Identität noch für andere Aufgaben der Meldebehörde notwendig. Dies ergibt sich daraus, dass ein minderjähriges Kind regelmäßig noch nicht am Rechtsverkehr teilgenommen hat. Es gibt auch keine zwingende Notwendigkeit zur Offenbarung des früheren Namens gegenüber anderen Behörden, da sich diese erforderlichenfalls an das zuständige Standesamt wenden können. Das Bayerische Staatsministerium des Innern hat deshalb in Ziff. 3.1.5 der VollzBekMeldeG bestimmt, dass bei der Annahme als Kind (Adoption) im Zusammenhang mit dem neuen Namen weder der vor der Adoption geführte Name noch ein sonstiger

Hinweis auf die Adoption im Melderegister gespeichert werden darf. Wenn der Adoptierte zum Zeitpunkt der Adoption bereits volljährig war, ist der frühere Name im Nebenregister zu speichern (vgl. Nr. 8.1 des 15. TB, S. 64).

Die Übermittlung von Melderegisterdaten an andere öffentliche und nichtöffentliche Stellen ist an den einschlägigen Vorschriften des MeldeG zu messen (vgl. z. B. Nr. 8.4.3 des 12. TB, S. 37).

Z. B. richtet sich die Datenübermittlung an die Freiwillige **Feuerwehr** zur Nachwuchswerbung nach Art. 31 Abs. 7 Satz 1 i. V. m. Art. 31 Abs. 1 MeldeG (Nutzung von Daten innerhalb der Gemeindeverwaltung), da sie gem. Art. 57 Abs. 1 GO, Art. 1 Abs. 1 BayFwG eine Pflichtaufgabe der Gemeinde wahrnimmt und damit ein Teil der Gemeinde ist (vgl. Nr. 9.2 des 18. TB, S. 100). Die Weitergabe von Familiennamen, Vornamen, Anschriften und ggf. des Geburtsjahres von Personen, die für den Feuerwehrdienst in Frage kommen, ist daher zulässig, wenn dies zur rechtmäßigen Erfüllung der in der Zuständigkeit der Feuerwehr liegenden Aufgaben erforderlich ist. Aufgabe der Freiwilligen Feuerwehr als gemeindliche Einrichtung ist der abwehrende Brandschutz und der technische Hilfsdienst (Art. 4 Abs. 1 BayFwG). Die Datenweitergabe an die gemeindliche Einrichtung Freiwillige Feuerwehr ist dann erforderlich, wenn sie zur Erfüllung dieser Aufgabe objektiv geeignet ist und im Verhältnis dazu auch angemessen erscheint. Die Weitergabe von Adressdaten zur gezielten Werbung von Feuerwehrnachwuchsleuten ist geeignet, die Funktionsfähigkeit der gemeindlichen Einrichtung Freiwillige Feuerwehr durch Bereitstellung einer ausreichenden Anzahl von Feuerwehrdienstleistenden aufrechtzuerhalten. Die Datenweitergabe ist dann angemessen, wenn sich nicht genügend Bewerber melden, um die erforderliche Mindestmitgliederstärke zu erreichen, denn an der Erfüllung der in Art. 4 Abs. 1 BayFwG genannten Aufgaben besteht ein erhebliches öffentliches Interesse. Dagegen richtet sich die Zulässigkeit der Weitergabe der Anschriften einer Vielzahl namentlich nicht bezeichneter Einwohner an den (privaten) **Feuerwehrverein** nach Art. 34 Abs. 3 MeldeG (vgl. Nr. 8.5 des 15. TB, S. 66).

Unzulässig ist i. d. R. die Mitteilung der An- und Abmeldungen von Gemeindebürgern an örtliche **Banken** (vgl. Nr. 9.2 des 17. TB, S. 105 ff.). Bei der Weitergabe der Listen an örtliche Banken mit Daten einer Vielzahl von Einwohnern, die nicht von diesen namentlich benannt wurden, handelt es sich um Gruppenauskünfte nach Art. 34 Abs. 3 MeldeG. Eine Gruppenauskunft darf nur erteilt werden, soweit sie im öffentlichen Interesse liegt (Art. 34 Abs. 3 Satz 1 MeldeG) und die Zustimmung der Regierung vorliegt (Nr. 34.6 Abs. 2 VollzBekMeldeG). Ein öffentliches Interesse ist nur dann anzunehmen, wenn die Auskünfte Belange der Allgemeinheit betreffen und nicht nur im Interesse Einzelner liegen. Rein kommerzielle Interessen (z.B. von Kreditinstituten) können die Annahme eines öffentlichen Interesses nicht rechtfertigen (vgl. Nr. 34.6ff. VollzBekMeldeG). Außerdem erhalten die Kreditinstitute die Daten einer Vielzahl von Personen, die überhaupt nicht ihre Kunden sind oder waren. Aus diesen Gründen ist auch eine Weitergabe von Listen über die Zu- und Wegzüge von Bürgern im Einzelfall auf Anfrage, ohne dass die Personen, über die Auskunft ersucht wird, namentlich bezeichnet werden, mangels eines öffentlichen Interesses unzulässig.

Kreditauskunfteien und ähnliche Organisationen wünschen zumeist eine sog. erweiterte Melderegisterauskunft, die gegeben werden kann, soweit ein berechtigtes Interesse glaubhaft gemacht wird, Art. 34 Abs. 2 Satz 1 MeldeG. Dieses berechtigte Interesse wird häufig in der Anbahnung eines Geschäfts, in Kreditentscheidungen oder der Ermittlung eines Schuldners liegen (vgl. Nr. 8.4.5 des 12. TB, S. 37 ff.; Nr. 8.3 des 14. TB, S. 66; Nr. 8.4 des 15. TB, S. 65 ff.). Die Meldebehörde hat dann den Betroffenen über die Erteilung der Auskunft unter Angabe des Datenempfängers unverzüglich zu unterrichten, es sei denn, dieser macht hiergegen ein rechtliches Interesse geltend, Art. 34 Abs. 2 Satz 2 MeldeG.

Für **Forschungsvorhaben** werden ebenfalls oft Melderegisterdaten benötigt (vgl. Nr. 8.3 des 15. TB, S. 65). Häufig handelt es sich um öffentliche Stellen, so dass sich die Zulässigkeit der Datenübermittlung nach Art. 31 MeldeG richtet. Bei privaten Forschungseinrichtungen ist ihre Zulässigkeit an Art. 34 MeldeG zu messen. Zu fragen ist dabei immer, ob nicht die Anwendung des Adressmittlungsverfahrens (Nr. 7.18) datenschutzgerechter wäre.

Nur der Vollständigkeit halber sei erwähnt, dass Melderegisterauskünfte nicht nur datenschutzrechtliche sondern auch **Haftungsrisiken** in sich bergen. Zur Haftung von Gemeinden bei falschen Auskünften aus dem Melderegister wird auf den Aufsatz von Ehmann, KommP BY 2001, S. 137 ff. hingewiesen. Bei fahrlässig oder gar vorsätzlich falsch erteilten Auskünften besteht unter dem Gesichtspunkt der Amtshaftung (Art. 34 GG, § 839 BGB) eine Pflicht zum Schadensersatz (FStBay 139/2001 mit weiteren Ausführungen zu möglichen Folgen einer falschen Auskunft).

7.20 Auskünfte aus dem Pass- oder Personalausweisregister

Banken und Sparkassen begehren gelegentlich Auskunft aus dem Pass- oder Personalausweisregister. Sie begründen ihr Auskunftsersuchen mit dem Geldwäschegesetz. Diesem Auskunftsverlangen darf die Kommune nicht entsprechen (vgl. Nr. 8.11 des 17. TB, S. 102 ff.). Sowohl das Pass- als auch das Personalausweisregister sind keine öffentlichen, sondern ausschließlich für behördliche Zwecke bestimmte Register. Die Zwecke, denen diese Register dienen, sind in § 21 Abs. 3 PassG bzw. in § 2 a PAuswG abschließend aufgezählt. Nach § 22 Abs. 2 PassG dürfen Passbehörden anderen Behörden auf deren Ersuchen Daten aus dem Passregister übermitteln, wenn die dort genannten Voraussetzungen erfüllt sind. Für das Personalausweisregister gibt es in § 2 b Abs. 2 PAuswG eine vergleichbare Regelung.

Banken sind keine Behörden. Sparkassen sind zwar öffentlichrechtliche Kreditinstitute, jedoch erfüllen auch sie nicht den Behördenbegriff des Art. 1 Abs. 2 BayVwVfG. Im Übrigen ergibt sich aus Art. 3 Abs. 2 Satz 2 BayDSG, dass öffentlich-rechtlichen Kreditinstituten keine Sonderstellung gegenüber privatrechtlichen Kreditinstituten eingeräumt werden kann. Für öffentlich-rechtliche Kreditinstitute sowie für ihre Zusammenschlüsse und Verbände gelten die Vorschriften des Bundesdatenschutzgesetzes, die auf private Kreditinstitute anzuwenden sind. Eine Auskunftserteilung z.B. über Art, Nummer und ausstellende Behörde von Personalausweisen und Pässen an Banken und Sparkassen ist daher nicht zulässig.

7.21 Auskünfte aus dem Fahrzeugregister

In den gesetzlich bestimmten Fällen ist eine einfache Auskunft aus dem örtlichen Fahrzeugregister zulässig (vgl. Nr. 8.1 des 17. TB, S. 96):
– Bei der **einfachen** Registerauskunft aus dem örtlichen Fahrzeugregister gem. § 39 Abs. 1 StVG ist zu beachten, dass der Auskunftssuchende darlegen muss, dass er die Daten zur Geltendmachung, Sicherung oder Vollstreckung oder zur Befriedigung oder Abwehr von Rechtsansprüchen im Zusammenhang mit der Teilnahme am Straßenverkehr oder zur Erhebung einer Privatklage wegen im Straßenverkehr begangener Verstöße benötigt. Für die Geltendmachung, Sicherung oder Vollstreckung sonstiger Rechtsansprüche besteht kein Anspruch auf Auskunft. Die Behörde kann aber aufgrund einer Ermessensentscheidung die Halterdaten (Familienname, Vornamen bzw. Name der juristischen Person,

Anschrift) einem Anfragenden übermitteln, wenn dieser glaubhaft macht, dass die Voraussetzungen des § 39 Abs. 3 StVG in seinem konkreten Einzelfall erfüllt sind. Die Daten müssen danach zur Geltendmachung, Sicherung oder Vollstreckung von öffentlich-rechtlichen Ansprüchen in Höhe von mindestens 500 Euro benötigt werden, der Empfänger muss ohne die Kenntnis der Daten zur Geltendmachung, Sicherung oder Vollstreckung nicht in der Lage sein, und er muss die Daten auf andere Weise nicht oder nur mit unverhältnismäßigem Aufwand erlangen können.
- Möchte jemand Auskunft aus dem örtlichen Fahrzeugregister, muss er daher entweder den Zusammenhang mit der Teilnahme am Straßenverkehr darlegen (z.B. durch die Angabe eines Unfallortes und -zeitpunktes) oder im Ersuchen darlegen, dass die Voraussetzungen des § 39 Abs. 3 StVG vorliegen. Allgemeine Formulierungen wie „in einer zivilrechtlichen Angelegenheit" genügen diesen Anforderungen nicht.

7.22 Datenschutz bei der Rechnungsprüfung

Auch bei der **Rechnungsprüfung** sind datenschutzrechtliche Vorgaben zu beachten, wenn hier auch besondere Vorschriften eingreifen (vgl. Nr. 12.6 des 17. TB, S. 119 ff.):
- Art. 17 Abs. 1 Nr. 2 BayDSG enthält den Grundsatz der **Zweckbindung**. Danach ist die Speicherung, Veränderung und Nutzung von Daten nur für den Zweck zulässig, für den sie erhoben worden sind. Die Absätze 2 und 3 dieser Bestimmung führen jene Sachverhalte auf, die Voraussetzungen für eine zulässige Zweckänderung sind. Ferner wird in Abs. 3 Satz 1 festgelegt, dass die Wahrnehmung von Aufsichts- und Kontrollbefugnissen und die Rechnungsprüfung **nicht** als Zweckänderung gelten. Art. 17 Abs. 3 BayDSG legt also eine Zweckidentität zwischen den dort aufgeführten Verarbeitungs- und Nutzungszwecken und den Zwecken fest, zu denen die Daten ursprünglich erhoben worden sind. Diese Fiktion ist erforderlich, weil auch für den Bereich des Nutzens, also z.B. der Verwendung von Daten innerhalb einer speichernden Stelle, der Zweckbindungsgrundsatz gilt.
- Neben der Beachtung der Zweckbindung ist weitere Voraussetzung für ein zulässiges Speichern, Verändern und Nutzen von personenbezogenen Daten, dass dies zur Erfüllung der in der Zuständigkeit der speichernden Stelle liegenden Aufgaben **erforderlich** ist (Art. 17 Abs. 1

Nr. 1 BayDSG). Auch eine Nutzung innerhalb der speichernden Stelle muss sich also am Grundsatz der Erforderlichkeit orientieren.

Z.B. hält der Bayerische Landesbeauftragte für den Datenschutz eine **regelmäßige** Übergabe sämtlicher Lohnkonten des jeweils abgelaufenen Kalendermonats an ein Kreisrevisionsamt für eine ordnungsgemäße und ausreichende Rechnungsprüfung nicht für erforderlich, da es diesem unbenommen ist, stichprobenartig sämtliche Lohnkonten eines oder mehrerer Monate zu überprüfen (Nr. 12.6 des 17. TB, S. 120; vgl. auch Nr. 11.10 des 15. TB, S. 78).

Zu der Frage, wo Rechnungsprüfungen stattzufinden haben, trifft das Datenschutzgesetz keine Aussage. In vielen Fällen ist einer **Prüfung vor Ort**, d.h. in den Räumen der geprüften Stelle, der Vorzug zu geben. Es sind aber auch durchaus Sachverhalte denkbar, in denen der Rechnungsprüfer Unterlagen in den Räumen der Rechnungsprüfungsstelle sichten und bearbeiten will, z.B. um die Möglichkeiten einer hier vorhandenen EDV-Ausstattung zu nutzen. Soweit die Rechnungsprüfungsstelle durch geeignete technische und organisatorische Maßnahmen den Schutz der ihr für Zwecke der Prüfung in den eigenen Räumen übergebenen Prüfungsunterlagen gewährleisten kann, ist dagegen nichts einzuwenden, soweit nur die erforderlichen Auszüge gefertigt werden.

Das Rechnungsprüfungsamt ist gemäß Art. 104 Abs. 2 Satz 3 GO bei der Wahrnehmung seiner Aufgaben unabhängig und nur dem Gesetz unterworfen. Es bestimmt den Zeitpunkt und die Art seiner Prüfung im Rahmen des Art. 106 GO selbst. So ist auch der **Online-Zugriff** auf den Datenbestand eines bestimmten Sachgebiets durch das Rechnungsprüfungsamt datenschutzrechtlich unbedenklich, wenn folgende Vorgaben erfüllt sind (Nr. 7.10 des 13. TB, S. 43):

- Der Zugriff ist nur während der Zeit der Prüfung zulässig. Danach ist die Zugriffsberechtigung zu löschen.
- Soweit Ausdrucke erstellt werden, sind diese datenschutzgerecht aufzubewahren und nach Erfüllung der Aufgabe zu vernichten.
- Ändernde Zugriffe sind auszuschließen. Beginn, Ende und (fehlerhafte) Zugriffsversuche sind zu protokollieren.
- Der interne Datenschutzbeauftragte hat das Verfahren stichprobenartig zu überwachen.

Auch die Weitergabe von Berichten der Rechnungsprüfung an die **Medien** – z.B. die örtliche Presse – kann datenschutzrechtlich bedenklich sein. So ist folgende Vorgehensweise unzulässig (vgl. Nr. 8.11 des 18. TB, S. 92 ff. = FStBay 37/1999):

Eine örtliche Zeitung berichtete unter Angabe konkreter Einzelheiten, mit wörtlichen Zitaten, und unter namentlicher Nennung betroffener Personen über den Inhalt von Prüfberichten eines städtischen Rechnungsprüfungsamtes, die sich mit der Vergabepraxis der städtischen Bauverwaltung befassen, zwei Tage bevor die Angelegenheit zur Behandlung in nichtöffentlicher Sitzung des städtischen Rechnungsprüfungsausschusses vorgesehen war (zur Frage der Öffentlichkeit bei der Behandlung von Rechnungsprüfungsberichten vgl. auch unter Nr. 7.7). Die Datenweitergabe war rechtswidrig, da die Berichte des Rechnungsprüfungsamtes Informationen über persönliche Angelegenheiten Betroffener enthielten und nicht an die Presse hätten weitergegeben werden dürfen. An den für eine nichtöffentliche Sitzung eines Rechnungsprüfungsausschusses bestimmten Berichten kann die Presse kein berechtigtes Interesse im Sinne des Art. 19 Abs. 1 Nr. 2 BayDSG geltend machen. Dem kann auch nicht entgegen gehalten werden, dass die Öffentlichkeit ein Recht darauf habe, über das Ergebnis der Überprüfung von Vorwürfen gegen die Vergabepraxis der Stadt informiert zu werden. Dieses Recht beinhaltet jedenfalls nicht die unautorisierte Weitergabe vertraulicher Berichte des Rechnungsprüfungsamtes mit darin enthaltenen Detailinformationen über Bürger, noch dazu vor der Behandlung in dem zuständigen Gremium. Die Weitergabe der Berichte erfolgte unter Verstoß gegen datenschutzrechtliche Vorschriften und wurde vom Landesbeauftragten für den Datenschutz daher auch beanstandet.

Der Bayerische Landesbeauftragte für den Datenschutz wurde auch um Stellungnahme gebeten, ob es nach den Bestimmungen über den Sozialdatenschutz zulässig ist, dem Kreisrechnungsprüfungsamt sozialpädagogische Akten zur Wahrnehmung von dessen Prüfungsaufgaben heraus zu geben. Er vertritt hierzu folgende Auffassung:

Der Rechnungsprüfung stehen trotz des „besonderen Vertrauensschutzes in der persönlichen und erzieherischen Hilfe" grundsätzlich auch **Sozialdaten** zur Verfügung, die in den Schutzbereich des § 65 SGB VIII fallen. Nach dieser Bestimmung dürfen Sozialdaten, die dem Mitarbeiter eines Trägers der öffentlichen Jugendhilfe zum Zweck persönlicher und erzieherischer Hilfe anvertraut worden sind, von diesem außer mit der Einwilligung dessen, der die Daten anvertraut hat, weitergegeben werden unter den Voraussetzungen, unter denen eine in § 203 Abs. 1 oder 3 StGB genannte Person dazu befugt wäre (z. B. ein Arzt).

Das BVerwG hat zu einem ähnlich gelagerten Fall mit Urteil vom 11.5.1989 (Az. 3 C 68/85) entschieden, dass einem Landesrechnungshof auf Verlangen auch Unterlagen vorgelegt werden müssen, die der ärztlichen **Schweigepflicht** unterliegen, soweit sie der Rechnungshof zur Erfüllung seiner Aufgaben für erforderlich hält. Das Urteil des BVerwG betraf die Patientendaten einer psychiatrischen Klinik, also sehr sensible Patientendaten. Selbst dieser Bereich ist nach Auffassung des BVerwG nicht von der verfassungsrechtlich geforderten Kontrolle durch den Rechnungshof ausgenommen, wenn der Verhältnismäßigkeitsgrundsatz gewahrt ist.

Die Entscheidung dürfte auf die Rechnungsprüfungsämter übertragbar sein (zum Zugang überörtlicher Rechnungsprüfer zu Personalakten vgl. Nr. 7.23.4). Dementsprechend haben die Prüfer des Kreisrechnungsprüfamts unter folgenden Voraussetzungen einen Anspruch auf die Vorlage sozialpädagogischer Akten des Kreisjugendamts:

– Das Prüfungsverfahren muss **geeignet** sein, diejenigen Fälle im Kreisjugendamt zu ermitteln, bei denen eine Möglichkeit zur Entlastung des Kreishaushaltes besteht und die Einsichtnahme der Prüfer in sozialpädagogische Akten muss auf das zur Erreichung des Prüfungsziels unabdingbar erforderliche Ausmaß reduziert werden. Somit muss sich die Prüfung zunächst auf die Leistungsakten des Jugendamts beschränken. Soweit sich aus diesen Akten Leistungen ersehen lassen, für die eventuell eine Kostenerstattung in Betracht kommt und das Kreisrechnungsprüfungsamt diese Ansprüche nicht bereits anhand der Leistungsakte klären kann, darf in Einzelfällen auch auf die sozialpädagogischen Akten des Betroffenen zugegriffen werden. Das Prüfungsverfahren muss noch Stichprobencharakter i. S. d. Entscheidung des BVerwG haben.

– Ferner muss der Prüfer die Prüfung an einen Kollegen abgeben, sobald er besonders geschützte Sozialdaten von Bekannten bemerkt, da nur so eine de facto anonyme Beziehung zwischen den betroffenen Personen und dem Prüfer des Rechnungsamts gewährleistet ist, wie sie in aller Regel bei Prüfungen durch den Landesrechnungshof vorliegt.

– Der Bericht des Rechnungsprüfungsamts darf keine personenbezogenen Daten über die Betroffenen und ihr Umfeld enthalten. Soweit unumgänglich, dürfen die Prüfberichte statt dessen lediglich die Aktenzeichen der Verwaltungsvorgänge nennen, für die nach dem Ergebnis der Rechnungsprüfung eine Kostenerstattungsmöglichkeit besteht. Die Durchführung des Kostenerstattungsverfahrens liegt (wohl) nicht mehr in der Kompetenz des Rechnungsprüfungsamts.

7.23 Personaldaten

7.23.1 Grundsätzliches zum Recht der Personalaktendaten

Personaldaten bzw. Personalaktendaten unterliegen einem besonderen Schutz. Das Bayerische Beamtengesetz enthält in den Art. 100 ff. bereichsspezifische Normen zum Schutz des allgemeinen Persönlichkeitsrechts der Beamten. Leider sind diese Vorschriften, wie die Prüfungspraxis des Bayerischen Landesbeauftragten für den Datenschutz zeigt, nicht allen Personalverwaltungen bekannt bzw. nicht in allen umgesetzt (vgl. FStBay 57/1999). Sie sind nur für Beamte unmittelbar anwendbar. Für die Beschäftigten des Tarifbereichs (Arbeiter und Angestellte) sollen dagegen die Vorschriften des allgemeinen Datenschutzrechts – insbesondere das Bayerische Datenschutzgesetz – gelten (Wilde/Ehmann/Niese/Knoblauch, BayDSG, Handbuch XIV.2). Aus datenschutzrechtlicher Sicht ist dieses unterschiedliche Schutzniveau unerfreulich und nicht begründbar. Daher sollten die Vorschriften des Bayerischen Beamtengesetzes auch auf die Behördenmitarbeiter im Tarifbereich entsprechende Anwendung finden (vgl. Nr. 12.1 des 16. TB, S. 80).

Der Bayerische Landesbeauftragte für den Datenschutz hat sich in seinem 16. TB grundsätzlich zum (damals) neuen Personalaktenrecht geäußert. Vorrangiges Anliegen des Gesetzes ist es demnach, einen gerechten Ausgleich zwischen dem Schutz des Persönlichkeitsrechts des betroffenen Beamten und der Erhaltung und Förderung der Funktionsfähigkeit des Personalaktenwesens herzustellen. Das Gesetz enthält u. a. Regelungen zu folgenden Bereichen:

– Zweckbindung der Erhebung von Personalaktendaten,
– Pflicht zur Führung von Personalakten,
– vertrauliche Behandlung des Personalakts,
– Begriff, Inhalt und Zweckbestimmung des Personalakts sowie seine Gliederung und Gestaltung,
– Abschottung des Beihilfeakts,
– Einsicht, Vorlage und Auskunft,
– Entfernung von Vorgängen aus dem Personalakt,

- Dauer der Aufbewahrung von Personalakten und
- automatisierte Verarbeitung und Nutzung von Personalaktendaten.

7.23.2 Führen der Personalakten

Bezüglich der Zulässigkeit des Führens und des Umfangs von **Personalnebenakten** gibt es häufig Probleme (vgl. FStBay 133/1999). Das Bayerische Beamtengesetz enthält ausführliche Regelungen zur Führung von Personal(neben)akten. Deren unmittelbare Anwendung beschränkt sich zunächst auf die Personalunterlagen von Beamten. Eine Vielzahl der aufgestellten Grundsätze ist aber auf die Personalaktenführung aller öffentlichen Bediensteten anzuwenden (vgl. Nr. 12.1 des 17. TB, S. 115):

- Gemäß Art. 100 a Abs. 2 Satz 3 BayBG dürfen **Nebenakten** (Unterlagen, die auch im Grundakt oder in Teilakten vorhanden sind) nur dann geführt werden, wenn die personalverwaltende Behörde nicht zugleich Beschäftigungsbehörde ist oder wenn mehrere personalverwaltende Behörden für den Beamten zuständig sind. Behörde ist dabei jede Stelle, die Aufgaben der öffentlichen Verwaltung wahrnimmt. Personalnebenakten dürfen nur solche Unterlagen enthalten, deren Kenntnis zur rechtmäßigen Aufgabenerledigung der betreffenden Stelle erforderlich ist, Art. 100 a Abs. 2 Satz 3 BayBG.
- Bei der Beurteilung, welche Unterlagen bei nachgeordneten Dienstbehörden zur rechtmäßigen Aufgabenerledigung erforderlich sind, ist die jeweilige Zuständigkeit in personalrechtlichen Entscheidungen nur ein Teilaspekt. Zwar ist vielfach die personalrechtliche Zuständigkeit des unmittelbaren Dienstvorgesetzten beschränkt; jedoch darf die dem Dienststellenleiter vor Ort zukommende Organisationsgewalt und das ihm gegenüber den Beschäftigten im Amt zustehende Direktionsrecht nicht außer Betracht bleiben. Die Ausübung der Organisationsgewalt und des Direktionsrechts machen die Information über die durch die vorgeordneten Dienstbehörden getroffenen personalrechtlichen Entscheidungen (mit Aufnahme in den Personalnebenakt) in vielen Fällen erforderlich.
- Personalnebenakten liegen bereits dann vor, wenn beispielsweise Abdrucke von Versetzungs- und Abordnungsverfügungen sowie Unterlagen über Beförderungen und Ernennungen bei der Beschäftigungsbehörde vorgehalten werden. Dies gilt bereits dann, wenn dem Dienststellenleiter lediglich ein Abdruck der abschließenden Entscheidung,

nicht jedoch Abdrucke der Vorgänge, die im Rahmen der Entscheidungsvorbereitung innerhalb der personalverwaltenden Stelle angefallen sind, zur Verfügung gestellt werden.

Nach der Gesetzesbegründung zum „Zwölften Gesetz zur Änderung beamtenrechtlicher Vorschriften" vom 23.7.1994 sind in einen Personalakt insbesondere Nachweise über Vor-, Aus- und Weiterbildung, Prüfungszeugnisse, Unterlagen über Ernennungen, Abordnungen, Versetzungen usw. aufzunehmen. Gemäß Art. 100 a Abs. 2 Satz 4 BayBG ist in den Grundakt ein **vollständiges** Verzeichnis aller Teil- und Nebenakten aufzunehmen. Diese Bestimmung soll das in Art. 100 d Abs. 1 Satz 1 BayBG vorgesehene Einsichtsrecht des Beamten in seinen vollständigen Personalakt sicherstellen. Nebenakten sind zu vernichten, sobald sie zur rechtmäßigen Aufgabenerfüllung bei der Beschäftigungsbehörde nicht mehr erforderlich sind, also beispielsweise bei der Versetzung des Beschäftigten an eine andere Dienststelle. Nachdem Nebenakten nur Vorgänge enthalten dürfen, die sich bereits im Grundakt oder in Teilakten befinden, besteht für eine Weitergabe an den neuen Dienstvorgesetzten, der bei einer Versetzung ohnehin in der Regel den gesamten Personalakt erhält, grundsätzlich keine Veranlassung. Anders kann jedoch der Fall liegen, wenn bei einem entsprechend gegliederten Verwaltungsaufbau durch Organisationsanordnung bestimmt ist, dass die Personalakten nicht beim neuen direkten Dienstvorgesetzten, sondern bei einer vorgesetzten Behörde geführt werden.

Im Zusammenhang mit der Führung von Personalakten hatte der Bayerische Landesbeauftragte für den Datenschutz folgendes unzulässige Vorgehen zu beanstanden (vgl. Nr. 12.5 des 17. TB, S. 118 ff.):

Die Eingabeführerin hatte sich um eine freie Funktionsstelle an einer Schule beworben, an der sie bereits tätig war. In einem Schreiben mit z.T. sehr negativen Äußerungen über die Bewerberin hatte sich der Leiter der Schule an die zuständige Regierung mit der Bitte gewandt, diese Bewerbung nicht weiter zu behandeln. Dieses und andere Schriftstücke wurden **nicht** in den Personalakt der Petentin aufgenommen, sondern in einem Sachakt zusammengefasst. Sie wurde über die negativen Äußerungen ihres Vorgesetzten nicht informiert. Bei einer Einsichtnahme in ihren Personalakt fand die Eingabeführerin dementsprechend keinen Hinweis auf die Schriftstücke. Nach einer Versetzung nahm die Beamtin beim Leiter der neuen Dienststelle in den bei diesem vorliegenden Personal-

nebenakt Einsicht und entdeckte das eingangs erwähnte Schreiben. Der Landesbeauftragte sah dieses Vorgehen als unzulässig an:
- Personalakten sollen ein möglichst **vollständiges** Bild von der Persönlichkeit eines Beamten und der Entstehung und Entwicklung eines Dienstverhältnisses als historischen Geschehensablauf geben. Daraus folgt, dass darin auch eine fehlgeschlagene Bewerbung zu dokumentieren ist. Dies jedenfalls, soweit es sich um eine Bewerbung für ein Amt beim gleichen Dienstherrn handelt. Dies ist im vorliegenden Fall nicht geschehen. Zu den Personalaktendaten zählen auch Beurteilungen und Bewertungen des Beamten durch den Vorgesetzten. Es entspricht allgemeiner Lebenserfahrung, dass solche Einschätzungen vom Betroffenen selbst nicht immer geteilt werden, vor allem dann, wenn negative Werturteile getroffen werden.
- Das Beamtenrecht sieht daher vor, dass der Beamte zu Beschwerden, Behauptungen und Bewertungen, die für ihn ungünstig sind oder ihm nachteilig werden können, vor deren Aufnahme in den Personalakt zu hören und die Äußerung des Beamten zum Personalakt zu nehmen ist, Art. 100 c BayBG. Eine Verfahrensweise, nach der für das berufliche Fortkommen wichtige Bewertungen eines Beamten nur im Rahmen eines Besetzungsberichtes gemacht werden und damit nur in Sachakten erscheinen, widerspricht dem informationellen Selbstbestimmungsrecht und dem Grundgedanken auf rechtliches Gehör. Der Beamte muss darauf vertrauen können, dass außerhalb seines Personalaktes keine ungünstigen dienstlichen schriftlichen Werturteile über ihn existieren.
- Dies bedeutet, dass das Schreiben als eine für die Beamtin ungünstige Bewertung nicht ohne Kenntnis der Betroffenen verwendet werden durfte und ebenso wie die später abgelehnte Bewerbung dem Personalakt beizufügen war. Nach Anhörung hätte der Inhalt des Briefes unter Berücksichtigung eventueller Gegenäußerungen der Beamtin bei der Auswahl eines geeigneten Bewerbers allerdings ggf. Verwendung finden können.

7.23.3 Einsichtnahme in den Personalakt

Das grundsätzliche Recht eines Beamten auf die Einsichtnahme in seinen Personalakt ist in Art. 100 d Abs. 2 Satz 1 BayBG festgeschrieben. Der Bayerische Landesbeauftragte für den Datenschutz hatte sich mit der Frage zu beschäftigen, ob die Einsichtnahme eines Betroffenen in **Sitzungspro-**

tokolle des Personalausschusses möglich ist (vgl. Nr. 12.8 des 16. TB, S. 84 ff.):

- Dabei ging es darum, ob einem städtischen Mitarbeiter Einsicht in die Niederschrift über eine nichtöffentliche Sitzung des Personalausschusses gewährt werden kann, soweit dabei eine den Mitarbeiter betreffende Personalentscheidung getroffen wurde. Bei den Protokollen handelte es sich um Inhaltsprotokolle, denen auch die Äußerungen der einzelnen Diskussionsteilnehmer zu entnehmen waren. Es ist daher zu prüfen, ob einem (Inhalts-) Protokoll einer nichtöffentlichen Gemeinderats- oder Personalausschusssitzung Personalaktenqualität zukommen kann, mit der Folge, dass dem Betroffenen ein Einsichtsrecht nach Art. 100 d Abs. 1 BayBG zusteht oder ob auf dieses Protokoll vielmehr die Vorschriften des Art. 52 Abs. 3, Art. 54 Abs. 3 GO anzuwenden sind.

- Der (materielle) Personalaktenbegriff umfasst alle Unterlagen und Vorgänge, die in einem unmittelbaren inneren Zusammenhang mit dem Dienstverhältnis des Beamten stehen (Art. 100 a Abs. 1 Satz 2 BayBG). Die Stellungnahme einer Gemeinde zu einer Stellenbesetzung zählt danach zu den Personalakten. Dies muss jedoch nicht ohne weiteres für jedes andere Sitzungsprotokoll gelten, das Beratung und Beschlussfassung in Personalangelegenheiten enthält. Das Inhaltsprotokoll dokumentiert den internen Entscheidungsbildungsprozess, welcher dem Beschluss des Ausschusses selbst vorausgeht und ihn vorbereitet; dieser Teil ist begrifflich von dem Beschluss selbst zu unterscheiden, der sich auf die Wiedergabe der maßgeblichen Erwägungen beschränken kann. Für diese Differenzierung spricht auch, dass die Gemeinde anstelle von Inhaltsprotokollen reine Ergebnisniederschriften über die gefassten Beschlüsse fertigen könnte, so dass durch Einsicht kein Bild aller vom Gemeinderat angestellten Erwägungen zu gewinnen wäre.

- Teil des Personalakts ist daher nur der jeweilige Beschluss, nicht aber die Protokollierung der vorangehenden Debatte. Für Einsichtnahmen in den Protokollteil, der die Debatte wiedergibt, ist nur die GO anzuwenden. Für Einsichtnahmen in den Beschlussteil des Protokolls sind sowohl die GO (Einsichtnahme eines Dritten) als auch das Beamtengesetz (Einsichtnahme als betroffener Beamter) anzuwenden. Nach der Gemeindeordnung sind nur die in nichtöffentlicher Sitzung gefassten Beschlüsse – nicht jedoch auch die Teile der Niederschriften, die die Debatte wiedergeben – der Öffentlichkeit bekannt zu geben, sobald die Gründe für die Geheimhaltung weggefallen sind. Dies ist bei Personalentscheidungen regelmäßig mit der Beschlussfassung der Fall.

– Die Nichtöffentlichkeit einer Sitzung dient nicht nur dem Schutz des Betroffenen, sondern auch einer objektiven und unbeeinflussbaren Amtsausübung der Ratsmitglieder. Die durch den Ausschluss der Öffentlichkeit ermöglichte freie und vertrauliche Aussprache würde gefährdet, wenn Stellenbewerber – denen in der nichtöffentlichen Sitzung kein Anwesenheitsrecht eingeräumt ist – Einsicht in das vollständige Inhaltsprotokoll nehmen könnten. Unabhängig davon erstreckt sich das Einsichtsrecht – sollte es doch ausnahmsweise zu bejahen sein (z.B. weil im Vollzug der Gemeinderatsentscheidung nicht nur auf den Beschluss, sondern auch auf die einzelnen Erwägungen des Gemeinderats und die Niederschrift Bezug genommen wird) – lediglich auf den Inhalt einer Äußerung, nicht aber auf ihren Urheber. Die Namen von Rednern sind daher vor der Einsichtnahme unkenntlich zu machen, um deren Recht auf vertrauliche, unbefangene Aussprache zu schützen. Dies trifft sowohl für Gemeinderatsentscheidungen als auch für Personalausschussentscheidungen zu.

7.23.4 Die Weitergabe von Personaldaten

Gemäß Art. 100 e Abs. 2 Satz 1 BayBG dürfen **Auskünfte aus dem Personalakt** an Dritte nur mit Einwilligung des Beamten erteilt werden, es sei denn, dass die Abwehr einer erheblichen Beeinträchtigung des Gemeinwohls oder der Schutz berechtigter, höherrangiger Interessen des Dritten die Auskunftserteilung zwingend erfordert. Inhalt und Empfänger der Auskunft sind dem Dritten schriftlich mitzuteilen, Art. 100 e Abs. 2 Satz 2 BayBG. Soweit es zur Entscheidung über die Verleihung von staatlichen Orden oder Ehrenzeichen oder von sonstigen staatlichen Ehrungen erforderlich ist, können die zuständigen Behörden Auskünfte auch ohne Einwilligung des Betroffenen erhalten, Art. 100 e Abs. 4 BayBG.

Auch die Weitergabe von Personalakten an eine andere öffentliche Stelle ist somit nicht ohne Weiteres zulässig. So unterliegt selbst die Weitergabe an ein **Verwaltungsgericht**, z.B. bei Konkurrentenklagen, bestimmten Einschränkungen (vgl. Nr. 11.5 des 15. TB, S. 74 ff.):

Die Übermittlung personenbezogener Daten bzw. die Aktenanforderung durch das VG richtet sich nach § 99 VwGO. Diese Vorschrift geht den allgemeinen Datenschutzgesetzen als lex specialis vor. Enthalten Verwaltungsvorgänge schutzwürdige Daten Dritter, so hat die Behörde deren Belange mit dem Anspruch des Klägers auf effektiven Rechtsschutz abzuwägen. In Betracht kommt die Vorlage von Teilen der Akten oder auch eine (teil-)anonymisierte Vorlage. Eine komplette Vorlage wird häufig nicht erforderlich sein und entspricht auch nicht Sinn und Zweck des § 99 Abs. 1 Satz 1 VwGO, da nur solche Unterlagen vorgelegt zu werden brauchen, deren Inhalt der umfassenden Sachverhaltsaufklärung durch das Gericht und der Gewinnung von Grundlagen für die Führung des anhängigen Prozesses dienlich sein kann (BVerwGE 15, S. 132).

Bei der Weitergabe von Personalakten an ein gemeindeeigenes **Archiv** ist Folgendes zu beachten (vgl. Nr. 12.9 des 16. TB, S. 85 ff.):

- Nach Art. 13 Abs. 1 BayArchivG regeln die Gemeinden, Landkreise und Bezirke und die sonstigen kommunalen Körperschaften, Anstalten und Stiftungen des öffentlichen Rechts und ihre Vereinigungen die Archivierung der bei ihnen erwachsenen Unterlagen in eigener Zuständigkeit. Es gehört zu den Aufgaben jeder kommunalen Körperschaft, für den Geschäftsgang zu sorgen und die dafür notwendigen Einrichtungen zu schaffen. Die kommunalen Körperschaften, Anstalten und Stiftungen des öffentlichen Rechts sind aufgrund der kommunalen Vorschriften i. V. m. Art. 13 Abs. 1 und 2 des BayArchivG verpflichtet, für die Archivierung ihrer Unterlagen in einem Archiv Sorge zu tragen. Unterlagen sind dem zuständigen Archiv anzubieten, soweit eine Behörde, ein Gericht oder eine öffentliche Stelle diese nicht mehr zur Aufgabenerfüllung benötigt.
- Der Abgabe von Personalakten stehen keine datenschutzrechtlichen Vorschriften entgegen. Das BayDSG ist nur anwendbar, soweit keine spezialgesetzliche Regelung besteht. Solche sind aber Art. 13 Abs. 2 i. V. m. Art. 6 Abs. 1 Satz 3 BayArchivG. Für den **Zeitpunkt** der Übergabe der Personalunterlagen ist Art. 100 g Abs. 1 Satz 1 BayBG zu beachten. Danach sind Personalakten von der personalaktenführenden Behörde nach ihrem Abschluss noch fünf Jahre aufzubewahren. Versorgungsakten sind mindestens zehn Jahre aufzubewahren, Art. 100 g Abs. 3 BayBG.

Im Vollzug der **Leistungsstufenverordnung** vom 20. 2. 1998 und der Bayerischen Leistungsprämien- und Leistungszulagenverordnung vom 15. 12. 1998 sowie der hierzu ergangenen Durchführungshinweise stellte sich die Frage, inwieweit die **Personalvertretung** Einsicht in Listen, die die Namen der Empfänger bei der Vergabe von Leistungsstufen enthält, erhalten darf und ob die Namen der Empfänger von Leistungsprämien innerhalb einer Behörde bekannt gemacht werden dürfen (vgl. Nr. 12.1.3 des 19. TB, S. 113; FStBay 36 und 197/2000):

- Der Bayerische Landesbeauftragte für den Datenschutz vertritt die Auffassung, dass der Personalrat im Hinblick auf seine gesetzliche Aufgabenstellung einen Anspruch gegenüber dem Dienststellenleiter hat, dass dieser ihm die Namen der Beschäftigten mitteilt, die eine Leistungsstufe erhalten haben oder in einer Stufe verbleiben. Zum Schutz der Empfänger darf das allerdings nur in der Weise geschehen, dass lediglich **Einblick** in entsprechende Unterlagen innerhalb der Dienststelle gewährt wird. Eine Aushändigung hat zu unterbleiben. Die Mitglieder der Personalvertretungen haben über die ihnen bekannt gewordenen Tatsachen Stillschweigen zu bewahren.
- Gleiches gilt für die Vergabe von Leistungsprämien und Leistungszulagen. Da diese leistungsbezogenen Zahlungen Bestandteil der Bezüge sind, handelt es sich um Personalaktendaten, die nur für Zwecke der Personalverwaltung oder der Personalwirtschaft unter Berücksichtigung des Erforderlichkeitsgrundsatzes verwendet werden dürfen. Eine Bekanntgabe der Namen der Empfänger von Leistungsstufen, -prämien oder -zulagen innerhalb einer Behörde, beispielsweise im internen Mitteilungsblatt, ist daher ohne Einwilligung der Betroffenen unzulässig.

Da **Lohn- und Gehaltsberechnungen** personenbezogene Daten enthalten, die zu den Personalakten gehören, genießen sie einen besonderen Schutz. Dieser Schutz schränkt nicht nur die Datenübermittlung an Dritte ein, sondern erfordert auch innerhalb einer Behörde Vorkehrungen, um den Kreis derer, die Kenntnis dieser Daten erhalten, so klein wie möglich halten (vgl. Nr. 12.1.3 des 19. TB, S. 113; FStBay 162/2000):

Auch den entscheidungsbefugten kommunalen Gremien dürfen personenbezogene Daten von Bediensteten und Stellenbewerbern nur in dem Umfang mitgeteilt werden, wie es zur Behandlung und Beschlussfassung erforderlich ist. Auch die den kommunalen Gremien zugewiesene Überwachungsbefugnis erlaubt keine uneingeschränkte Information über die bei der Gemeinde vorhandenen Unterlagen. Bei einer Beförderung/Höhergruppierung sind vorwiegend Kriterien wie die Dauer der Wahrnehmung höherwertiger Aufgaben, die Erfüllung der Tätigkeitsmerkmale, das Dienstalter, die beamtenrechtlichen und tarifvertraglichen Voraussetzungen und die Bewährung für die Auswahlentscheidung kommunaler Gremien ausschlaggebend. Je nach Art der zu treffenden Entscheidung können noch weitere Angaben über den Betroffenen benötigt werden. Nettolohnberechnungen sind jedoch z.B. für die Entscheidung kommunaler Gremien nicht erforderlich und damit unzulässig.

Der Bayerische Landesbeauftragte für den Datenschutz musste folgenden Sachverhalt beanstanden (vgl. Nr. 12.1.7 des 19. TB, S. 114 ff.):

– Der Verwaltungs- und Personalausschuss einer Stadt beschäftigte sich in **öffentlicher** Sitzung mit verschiedenen Feststellungen eines Prüfungsberichts des Bayerischen Kommunalen Prüfungsverbands über die städtischen **Zulagenregelungen.** Eine Feststellung betraf die Eingruppierung sowie die Zahlung von Zulagen und Pauschalen an einen Bediensteten. Der Bericht enthielt zwar nicht dessen Namen, wohl aber seine Funktion als Vorsitzender des Gesamtpersonalrats. Der Bericht war anschließend unter Namensnennung Gegenstand der Berichterstattung in der örtlichen Presse.

– Über die Öffentlichkeit oder Nichtöffentlichkeit von Sitzungen des Stadtrats und seiner Ausschüsse ist nach Art. 52 Abs. 2 GO zu entscheiden (vgl. hierzu auch unter Nr. 7.7); demnach sind Sitzungen öffentlich, soweit nicht Rücksichten auf das Wohl der Allgemeinheit oder auf berechtigte Ansprüche Einzelner entgegenstehen. Personalangelegenheiten sind danach in der Regel in nichtöffentlicher Sitzung zu behandeln. Im Bericht war der Name des betroffenen Bediensteten zwar nicht genannt, der Zusammenhang zwischen Funktion und Stelleninhaber war wegen der besonderen Stellung des Betroffenen als Vorsitzender des Gesamtpersonalrats jedoch ohne weiteres herstellbar. Auf diese Weise wurden die im Bericht enthaltenen personenbezogenen Daten wie Höhergruppierung, Zulagen und Rufbereitschaftspauschale bekannt gemacht. Diese sensiblen personenbezogenen Daten sind dem Begriff „Personalangelegenheiten" zuzuordnen. Die berechtigten Ansprüche des Betroffenen auf Wahrung seiner Privatsphäre waren höher zu werten, als das Informationsinteresse der Öffentlichkeit. Da der Betroffene durch die Bekanntgabe seiner personenbezogenen Daten in seiner privaten und dienstlichen Stellung maßgeblich beeinträchtigt wurde, hat der Landesbeauftragte die Behandlung des ihn betreffenden Teils des Prüfungsberichts in öffentlicher Sitzung beanstandet.

Für Kommunen und andere öffentliche Stellen stellt sich immer wieder die Frage, ob es im Zuge der Budgetierung zulässig ist, den Budgetverantwortlichen für die Personalkostenplanung und -kontrolle die genauen **Gehaltsdaten** einzelner Mitarbeiter zur Verfügung zu stellen. Der Bayerische Landesbeauftragte für den Datenschutz vertritt hierzu folgende Auffassung (vgl. Nr. 12.2 des 18. TB, S. 105 = FStBay 55/1999; zum

Zugang der örtlichen Rechnungsprüfung zu Personalakten vgl. auch FStBay 8/1999):

- Zu den Gehaltsdaten zählen üblicherweise Daten über die Eingruppierung, den Bruttobezug, den Arbeitgeberanteil zur Sozialversicherung und Ähnliches. Es handelt sich somit um Personalaktendaten. Bei einer Nutzung dieser Daten sind für Beamte die Bestimmungen zum Umgang mit Personalaktendaten zu beachten. Diese Bestimmungen sind auch für Beschäftigte des Tarifbereichs analog anwendbar. Personalaktendaten dürfen nur für Zwecke der Personalverwaltung oder der Personalwirtschaft verwendet werden und nur soweit dies zu Zwecken der Personalverwaltung oder -wirtschaft erforderlich ist.
- Die Personalkostenplanung und -kontrolle als Teil der Budgetierung unterfällt dem Begriff „Personalwirtschaft". Weitere Voraussetzung ist die Übertragung entsprechender Kompetenzen auf die einzelnen leitenden Mitarbeiter. Unabhängig davon ist jedoch zu prüfen, ob die vorgesehene Datenweitergabe (Nutzung) sowohl dem Grunde nach als auch im beabsichtigten Umfang erforderlich ist. Es ist grundsätzlich der geringste Eingriff zu wählen. Auch ein Zugriff über das Personalverwaltungssystem hat sich hieran zu orientieren.
- Z.B. konnte bisher keine öffentliche Stelle darlegen, dass eine genaue Einzelfallabrechnung für jeden Beschäftigten zur Kostenplanung sinnvoll und erforderlich ist. Die nicht vorausplanbaren kostenwirksamen Faktoren (Änderung des Familienstandes, Geburt von Kindern, Krankheitszeiten, Umzugskosten usw.), die die Gesamtpersonalkosten beeinflussen, machen eine präzise Schätzung der zu erwartenden Kosten im Einzelfall regelmäßig unmöglich. Der Budgetverantwortliche sollte daher der Verwendung aktueller Durchschnittswerte den Vorzug geben, die in der einschlägigen Fachliteratur veröffentlicht werden (vgl. z.B. GKBay 49, 96 und 137/2001).

Auch **Gleichstellungsbeauftragte** wollen unter Berufung auf ihre gesetzlich festgelegten Aufgaben und ihren Informationsanspruch (Art. 18 Abs. 2 und 3 BayGlG) in Einzelfällen Einsicht in Personalakten nehmen. Hierfür sind folgende Maßgaben zu beachten (Nr. 12.3 des 19. TB, S. 115 ff.):

- Die Einsichtnahme in **Personalakten** ist nur mit Zustimmung des Betroffenen zulässig (Art. 18 Abs. 3 Satz 4 BayGlG).
- Das Recht zur umfassenden Einsichtnahme in **Bewerbungsunterlagen** beschränkt sich auf die in Art. 18 Abs. 3 Satz 2 BayGlG aufgelisteten

Fälle der Beteiligung der Gleichstellungsbeauftragten in konkreten Personalangelegenheiten. Danach findet eine Beteiligung der Gleichstellungsbeauftragten nur dann statt, wenn ein entsprechender Antrag der Betroffenen vorliegt oder die Gleichstellungsbeauftragte hinreichende Anhaltspunkte dafür vorträgt, dass die Ziele des Bayerischen Gleichstellungsgesetzes nicht beachtet werden. Die Einschaltung auf eigene Initiative macht zwar ebenfalls eine Unterrichtung erforderlich, die sich aber auf die grundsätzlichen Informationen über die geplante Stellenneubesetzung beschränken kann. Die Einsichtnahme in Bewerbungsunterlagen und Bewerberlisten ist dabei noch nicht erforderlich. Eine Nichtbeachtung der Ziele des Bayerischen Gleichstellungsgesetzes scheidet im Rahmen der konkreten Auswahl von vornherein aus, wenn sich entweder nur Frauen oder nur Männer um die zu besetzende Stelle beworben haben. In diesen Fällen findet daher keine Beteiligung der Gleichstellungsbeauftragten am Entscheidungsverfahren statt, die eine Einsichtnahme in die Bewerbungsunterlagen und Bewerberlisten beinhaltet. Eine Beschränkung der Vorlage auf die Bewerber, die in die engere Auswahl einbezogen sind, ist im Bayerischen Gleichstellungsgesetz nicht vorgesehen. Bereits die Zusammenstellung des aussichtsreichsten Bewerberkreises ist nach Auffassung des Finanzministeriums Ergebnis einer Auswahlentscheidung. Schon in diesem Stadium könnten Auswahlkriterien angewandt werden, die sich nicht allein an Eignung, Befähigung und fachlicher Leistung orientieren oder die von Art. 8 BayGlG vorgegebene Zielsetzung unberücksichtigt ließen.

– Eine **Offenlegung** von Bewerberlisten (vgl. auch Nr. 2.6 des 16. TB, S. 83 ff.), die Unterlagen im Sinne von Art. 18 Abs. 2 BayGlG darstellen, erscheint im Falle einer Beteiligung der Gleichstellungsbeauftragten notwendig, um eine sachgerechte Ausübung der Kontrollfunktion zu ermöglichen. Soweit es sich bei diesen Listen lediglich um eine Zusammenfassung der Bewerbungsunterlagen handelt, besteht aufgrund des umfassenden Einsichtsrechts der Gleichstellungsbeauftragten in die Bewerbungsunterlagen für eine **Anonymisierung** zum Schutz der Interessen der Bewerber kein Bedürfnis. Aber auch für den Fall, dass die Bewerberlisten darüber hinausgehende Angaben enthalten, erscheint eine Anonymisierung im Hinblick auf die Aufgaben der Gleichstellungsbeauftragten nicht sachgerecht. Hierfür muss sie nach Art. 17 Abs. 1 BayGlG die konkrete Einstellungsentscheidung nachvollziehen können. Dazu müssen regelmäßig die in den Bewerberlisten gesammelten Daten konkreten Personen zugeordnet werden können.

7.23.5 Beihilfedaten

Personenbezogene Daten über die Gesundheit gehören zu den besonderen Kategorien personenbezogener Daten, Art. 8 Abs. 1 der EG-Datenschutzrichtlinie. Besonders schutzwürdig sind daher Unterlagen über **Beihilfen**, Art. 100 b BayBG. Das Problem der Führung von Beihilfeakten und ihrer sicheren Verwahrung steht im engsten Sachzusammenhang mit dem Personalaktengeheimnis. Da Beihilfeakten höchst persönliche Daten über Krankheiten, Diagnosen, Behandlungen und Medikationen enthalten, die bei zweckwidriger Verwendung zu spürbaren Nachteilen für den Betroffenen führen können, kommt ihrer Absicherung gegen unbefugte Kenntnisnahme besondere Aufmerksamkeit zu. Die Kenntnisnahme der geschützten Daten ist daher im Rahmen des Beihilfeverfahrens auf das für die Abrechnung unumgänglich notwendige Maß zu beschränken. Dies erfordert eine strikte organisatorische Trennung der Beihilfeakten, insbesondere der in ihnen enthaltenen ärztlichen Unterlagen von den sonstigen Personalakten.

Der Schutz der Beihilfedaten erfordert auch die **organisatorische Trennung** der Beihilfestelle von der Personalverwaltung (vgl. Nr. 12.2 des 17. TB, S. 115 ff.):

- Das BayBG enthält in Art. 100 b Vorschriften zur Führung von Beihilfeakten. Danach sind Unterlagen über Beihilfen stets als Teilakt zu führen. Dieser Teilakt ist vom übrigen Personalakt getrennt aufzubewahren. Er soll in einer von der übrigen Personalverwaltung getrennten Organisationseinheit bearbeitet werden. Zugang sollen nur Beschäftigte dieser Organisation haben.

- Die gesetzlich geforderte Abschottung lässt sich zum einen durch die Ausgliederung der Beihilfestelle aus der Personalverwaltung erzielen. Es sind jedoch auch andere Verfahren denkbar, soweit diese gewährleisten, dass mit Personalangelegenheiten befasste Entscheidungsträger bei normalem Geschäftsgang weder Einblick in die Beihilfeunterlagen und -bescheide nehmen können, noch Beihilfebescheide unterzeichnen.

Diese Vorgaben können z.B. wie folgt erfüllt werden:

- Die Beihilfestelle arbeitet in eigenen Räumen, die von der Personalverwaltung getrennt sind. Die gesonderten Beihilfeakten werden in einem eigenen Aktenraum der Beihilfestelle mit verschärften Sicherungsmaßnahmen und Zugangsmöglichkeiten nur für die Beschäftigten der Beihilfestelle untergebracht (**räumliche** Trennung).

- Die Beihilfestelle erhält einen eigenen Posteinlauf und Postauslauf. Den Beihilfeberechtigten wird ein eigenes Kuvert mit dem Aufdruck „Beihilfeunterlagen" zur Verfügung gestellt, das diese zur Übersendung des Beihilfeantrages sowie der Belege verwenden können. Dadurch wird sichergestellt, dass dieses Kuvert weder bei der zentralen Posteinlaufstelle noch bei der Registratur des Personalamtes geöffnet wird (**sachliche** Trennung).
- Die Beschäftigten der Beihilfestelle handeln in Beihilfeangelegenheiten nur nach Weisung des Leiters der Beihilfestelle. Sie ist keiner Abteilung des Personalamtes eingegliedert, sondern der Amtsleitung des Personalamtes als Stabsstelle unmittelbar zugeordnet. Der Amtsleiter des Personalamtes wird gegenüber dem Leiter der Beihilfestelle und den Mitarbeitern nur als Dienstvorgesetzter tätig. Der Leiter der Beihilfestelle entscheidet in Widerspruchsverfahren in eigener Zuständigkeit selbstständig. Dem Leiter der Beihilfestelle wird die uneingeschränkte Anordnungs- und Bewirtschaftungsbefugnis sowie die Unterschriftsbefugnis in Beihilfeangelegenheiten übertragen. Bei Verhinderung des Leiters der Beihilfestelle gilt die Anordnungs- und Bewirtschaftungsbefugnis für die Stellvertreter (**organisatorische** Trennung).
- Die Beschäftigten in der Beihilfestelle werden nicht mit Personalangelegenheiten befasst. Dies gilt auch für eine mögliche Vertretungsregelung (**personelle** Trennung).

Eine Möglichkeit der Trennung von Beihilfe- und Personalsachbearbeitung, die insbesondere für kleinere Gemeinden bedeutsam ist, ist der Abschluss einer **Beihilfeversicherung** (Nr. 12.1 des 16. TB, S. 80). Die gesetzliche Grundlage hierfür bildet Art. 11 Abs. 2 BayBesG. Nach dem neuen Recht gilt für die Übertragung der Beihilfesachbearbeitung auf Dritte Folgendes (vgl. Nr. 12.1.1 des 19. TB, S. 112 ff.):

- Diese ist sowohl in der Form der **kommunalen Zusammenarbeit** als auch durch die **Übertragung auf private Stellen** (z.B. in Form einer GmbH) möglich. Eine Auslagerung der Beihilfesachbearbeitung ist wegen der damit verbundenen Trennung von Personalverwaltung und der Beihilfefestsetzung (vgl. Nr. 12.2 des 17. TB, S. 115 ff.) grundsätzlich zu begrüßen. Allerdings darf mit der Verlagerung keine Verschlechterung des Datenschutzniveaus Betroffener verbunden sein.
- Wenn die Beihilfesachbearbeitung von einer Dienststelle einer anderen kommunalen Körperschaft im Rahmen der gesetzlich vorgesehenen **kommunalen Zusammenarbeit** erledigt wird, stehen dem beamten-

rechtliche Regelungen nicht entgegen, soweit eine Zusammenarbeit nach den kommunalrechtlichen Vorschriften zulässig ist (vgl. Wilde/Ehmann/Niese/Knoblauch, BayDSG, Handbuch XIV. 9.d.cc; FStBay 51/2000). Durch die Aufgabenübertragung der Beihilfesachbearbeitung durch **Zweckvereinbarung** auf eine andere Gebietskörperschaft fungiert diese künftig als „Dienststelle" der bisher zuständigen Kommune (Art. 12 Abs. 2 Satz 2 i.V.m. Abs. 1 BayBesG). Die Schutzvorschriften für Beihilfeunterlagen gelten hier in vollem Umfang (z.B. Übertragung der Beihilfesachbearbeitung im staatlichen Bereich auf die Bezirksfinanzdirektionen).

– Bereits nach altem Recht konnten Gemeinden, Gemeindeverbände und sonstige der Aufsicht des Staates unterstehende Körperschaften, Anstalten und Stiftungen des öffentlichen Rechts zur Rückdeckung ihrer Beihilfeverpflichtungen eine Versicherung abschließen (Art. 11 Abs. 2 BayBesG i.d.F. der Bek. vom 13.8.1982, BayRS 2032-1-1-F). Darunter verstand man auch die Möglichkeit, Beihilfeabrechnungen durch private Versicherungsunternehmen durchführen zu lassen (Wilde/Ehmann/Niese/Knoblauch, BayDSG, Handbuch XIV. 9.d.aa). Eine Übertragung auf sonstige private Stellen war jedoch unzulässig.

– Der ergänzte Art. 12 Abs. 2 Satz 2 BayBesG, der zum 1.1.2001 in Kraft getreten ist, sieht nunmehr außerdem vor, dass sich die Gemeinden, Gemeindeverbände und sonstigen der Aufsicht des Staates unterstehenden Körperschaften, Anstalten und Stiftungen des öffentlichen Rechts zur Erfüllung ihrer Beihilfeverpflichtungen auch „sonstiger geeigneter Stellen" bedienen und hierzu die erforderlichen Daten übermitteln können. Dabei sind die privaten Dritten nach dem Verpflichtungsgesetz im Einzelfall persönlich zur Wahrung der Daten zu verpflichten, Art. 12 Abs. 2 Satz 2 Halbsatz 2 BayBesG.

7.23.6 Sonstige Fragen

In Zeiten fortschreitender Verbreitung von Computern auch im häuslichen Bereich wollen viele Bedienstete öffentlicher Stellen einen **privaten PC** für die Erfüllung ihrer dienstlichen Aufgaben nutzen. Dies ist – vor allem im Hinblick auf die Speicherung und Verarbeitung von Personaldaten durch Vorgesetzte – datenschutzrechtlich bedenklich (vgl. Nr. 12.3 des 16. TB, S. 81):

– Diese Bedenken bestehen auch, wenn der PC mit in den Dienst gebracht wird. Art. 100a BayBG bestimmt Begriff, Inhalt, Zweckbestimmung sowie Gliederung und Gestaltung von Personalakten. Danach ist über jeden Beamten ein Personalakt zu führen. Der Personalakt kann nach sachlichen Gesichtspunkten in Grund- und Teilakten gegliedert werden. **Teilakten** (z.B. Besoldungsunterlagen) können bei der für den betreffenden Aufgabenbereich zuständigen Dienststelle geführt werden. **Nebenakten** (Unterlagen, die sich auch im Grundakt oder in Teilakten befinden) dürfen nur geführt werden, wenn personalverwaltende und -beschäftigende Behörde nicht identisch sind oder eine Zuständigkeit mehrerer personalverwaltender Behörden besteht. Nach Art. 100 h BayBG dürfen Personalaktendaten in Dateien nur für Zwecke der Personalverwaltung oder –wirtschaft verarbeitet oder genutzt werden. Bei erstmaliger Speicherung ist dem Betroffenen die Art der gespeicherten Daten mitzuteilen. Ferner sind Dokumentationspflichten vorgesehen.

– Diese Voraussetzungen sind bei einer Speicherung von Personaldaten auf einem privaten PC in der Regel nicht erfüllt. Zudem entsteht, ungeachtet der jeweils gewählten Speicherungsform, eine Nebenpersonalakte, über die der Dienstherr auch nicht die erforderliche volle Verfügungsgewalt erhält. Problematisch ist auch die Sicherstellung der Einsichtsrechte des Beschäftigten in seinen vollständigen Personalakt, da der Dienstherr vielfach keine Kenntnis über die auf dem privaten PC vorhandenen Daten hat. Weiterhin ist auf Art. 75 a BayPVG hinzuweisen, der u.a. eine Mitbestimmung des Personalrats bei der Einführung und Anwendung von automatisierten Verfahren zur Personalverwaltung vorsieht. Die Schutzbestimmungen des Dienst-, Datenschutz- und Personalvertretungsrechts stehen somit der Speicherung und Verarbeitung von Personaldaten auf einem privaten PC entgegen.

In bestimmten Bereichen der öffentlichen Verwaltung (z.B. in kommunalen Krankenhäusern) wird vom Dienstherrn das Tragen von **Namensschildern** gefordert. Fraglich ist, ob ein Bediensteter das Tragen eines Namensschildes verweigern kann (vgl. Nr. 12.4 des 16. TB, S. 81 ff.; FStBay 232/1999):

– Auch der öffentliche Bedienstete ist Grundrechtsträger gegenüber seinem Dienstherrn. Allerdings bezieht sich diese Rechtsposition nur auf jenen Bereich, in dem der Bedienstete dem Staat als eigenständiger Träger von Rechten und Pflichten gegenübersteht. In seiner Eigenschaft als Amtsträger, also als handelndes Organ des Staates, kann der Bedienstete schon begrifflich nicht Grundrechtsträger sein. Hauptinhalt seiner

Tätigkeit gegenüber dem Bürger ist der korrekte Aufgabenvollzug entsprechend den Gesetzen und unabhängig von individuellen Eigenschaften des Bediensteten.
- Bei der Entscheidung über Informationsübermittlungen an Dritte, die die dienstliche Tätigkeit von Amtsträgern betreffen, ist der Dienstherr dennoch nicht völlig frei. Auf der einen Seite ist die Funktionsfähigkeit des Behördenapparates ein gewichtiges Entscheidungskriterium. Andererseits ist auch die Fürsorge gegenüber dem Bediensteten ein gewichtiger Gesichtspunkt, der zur Geheimhaltung bestimmter Informationen über den Bediensteten führen kann. Bei der Abwägung, ob die Informationsinteressen der von staatlichem Handeln betroffenen Bürger oder die Fürsorge gegenüber dem Bediensteten höher zu werten sind, dürfte eine Geheimhaltung der Identität des Bediensteten nur in Frage kommen, soweit Leben und Gesundheit des Bediensteten (z.B. bei bestimmten exponierten Tätigkeiten) gefährdet oder schwerwiegende Belästigungen zu befürchten sind.
- Gegen die Anordnung des Dienstherrn, Namensschilder zu tragen, bestehen daher keine datenschutzrechtlichen Bedenken. Allerdings wird das Informationsinteresse des Bürgers bereits durch die Bekanntgabe des Familiennamens gedeckt sein. Den Interessen der Bediensteten kann im Beteilungsverfahren des Personalrates nach Art. 76 BayPVG ausreichend Rechnung getragen werden.

Der Bayerische Landesbeauftragte für den Datenschutz hatte sich mit Anfragen von Behörden auseinander zu setzen, die beabsichtigten, behördliche **Telefonverzeichnisse** zu verkaufen (vgl. Nr. 12.4 des 17. TB, S. 118). Dies ist jedoch aus folgenden Erwägungen nicht zulässig:
- Ein berechtigtes Interesse an der Kenntnis der in einem behördlichen Telefonverzeichnis aufgeführten personenbezogenen Daten sämtlicher Mitarbeiter kann in der Öffentlichkeit nur dann bestehen, wenn diese Kenntnis für den Erwerber des Verzeichnisses im telefonischen Verkehr mit der Behörde notwendig und damit erforderlich ist. Diese Erforderlichkeit ist im Regelfall jedoch nicht gegeben. Es ist z.B. nicht einzusehen, welchen anerkennenswerten Nutzen die Öffentlichkeit aus der Kenntnis der konkreten personellen Zusammensetzung von Dienststellen ziehen sollte, soweit die Mitarbeiter im Parteiverkehr nicht in Erscheinung treten. Der Persönlichkeitsschutz der Bediensteten steht hier einer generellen Weitergabe entgegen.

– Mitarbeiterdaten können allerdings in Form eines **Behördenwegweisers** veröffentlicht werden, wenn es darum geht, in allgemeiner Form darüber zu informieren, wer konkret für den Bürger Ansprechpartner bei einschlägigen Themenkomplexen ist. Die behördlichen Telefonverzeichnisse sind im übrigen vom Grundsatz her für den dienstlichen Gebrauch bestimmt. Sie sind daher nicht als allgemein zugängliche Quelle im Sinne des Datenschutzgesetzes anzusehen. Ein Verkauf bzw. eine Veröffentlichung eines vollständigen behördlichen Fernsprechverzeichnisses scheidet damit aus.

Zur Frage, welche Daten von Mitarbeitern öffentlicher Stellen in das **Internet** eingestellt werden dürfen, hat sich der Bayerische Landesbeauftragte für den Datenschutz wie folgt geäußert (Nr. 12.3 des 18. TB, S. 105 ff. = FstBay 73/1999):

– Die Veröffentlichung von Daten der Behördenbediensteten ist zulässig, wenn sie zur ordnungsgemäßen Aufgabenerfüllung der betreffenden Kommune erforderlich ist. Hierunter fällt grundsätzlich auch die Information, welcher Bedienstete der richtige Ansprechpartner für das Anliegen des Bürgers ist. Dies kann jedoch nur für Bedienstete gelten, die Funktionen mit „**Außenwirkung**" in der Verwaltung wahrnehmen. Dieser Personenkreis muss aufgrund seiner auf die Öffentlichkeit bezogenen Aufgabenstellung daher beispielsweise hinnehmen, dass von ihm Name, Amts- und Dienstbezeichnung, Tätigkeitsbereich und Funktion sowie die dienstliche Anschrift und Telefonnummer veröffentlicht werden.

– Eine solche Außenwirkung fehlt i.d.R. für lediglich innere Dienste, wie z.B. Registratur, Botendienst, zentraler Schreibdienst u.ä. Eine Veröffentlichung der Daten dieses Personenkreises ist nur nach Erteilung einer ausdrücklichen Einwilligung der Betroffenen zulässig. Zu beachten ist, dass eine Veröffentlichung der Privatanschrift der Bediensteten zum Schutz vor Belästigungen auf jeden Fall unzulässig ist. In einigen Verwaltungsbereichen können auch Sicherheitsbedenken gegen eine Veröffentlichung der genannten Mitarbeiterdaten sprechen.

Im Übrigen ist noch auf die Orientierungshilfen „Veröffentlichungen von Informationen im Internet und im Intranet" und „Online-Datenschutz-Prinzipien (ODSP)" hinzuweisen, die auf der Homepage des Bayerischen Landesbeauftragten für den Datenschutz abrufbar sind (vgl. auch FStBay 187/2001).

7.24 Erfassen von Nutzungsdaten

Immer wieder gibt es Anfragen, ob und welche Daten der Dienstherr bei der Nutzung dienstlicher Einrichtungen durch Bedienstete erheben und verarbeiten darf. Dies betrifft z.b. die Frage der Nutzung der behördlichen **Telefonanlage** und in neuerer Zeit immer häufiger des **Internets** sowie der **E-Mail**-Funktionen. Zur Nutzung des dienstlichen Telefons durch öffentliche Bedienstete gibt es mehrere Stellungnahmen des Bayerischen Landesbeauftragten für den Datenschutz in seinen Tätigkeitsberichten. Grundlegend setzt er sich hiermit in Nr. 12.3 seines 17. TB, S. 117 auseinander:

Da die Mehrzahl der **Telefonanlagen** eine automatische Gesprächsdatenerfassung und -auswertung ermöglicht, sind Regelungen erforderlich, die sowohl den schutzwürdigen Belangen der Bediensteten als auch den berechtigten Interessen des Dienstherrn Rechnung tragen. Anlagen zur Telefondatenerfassung und -auswertung sind regelmäßig technische Einrichtungen auch zur Überwachung des Verhaltens oder der Leistung der Bediensteten. Ihr Einsatz ist daher nach Art. 75 a Abs. 1 Nr. 1 BayPVG mitbestimmungspflichtig. Über die getroffenen Modalitäten wird in der Regel eine schriftliche Dienstvereinbarung (Art. 73 BayPVG) abgeschlossen. Die Unterrichtung des Personalrats bedarf der Schriftform, Art. 70 Abs. 2 BayPVG. Eine Telefondatenerfassung ohne eine ordnungsgemäße Beteiligung des Personalrats ist unzulässig (vgl. Nr. 8.1 des 17. TB, S. 95). Das Mitbestimmungserfordernis gilt bei Dienst- und Privatgesprächen und zwar auch dann, wenn die Bediensteten freiwillig am Verfahren zur Abrechnung von Privatgesprächen teilnehmen.

Die Speicherung der **Telefonverbindungsdaten** dient der Erfüllung haushaltsrechtlicher Vorschriften (Sparsamkeit und Wirtschaftlichkeit) und ist deshalb insoweit als erforderlich im Sinne des Bayerischen Datenschutzgesetzes anzusehen. Die verwendeten Telefoncomputer ermöglichen in der Regel die Erfassung folgender Daten:

- Nummer der rufenden Nebenstelle (einschließlich des zugelassenen Benutzers dieser Nebenstelle),
- Datum und Uhrzeit des geführten Gesprächs,
- Zielnummer (Vorwahl/Rufnummer),
- aufgelaufene Gebühreneinheiten für das Gespräch (Kosten),
- Kennzeichnung als Privat- oder Dienstgespräch (soweit Privatgespräche zugelassen sind) und

– ggf. weitere technische Merkmale (Nummer der belegten Amtsleitung u. ä.).

Bei **privaten** Orts- und Nahgesprächen ist vielfach eine Kostenerstattung nicht vorgesehen, wenn die Gesprächsgebühren keinen unvertretbaren Umfang annehmen. Die **Speicherung** der Zielnummer, sowohl für dienstliche als auch private Orts- und Nahgespräche ist daher in diesen Fällen nicht erforderlich. Bei dienstlichen und privaten Ferngesprächen (soweit letztere gegen Kostenerstattung überhaupt zugelassen sind) dürfen im Regelfall die oben aufgeführten Merkmale gespeichert werden.

Die **Auswertung** der gespeicherten Daten **dienstlicher** Telefongespräche hat sich am Grundsatz der Erforderlichkeit zu orientieren. Zulässig sind beispielsweise:
– ein Ausdruck der Summe der Gebühreneinheiten pro Nebenstelle,
– ein Ausdruck aller gespeicherten Daten pro Nebenstelle und
– ein Ausdruck aller gespeicherten Daten von Gesprächen, deren Kosten einen festgelegten Grenzwert überschritten haben.

Soweit die Führung von **Privatgesprächen** gegen Erstattung der Gesprächsgebühren erlaubt ist, sind diese Gespräche schon bei der Speicherung besonders zu kennzeichnen. Die gespeicherten Daten dürfen in diesen Fällen ausschließlich für **Abrechnungszwecke** verwendet werden. Beim Ausdruck der Daten ist die Zielnummer zu unterdrücken oder zu verkürzen, um eine unbefugte Kenntnisnahme der angerufenen Gesprächsteilnehmer durch Dritte zu vermeiden. Eine Verkürzung um zumindest die letzten beiden Ziffern ist erforderlich (Nr. 7.1 des 15. TB, S. 57). Ausdrucke mit (auch verkürzten) Zielnummern dürfen nur den betroffenen Bediensteten zugänglich gemacht werden. Eine Versendung sollte nur im verschlossenen Umschlag erfolgen. Ein vollständiger Ausdruck der angewählten Zielnummer zur eindeutigen Identifizierung des Gesprächspartners ist nur bei strittigen Abrechnungsfällen zulässig.

Sonderregelungen sind für die Gespräche der Personalvertretung und von Bediensteten, die einer besonderen Schweigepflicht (z.B. im Gesundheitsamt) unterliegen, vorzusehen (Nr. 12.2 des 13. TB, S. 55ff.). Zu letzteren sind Behördenbedienstete zu rechnen, die im Rahmen der freiwilligen Beratung tätig sind, so z.B. in der Drogenberatung oder Ehe- und Familienberatung.

Alle Bediensteten sind bei der Neuinstallation eines Telefoncomputers bzw. bei der Einstellung auf den Umfang der Speicherung und Auswertung von Gesprächsdaten in der Dienststelle hinzuweisen. Die automatisierte Speicherung und Auswertung von Telefongesprächen ist nach Art. 26 BayDSG vor dem erstmaligen Einsatz oder einer wesentlichen Änderung des Verfahrens von der dafür zuständigen Stelle datenschutzrechtlich freizugeben.

Die Kontrolle der **Internetnutzung** durch Bedienstete richtet sich danach, ob nur eine dienstliche oder auch eine private Nutzung des Internets erlaubt ist:

- Bei der **dienstlichen** Nutzung erbringt der Dienstherr/Arbeitgeber keine Telekommunikationsdienstleistung für Dritte, so dass entweder die Bestimmungen des Bayerischen Datenschutzgesetzes oder des Bundesdatenschutzgesetzes Anwendung finden. Im Rahmen der Kontrollbefugnisse (Kostenkontrolle, Missbrauchskontrolle) ist eine Speicherung der erforderlichen Daten grundsätzlich zulässig. Dabei sind das Verhältnismäßigkeitsprinzip zu beachten und die berechtigten Belange der Beschäftigten zu berücksichtigen. Die Mitbestimmung der jeweiligen Arbeitnehmervertretung ist zwingende Voraussetzung für die Zulässigkeit dieser Maßnahmen. Eine Kontrolle bei einem Missbrauchsverdacht und darüber hinaus stichprobenartig ist dann – ohne Einwilligung des Betroffenen – zulässig.

- Hat der Dienstherr die **private** Nutzung des Internets erlaubt, gelten insbesondere die Regelungen des TKG, des TDG und des TDDSG, da er als Diensteanbieter im Sinne des § 3 Nr. 1 i.V.m. § 2 Abs. 1 Nr. 3 TDG auftritt. Die Erhebung, Verarbeitung und Nutzung personenbezogener Daten über die Inanspruchnahme von Telediensten und damit die Protokollierung der privaten Internetnutzung sind gemäß § 6 Abs. 1 TDDSG nur zulässig, soweit dies erforderlich ist, um dem Nutzer die Inanspruchnahme von Telediensten zu ermöglichen (Nutzungsdaten) oder um die Nutzung abzurechnen (Abrechnungsdaten). Verbindungsdaten dürfen also nur gespeichert werden, soweit dies zur Abrechnung erforderlich ist. Bei einer **kostenlosen** privaten Nutzung ist die Speicherung dieser Daten damit nicht erforderlich. Für anders lautende Regelungen in Dienstvereinbarungen ist – ohne Rücksicht auf den Willen des einzelnen Mitarbeiters – daher kein Raum. Solche Vereinbarungen sind nämlich nur zulässig, soweit keine gesetzliche (oder tarifliche) Regelung besteht (Art. 73 Abs. 1 Satz 1 BayPVG).

- Als gesetzliche Regelung kommt nur § 3 Abs. 1 TDDSG in Betracht, wonach personenbezogene Daten vom Diensteanbieter nur erhoben, verarbeitet oder genutzt werden dürfen, soweit dieses Gesetz oder eine andere Rechtsvorschrift es erlaubt oder der Nutzer eingewilligt hat. Da ein gesetzlicher Erlaubnistatbestand nicht vorliegt, ist eine Kontrolle der privaten Internetzugriffe ohne konkrete und informierte Einwilligung des Nutzers unzulässig.

Bei der Kontrolle der Nutzung der **E-Mail**-Funktionen für private Zwecke sind aus datenschutzrechtlicher Sicht sinngemäß die obigen Maßgaben zur Internetnutzung zu beachten. Folgendes Vorgehen bietet sich an:

– Zunächst ist der Personalrat zu beteiligen. Mit ihm sollte eine Betriebsvereinbarung zur Nutzung des E-Mail-Systems auch für private Zwecke abgeschlossen werden. Darin sind unter anderem der zulässige Umfang des privaten E-Mail-Verkehrs der Beschäftigten sowie Voraussetzungen, Inhalte und Umfang gelegentlicher Kontrollen des dienstlichen E-Mail-Verkehrs zu regeln. Ungeachtet des Grundsatzes, dass eine Inhaltskontrolle privater Mails wegen des Fernmeldegeheimnisses ausscheidet, ist bei einer entsprechenden Vereinbarung auch die Kontrolle des privaten E-Mail-Verkehrs bei hinreichendem Verdacht auf Straftaten (z.B. Versenden oder Empfangen verbotener Inhalte, wie etwa Kinderpornographie oder rassistische Äußerungen) ausnahmsweise zulässig. Gleiches gilt bei einem hinreichenden Verdacht auf den Verrat von Betriebsgeheimnissen etc. Auch sind Kontrollen aus Sicherheitsgründen, wie insbesondere bei dem Verdacht oder der Gefahr eines Virenbefall aus datenschutzrechtlicher Sicht möglich und sollten deshalb in die Vereinbarung aufgenommen werden.

– Inhaltlich sind die Kontrollen privater E-Mails auf das zu beschränken, was das Kontrollziel notwendig macht. Sobald und soweit Kontrollergebnisse nicht mehr zu Beweiszwecken erforderlich sind, sind sie unverzüglich zu löschen. Sonstige Kontrollrechte des Dienstherrn aus anderen Rechtsgründen bleiben unberührt.

– Falls der einzelne Beschäftigte das E-Mail-System des Dienstherrn – in Kenntnis sowohl dieser Umstände als auch der Regelungen in der Betriebsvereinbarung – für private E-Mails nutzen möchte, müsste der Arbeitgeber eine ausdrückliche Erklärung verlangen, dass er diese Bedingungen anerkennt. Private E-Mails der Mitarbeiter sollten – etwa im Betreff – mit dem Schlüsselwort „privat" gekennzeichnet werden. Nach Möglichkeit sollte der Mitarbeiter auch von sich aus bei seinen Kommunikationspartnern darauf hinwirken, dass an ihn adressierte private E-Mails dieses Schlüsselwort enthalten.

7.25 Datenschutz im Planfeststellungsverfahren

Auch im **Planfeststellungsverfahren** sind die datenschutzrechtlichen Vorschriften zu beachten, zumal hier häufig recht sensible Daten verarbeitet werden. Z.B. müssen die Persönlichkeitsrechte von Einwendungsführern und Grundstückseigentümern gewahrt werden (vgl. Nr. 8.14 des 17. TB, S. 104 ff.; vgl. auch FStBay 119/1997):
Datenschutzrechtliche Fragen stellen sich insbesondere im Zusammenhang mit der **öffentlichen Auslegung** der Planunterlagen im Verfahren, der **öffentlichen Bekanntmachung** des Planfeststellungsbeschlusses und der **Unterrichtung des Vorhabensträgers** über Einwendungen.
Das BVerfG hat in seinen Beschlüssen vom 24. 7. 1990 (CR 1990, S. 798 = NVwZ 1990, 1162) und vom 14. 10. 1987 (BVerfGE 77, 121 = NJW 1988, 403) die Veröffentlichung personenbezogener Daten, die ein Einwendungsführer der Planfeststellungsbehörde preisgibt, um ihr eine sachgerechte Beurteilung der geltend gemachten Einwendungen zu ermöglichen, für verfassungswidrig erklärt. Das BVerfG ging in diesen Beschlüssen davon aus, dass der Bürger der Behörde seine personenbezogenen Daten nur zum Zweck der sachgerechten Entscheidung im Planfeststellungsverfahren offenbart. Durch die öffentliche Bekanntmachung der nichtanonymisierten Daten wird diese **Zweckbindung** unterlaufen und im Ergebnis aufgehoben. Es sind keine Gründe ersichtlich, warum eine ordnungsgemäße Begründung des Planfeststellungsbeschlusses notwendig voraussetzt, dass sachbezogene Erwägungen zur Beurteilung und Gewichtung der geltend gemachten Einwendungen personenbezogen in die Begründung aufgenommen und mit dieser veröffentlicht werden müssen. Die sachliche Zuordnung kann auch durch die Vergabe von **Betriebsnummern** erfolgen.
Die Entscheidungen des Bundesverfassungsgerichts bezogen sich auf die öffentliche Bekanntmachung von personenbezogenen Daten der Einwendungsführer im Planfeststellungsbeschluss. In gleicher Weise ist aber auch eine Veröffentlichung der **Grunderwerbsverzeichnisse** mit den Namen und Anschriften der Grundstückseigentümer im Rahmen der Auslegung nach Art. 73 Abs. 3 BayVwVfG ein unzulässiger Eingriff in das informationelle Selbstbestimmungsrecht der betroffenen Grundstückseigentümer:
- Die Veröffentlichung der Eigentümerverhältnisse im Rahmen der Planauslegung bedeutet eine Preisgabe an eine unübersehbare Vielzahl unbekannter Dritter, die nach Sinn und Zweck des Anhörungsverfahrens nicht erforderlich ist. Aus den nach Art. 73 Abs. 1 Satz 2 BayVwVfG

vom Vorhabensträger bei der Anhörungsbehörde einzureichenden Planunterlagen muss zwar u.a. erkennbar sein, welche Grundstücke von dem Vorhaben betroffen sind. Die öffentliche Auslegung der Planunterlagen zur Einsichtnahme soll es potenziell Betroffenen ermöglichen, sich über das Vorhaben zu informieren und ggf. Einwendungen gegen den Plan zu erheben. Dazu reicht aber die Angabe der Flurstücksnummern aus. Aus den ausgelegten Lageplänen und den Flurstücksnummern können interessierte Bürger bei der Einsichtnahme durchaus erkennen, ob ihr Grundstück betroffen ist. Mit der darüber hinausgehenden Angabe der jeweiligen Eigentümer in den auszulegenden Unterlagen werden auch zahlreichen Nichtbetroffenen wesentliche Angaben zu Vermögensverhältnissen der Eigentümer zugänglich gemacht. Damit wird mangels Erforderlichkeit unzulässig in die Rechte der Grundstückseigentümer eingegriffen. Soweit in Einzelfällen Unklarheiten bestehen, können diese jederzeit durch eine Anfrage bei der Behörde bereinigt werden. Darauf kann die Behörde bei der Auslegung hinweisen. Daher ist auch eine Veröffentlichung der Namen und Anschriften der Grundstückseigentümer im Planfeststellungsbeschluss unzulässig.

– Von der öffentlichen Bekanntgabe des Planfeststellungsbeschlusses mit den personenbezogenen Angaben der Einwendungsführer oder Grundstückseigentümer und einer Veröffentlichung der Grundstückseigentümer im Wege der Planauslegung nach Art. 73 Abs. 3 BayVwVfG ist die Übermittlung der personenbezogenen Daten der Einwendungsführer an den **Träger des Vorhabens** zu unterscheiden (vgl. auch FStBay 119/1997 und 257/2001). Diese Datenübermittlung ist grundsätzlich zulässig, soweit der Träger des Vorhabens zur fachgerechten Vorbereitung auf die Behandlung von Einwendungen im Erörterungstermin die konkret betroffenen individuellen Belange des Einwenders kennen muss. Zu berücksichtigen ist dabei, dass mit der form- und fristgerechten Erhebung einer Einwendung der Einwender sich förmlich am Verwaltungsverfahren beteiligt und damit die Rechtsstellung eines Beteiligten im Sinne des Art. 13 BayVwVfG mit den daraus sich ergebenden verfahrensrechtlichen Rechtspositionen erhält. Dies bringt mit sich, dass der Einwender gegenüber dem Projektträger aus dem Kreis der Anonymität heraustritt und den übrigen am Verfahren Beteiligten, soweit erforderlich, bekannt gegeben wird, ebenso wie umgekehrt der Einwender deren Identität kennt.

Die Kenntnisnahme der personenbezogenen Daten der Einwender durch den Vorhabensträger ist dagegen dann nicht erforderlich, wenn diese erkennbar keinen Beteiligtenstatus anstreben, z.b. weil sie nicht die Verletzung eigener Rechte geltend machen, sondern nur allgemein z.b. für die Belange des Naturschutzes eintreten. Auch in diesen förmlichen Verwaltungsverfahren dürfen personenbezogene Daten von Bürgern nicht unnötig aufgezeichnet werden (vgl. Nr. 8.1 des 17. TB, S. 95 ff.):

Bei öffentlich ausliegenden Planunterlagen in einem immissionsschutzrechtlichen Verfahren wurde der Name der Einsicht nehmenden Bürger notiert. Die immissionsschutzrechtlichen Verfahrensbestimmungen sehen jedoch keine Namensfeststellung der Personen vor, die in öffentlich ausliegende Planunterlagen Einsicht nehmen. Durch das unzulässige Notieren von Namen bei einer öffentlichen Auslegung können sich möglicherweise Bürger von einer Einsichtnahme abschrecken lassen. Auch das Ziel der öffentlichen Auslegung wird dadurch beeinträchtigt. Dabei ist es unerheblich, ob die Namen zur Akte genommen werden oder nach dem Ende der Einwendungsfrist vernichtet werden (vgl. Nr. 17.3 des 14. TB, S. 78).

7.26 Videoüberwachung

Die neue Fassung des Bundesdatenschutzgesetzes enthält mit § 6 b eine Regelung zur Beobachtung öffentlich zugänglicher Räume mit optisch-elektronischen Einrichtungen (**Videoüberwachung**). Solange der Bayerische Gesetzgeber nicht eine solche Regelung in das Bayerische Datenschutzgesetz einfügt, richtet sich die Zulässigkeit von Maßnahmen der Videoüberwachung – außerhalb des polizeilichen Bereichs – nach den allgemeinen Vorschriften des Bayerischen Datenschutzgesetzes, insbesondere den Art. 15 ff.

An den Landesbeauftragten für den Datenschutz wenden sich immer wieder Kommunen mit der Frage nach der datenschutzrechtlichen Zulässigkeit der Videoüberwachung **öffentlicher Plätze**. Dabei ist Folgendes zu beachten (vgl. Nr. 8.8 des 19. TB, S. 96 ff. = FStBay 34/2001):

- Die **Beobachtung** der Bürger als Passanten auf öffentlichen Plätzen durch den Einsatz von Videotechnik ist ein Eingriff in deren allgemeines Persönlichkeitsrecht. Soweit Personen – z.B. durch Heranzoomen – identifizierbar sind, liegt hierin ein Erheben personenbezogener Daten im Sinne des Art. 4 Abs. 1 BayDSG. Wird die Videokamera außerdem zur Anfertigung von Aufzeichnungen genutzt, die ausgewertet werden können, liegt auch eine Speicherung personenbezogener Daten vor. Die

Erhebung, Verarbeitung und Nutzung personenbezogener Daten ohne Rechtsgrundlage oder informierte Einwilligung der Betroffenen ist unzulässig (Art. 15 Abs. 1 BayDSG). Eine Einwilligung in die Datenerhebung, -verarbeitung und -nutzung ist bei einer Videoüberwachung öffentlicher Plätze ausgeschlossen. Eine bereichsspezifische Rechtsgrundlage für die Videoüberwachung öffentlicher Plätze durch Kommunen existiert nicht. Die rechtliche Zulässigkeit der Videoüberwachung beurteilt sich deshalb nach Art. 16 BayDSG.

- Gegen **Übersichtsaufnahmen ohne Personenbezug** von Plätzen mit Gefährdungspotenzial und zu tatrelevanten Zeiten erhebt der Bayerische Landesbeauftragte für den Datenschutz – zumindest übergangsweise – keine Bedenken. Eine flächendeckende Beobachtung mit Videokameras ohne diese örtliche und zeitliche Einschränkung hält er aus verfassungsrechtlichen Gründen jedoch für unzulässig, weil eine derart umfassende Beobachtungsmöglichkeit den Bürger unter einen ständigen Anpassungsdruck setzt und damit gegen das Grundrecht aus Art. 1 und 2 GG auf freie Entfaltung der Persönlichkeit verstößt.

- Das **Heranzoomen** von Personen und deren **Aufzeichnung** mit der Möglichkeit der Identifizierung ist im Fall einer konkreten Gefahr für die öffentliche Sicherheit und Ordnung zulässig. Gemäß Art. 16 Abs. 2 Satz 1 BayDSG sind personenbezogene Daten primär beim Betroffenen mit seiner Kenntnis zu erheben. Deshalb ist auf die Videoüberwachung durch Schilder hinzuweisen. Aufzeichnungen sind zu löschen, sobald sie zur Feststellung von Betroffenen und zur Beweissicherung nicht mehr erforderlich sind.

Um unerlaubte Abfallablagerungen auf **Wertstoffhöfen** und **Containerstandorten** zu verhindern, wollen entsorgungspflichtige Körperschaften diese Standorte gelegentlich mit Videoanlagen überwachen (vgl. Nr. 18.1 des 18. TB, S. 112 ff. = FStBay 285/1999). Der Bayerische Landesbeauftragte für den Datenschutz hält es für notwendig, durch Hinweisschilder auf eine solche Videoüberwachung aufmerksam zu machen:

- Da es keine spezialgesetzliche Befugnis für die Videoüberwachung kommunaler Wertstoffhöfe und Containerstandorte gibt, richtet sich deren Zulässigkeit nach den allgemeinen Vorschriften des Bayerischen Datenschutzgesetzes. Die Erhebung personenbezogener Daten mittels Videoaufnahmen ist nach Art. 16 Abs. 1 BayDSG zulässig, wenn die Aufnahme zur Erfüllung der in der Zuständigkeit der erhebenden Stelle liegenden Aufgaben erforderlich ist.

- Mit der Videoüberwachung von **Wertstoffhöfen** wird der Zweck verfolgt, eine ordnungsgemäße Benutzung der Wertstoffhöfe sicherzustellen, illegale Ablagerungen zu verhindern und Verstöße gegen das Abfallrecht aufzuklären. Im Hinblick darauf, dass die Aufzeichnungen auch ausgewertet werden können und auch Personen, die sich rechtmäßig verhalten, aufgezeichnet werden, haben Letztere ein schutzwürdiges Interesse daran, dass sie nicht heimlich aufgezeichnet werden. Ein Hinweis auf die Videoüberwachung ist außerdem geboten, um die Begehung von Ordnungswidrigkeiten zu verhindern. Die Videoüberwachung von Wertstoffhöfen ist daher nur dann angemessen und damit nach Art. 16 Abs. 1 Satz 1 BayDSG erforderlich, wenn durch Hinweisschilder auf die Videoüberwachung aufmerksam gemacht wird.
- Ferner ist zu berücksichtigen, dass gemäß Art. 16 Abs. 2 Satz 1 BayDSG personenbezogene Daten primär beim Betroffenen mit seiner Kenntnis zu erheben sind. Eine Datenerhebung beim Betroffenen ohne seine Kenntnis ist nur zulässig, wenn eine Rechtsvorschrift eine solche Erhebung vorsieht oder zwingend voraussetzt oder die zu erfüllende Verwaltungsaufgabe ihrer Art nach oder im Einzelfall eine solche Erhebung erforderlich macht (Art. 16 Abs. 2 Satz 3 BayDSG i.V.m. Art. 16 Abs. 2 Satz 2 Nrn. 1 und 2a BayDSG). Eine Rechtsvorschrift, die Videoaufnahmen auf Wertstoffhöfen ohne Kenntnis der Betroffenen vorsieht oder voraussetzt, gibt es jedoch nicht. **Heimliche** Aufnahmen sind deshalb unzulässig.
- Außerdem ist zu gewährleisten, dass die Überwachung auf den von illegalen Müllablagerungen betroffenen Bereich begrenzt wird und Aufzeichnungen unverzüglich zu löschen sind, wenn keine unerlaubten Ablagerungen festgestellt werden bzw. sie zur Feststellung Betroffener und zur Beweissicherung nicht mehr erforderlich sind.

7.27 Gemeindliche Öffentlichkeitsarbeit

Datenschutzrechtlich besonders problematisch kann die Veröffentlichung personenbezogener Daten im **Mitteilungsblatt** einer Gemeinde sein, da dieses amtlichen Charakter besitzt und damit einen „Prangereffekt" verstärken oder gar hervorrufen kann. Einen besonders eklatanten Fall schildert der Bayerische Landesbeauftragte für den Datenschutz in Nr. 8.7 seines 17. TB, S. 100:

Der Bürgermeister einer Gemeinde veröffentlichte in einer Beilage zum amtlichen Mitteilungsblatt im Zusammenhang mit einem geplanten Turnhallenneubau einen Lageplan mit den Grundstücken der Widerspruchsführer gegen das Vorhaben, die Namen der Widerspruchsführer sowie die Beurteilung der Widersprüche durch den Bürgermeister. Die Öffentlichkeit und die Widerspruchsführer sollten dadurch auf die Verzögerung des Turnhallenbaus und die zu erwartende Kostensteigerung aufmerksam gemacht werden:

– Einwendungen gegen Bauvorhaben sind zwar grundsätzlich in öffentlicher Sitzung des Gemeinderats zu behandeln (Art. 52 Abs. 2 GO). Soweit es zur Beratung und Beschlussfassung im Gemeinderat erforderlich ist, können die Einwendungen in öffentlicher Gemeinderatssitzung auch verlesen werden oder den Gemeinderatsmitgliedern in Ablichtung übergeben werden. Dritte können sich aus der Tagesordnung und in der öffentlichen Sitzung über die Angelegenheit informieren. Sie haben jedoch **kein** berechtigtes Interesse an darüber hinausgehenden Informationen.

– Die Veröffentlichung personenbezogener Daten der Widerspruchsführer in einem Informationsblatt, das mit dem gemeindlichen Mitteilungsblatt verbreitet wurde, verletzte außerdem deren **schutzwürdige Belange**. Sie dürfen darauf vertrauen, dass ihre Einwendungen entsprechend den Bestimmungen der Gemeindeordnung und des Bayerischen Verwaltungsverfahrensgesetz behandelt werden und im Bereich der Verwaltung und des zuständigen Entscheidungsgremiums verbleiben. Im gemeindlichen Amtsblatt dürfen zwar die Niederschriften öffentlicher Sitzungen veröffentlicht werden, wenn der Gemeinderat einen entsprechenden Beschluss fasst, jedoch nur mit dem in Art. 54 Abs. 1 GO vorgeschriebenen Mindestinhalt. Dies gilt auch dann, wenn die Widerspruchsführer zum Teil in der Gemeinde bekannt sind. Eine mehr oder weniger auf dem Vernehmen beruhende teilweise Bekanntheit einzelner Betroffener als Widerspruchsführer in der Gemeinde rechtfertigt es nicht, diese, die Lage ihrer Grundstücke usw. in dieser Weise in einer zusammen mit dem amtlichen Mitteilungsblatt der Gemeinde verbreiteten Informationsschrift des Bürgermeisters offiziell quasi an den Pranger zu stellen.

Ohne die **Einwilligung** des Betroffenen ist auch die Mitteilung des Zuzugs von **Neubürgern** in die Gemeinde unzulässig (vgl. Nr. 8.2 des 9. TB, S. 36). Auch die Veröffentlichung von Geburten, Eheschließungen oder Todesfällen, z. B. an die Presse, setzt eine Einwilligung voraus (Nr. 9.2 des 7. TB, S. 43 ff.).

Auch die **Presse- und Öffentlichkeitsarbeit** der Gemeinden ist an den datenschutzrechtlichen Bestimmungen zu orientieren. Zwar bestimmt Art. 4 Abs. 1 Satz 1 BayPrG, dass die **Presse** gegenüber Behörden ein Recht auf Auskunft hat. Art. 4 Abs. 2 Satz 2 BayPrG schränkt diesen Auskunftsanspruch jedoch dahin gehend ein, dass die Auskunft verweigert werden darf, soweit auf Grund beamtenrechtlicher oder sonstiger gesetzlicher Vorschriften eine Verschwiegenheitspflicht besteht.

Der Bayerische Landesbeauftragte für den Datenschutz hat sich in Nr. 4.1 seines 19. TB, S. 39 mit der Pressearbeit mit **Sozialdaten** beschäftigt. Danach geben Ausländerbehörden bei ihrer Presse- und Öffentlichkeitsarbeit gelegentlich Sozialdaten bekannt, die sie vom Sozialamt zur Bearbeitung und Entscheidung ausländerrechtlicher Verwaltungsvorgänge erhalten haben. Das Sozialamt übermittelt den Ausländerbehörden für die Entscheidung über den Aufenthalt eines Ausländers nach § 71 Abs. 2 SGB X Daten über die Gewährung von Sozialhilfeleistungen. Die Ausländerbehörden (und zweckmäßiger Weise auch andere Nicht-SGB-Stellen) sollen in geeigneter Form auf die Zweckbindung und die Geheimhaltungspflicht der Empfänger von Sozialdaten nach § 78 SGB X hingewiesen werden. Besondere Vorsicht im Umgang mit Sozialdaten ist bei der Presse- und Öffentlichkeitsarbeit geboten:

– Nicht-SGB-Stellen wie etwa Ausländerbehörden sind nämlich nach § 78 Abs. 1 S. 1 und 2 SGB-X bei ihrer Presse- und Öffentlichkeitsarbeit zur Bekanntgabe von Sozialdaten nur insoweit berechtigt als auch die Sozialbehörde, die die Sozialdaten übermittelt hat, selbst Öffentlichkeitsarbeit damit betreiben dürfte. Die Voraussetzungen der Zulässigkeit einer Veröffentlichung von Angaben über die Erbringung von Sozialleistungen hat der Gesetzgeber in § 69 Abs. 1 Nr. 3 SGB X abschließend geregelt. Presse- und Öffentlichkeitsarbeit unter Verwendung solcher Sozialdaten ist danach nur zulässig, soweit sie für die Richtigstellung unwahrer Tatsachenbehauptungen des Betroffenen im Zusammenhang mit einem Verfahren über die Erbringung von Sozialleistungen erforderlich ist. Die Übermittlung bedarf der vorherigen Genehmigung durch die zuständige oberste Bundes- oder Landesbehörde.

– Auf die nach § 69 Abs. 1 Nr. 3 SGB X erforderliche, vor der Veröffentlichung einzuholende ministerielle Genehmigung kann auch dann nicht verzichtet werden, wenn die betroffene Stelle von einer Anfrage der Medien überrascht wird. Eine Prognose, wonach die ministerielle Genehmigung wohl schon erteilt werden würde bzw. müsste, ist nämlich keineswegs immer zutreffend. Vor allem aber zielt § 69 Abs. 1 Nr. 3

SGB X mit dem Erfordernis einer **vorherigen** Genehmigung der Veröffentlichung darauf ab, dass eine mit der betroffenen Stelle **nicht identische** Behörde überprüft, ob die beabsichtigte Veröffentlichung von Sozialdaten dem Grunde und dem Umfang nach angemessen bzw. verhältnismäßig ist. Die Genehmigungsbehörde hat nicht zuletzt darauf zu achten, dass persönliche Gesichtspunkte keinen unangemessenen Einfluss auf die Übermittlungsabsicht der betroffenen Behörde erlangen.

– Keinesfalls darf die Behörde von einer Einwilligung des Betroffenen in die Veröffentlichung von Sozialdaten ausgehen, wenn die Voraussetzungen nach § 69 Abs. 1 Nr. 3 SGB X nicht vorliegen. Dies gilt auch dann, wenn die öffentliche Diskussion etwa einer Ausweisung von der betroffenen Familie selbst oder in deren Auftrag von einer Interessenvertretung herbeigeführt wurde. An der Bekanntgabe der im Zusammenhang mit Ausweisungen vielfach relevanten Informationen über erbrachte Sozialleistungen wie etwa der Dauer und Gesamthöhe bezogener Sozialhilfeleistungen und an deren Diskussion haben die Betroffenen nämlich in der Regel gerade kein Interesse.

Zur datenschutzrechtlichen Problematik behördlicher Presse- und Öffentlichkeitsarbeit hat sich der Landesbeauftragte auch in Nr. 16.1 seines 19. TB, S. 120 ff. umfassend geäußert (Fall „Mehmet").

Die gemeindliche Öffentlichkeitsarbeit findet in zunehmenden Maß über das **Internet** statt. Die Datenschutzbeauftragten des Bundes und der Länder haben sich in einer Arbeitsgruppe unter anderem mit dieser Thematik beschäftigt und die Ergebnisse in der Broschüre „**Vom Bürgerbüro zum Internet**" zusammengefasst, die auf der Homepage des Bayerischen Landesbeauftragten für den Datenschutz abrufbar ist (www.datenschutz-bayern.de/technik/grundsatz/so_verw.pdf). Die wesentlichen Feststellungen zur Präsentation öffentlicher Stellen sind:

– Die Bereitstellung personenbezogener (Inhalts-)Daten im Internet hat sich in vielen Fällen nach bereichsspezifischen Regelungen zu richten (z.B. SGB, MeldeG). Fehlen solche Regelungen, so sind die jeweiligen Landesdatenschutzgesetze und bei Stellen des Bundes das Bundesdatenschutzgesetzes einschlägig.

– Soweit die Bereitstellung von Daten im Internet ohne Einschränkungen erfolgt, also keine geschlossene Benutzergruppe gebildet wird, besteht weltweit die Möglichkeit zum Abruf. Da es Staaten gibt, in denen keine oder sehr schwach ausgeprägte Datenschutzbestimmungen existieren, können die schutzwürdigen Belange von Betroffenen durch die Einstellung ins Netz in besonderem Umfang beeinträchtigt sein. Ein Bereithalten personenbezogener Daten im Internet ist daher nur zulässig, wenn die betroffenen Personen dies aufgrund einer Rechtsvorschrift hinzunehmen oder eingewilligt haben.

Bezüglich personenbezogener Daten der **Bediensteten** öffentlicher Stellen wird auf die Ausführungen zu den Personaldaten Bezug genommen. Bei personenbezogenen Daten von **Bürgern** ist Folgendes zu beachten:

– Grundsätzlich zulässig ist die Bereitstellung von Informationen, die ohnehin rechtmäßig veröffentlicht sind oder werden dürfen. Hierzu gehören u. a. Publikationen der Presse, Tagesordnungen, amtliche Bekanntmachungen. Dabei ist allerdings zu beachten, dass auf diese Weise ein weltweiter Zugriff möglich ist und die bereitgestellten Daten automatisiert recherchierbar sind. Vor der Entscheidung einer Veröffentlichung im Internet sollten daher mögliche negative Konsequenzen für die Betroffenen untersucht und berücksichtigt werden. Zusätzlich sollte ihnen ein **Widerspruchsrecht** eingeräumt werden. Bereits bestehende Widerspruchsrechte sind zu beachten. Außerdem sollten die Möglichkeiten zur Reduzierung der Recherchierbarkeit in geeigneter Weise genutzt werden.

– Fehlt eine Rechtsgrundlage, können Daten von Bürgern nur mit ihrer **Einwilligung** veröffentlicht werden. Dabei sollte pseudonymisiert werden, wenn dies möglich und sinnvoll ist. Auch beim Vorliegen einer Einwilligung sollten die Möglichkeiten zur Einschränkung der Recherchierbarkeit in geeigneter Weise genutzt werden.

Es wird immer häufiger üblich, Kameras in öffentlichen und privaten Bereichen aufzustellen und deren Bilder im Internet abrufbar zu speichern (**„Webcams"**):

– Öffentliche Stellen dürfen dies allenfalls dann tun, wenn die Kameras so aufgestellt sind, dass die anfallenden Bilder keine Daten mit Personenbezug enthalten. Ein Personenbezug ist z.B. herstellbar, wenn Gesichter, Autokennzeichen oder andere identifizierende Merkmale erkennbar sind oder durch Aufnahmesteuerung oder Bildbearbeitung seitens des Empfängers erkennbar gemacht werden können. In Frage kommen daher allenfalls **Übersichtsaufnahmen**, die die Herstellung eines Personenbezuges definitiv ausschließen. Dabei spielen Rahmenbedingungen wie Bildausschnitt, Bildschärfe oder Bildfrequenz eine wichtige Rolle.

– Es sollte auch beachtet werden, dass die erwarteten Informationen oft auf andere Weise übermittelt werden können. Z.B. können Informationen über die Verkehrslage in Schriftform („Stau im Bereich...") oder über markierte Stadtpläne oft wirkungsvoller, schneller und ohne personenbezogene Daten über das Internet weitergegeben werden.

7.28 Serviceorientierte Verwaltung

Die öffentliche Verwaltung will Bürgernähe und Serviceorientierung beweisen. Die Datenschutzbeauftragten des Bundes und der Länder haben sich in ihrer Broschüre **„Vom Bürgerbüro zum Internet"** auch mit diesen Fragen beschäftigt (vgl. auch FStBay 157/2001):

– (Datenschutz-)Rechtliche Voraussetzungen,
– Räumliche Rahmenbedingungen,
– Call-Center in der Wirtschaft und in den Kommunen,
– Informationsangebote öffentlicher Stellen im Internet,
– Interaktive Verwaltung,
– Elektronische Auskunft und Akteneinsicht und
– Auslagerung von Verwaltungsfunktionen.

Dabei haben sich die Datenschutzbeauftragten von folgenden Überlegungen leiten lassen:
– Bei der Modernisierung der öffentlichen Verwaltung soll die Dienstleistungs- und Serviceorientierung verbessert werden. Dazu sollen unter anderem Dienstleistungen in multi-funktionalen Servicecentern (Bürgeramt, Bürgerbüro, Bürgerladen, Kundencenter) gebündelt und die Möglichkeiten der modernen Informations- und Kommunikations-Technik intensiver genutzt werden (Information, Kommunikation und Transaktion über das Internet, Einrichtung von Call-Centern etc.). Die Datenschutzbeauftragten wollen diese Entwicklungsprozesse konstruktiv begleiten. Es ist aber unerlässlich, dass bei allen Lösungen eine sichere und vertrauliche Kommunikation zwischen Verwaltung und Bürgern sowie ein angemessener Schutz personenbezogener Daten gewährleistet wird. Nur Serviceangebote, die dem Recht auf informationelle Selbstbestimmung gerecht werden, nützen letztlich sowohl den Bürgern als auch der Verwaltung selbst. Die Empfehlungen sollen den Verwaltungen helfen, bei der Verbesserung ihrer Dienstleistungs- und Service-

orientierung den Forderungen nach Datenschutz und Datensicherheit gerecht zu werden.
- Zum Thema **Bürgerbüro** (vgl. zur Beachtung des Sozialgeheimnisses im Bürgerbüro FStBay 79/2001) weist der Bayerische Landesbeauftragte für den Datenschutz ergänzend darauf hin, dass dessen Konzept darin besteht, dem Bürger eine einheitliche Anlaufstelle für die verschiedensten Anliegen anzubieten, so dass er sich den oft zeitraubenden Weg von einem Amt zum anderen sparen kann. Gleichzeitig soll auch der Publikumsverkehr in den Fachabteilungen verringert werden. Die Aufgaben der Bürgerbüros sind nicht einheitlich definiert. Sie können über die Bereitstellung von Formularen, zentrale Anlaufstelle und Vermittlung bei Anfragen hinaus auch die Nutzung der unterschiedlichen DV-Verfahren und Datenbestände (z.B. Meldewesen, Steuerwesen, Abfallbeseitigung) sowie die Befugnisse der Beratung, Entgegennahme und Vorprüfung von Anträgen der verschiedensten Zuständigkeitsbereiche umfassen. Bürgerbüros können somit dem Bürger in seinem Umgang mit der Verwaltung erhebliche Vorteile bieten und sind deshalb grundsätzlich auch aus der Sicht des Datenschutzes zu begrüßen.
- Die Zusammenfassung von Aufgaben aus verschiedenen Bereichen wirft allerdings datenschutzrechtliche Fragen auf. So ist bei der Zusammenführung von unterschiedlichen Aufgabenstellungen und der Verarbeitung unterschiedlicher Datenbestände auf einem Arbeitsplatz die Feststellung des Bundesverfassungsgerichts in seinem Beschluss vom 18.12.1987 (NJW 1988, 959), dass der Grundsatz der „**informationellen Gewaltenteilung**" auch innerhalb der Gemeindeverwaltung gilt, zu berücksichtigen. Zwar gehört die Organisationshoheit der Gemeinden zum Kernbereich des Selbstverwaltungsrechts. Ihrer Gestaltungsfreiheit sind jedoch, wie das Bundesverfassungsgericht festgestellt hat, Grenzen gesetzt. Aus der Einheit der Gemeindeverwaltung folgt keine informationelle Einheit. Diese geforderte „informationelle Gewaltenteilung" in der Gemeindeverwaltung ist z.B. für den Bereich der Sozialleistungen in § 67 Abs. 9 Satz 3 SGB X ausdrücklich vorgeschrieben. Bei der Einrichtung von Bürgerbüros muss dementsprechend darauf geachtet werden, dass nicht gegen das Sozialgeheimnis verstoßen wird. Solche Verstöße könnten sich etwa dadurch ergeben, dass Mitarbeiter im Bürgerbüro Zugriffs- und Kenntnismöglichkeiten von Sozialdaten erhalten, die mit der Zweckbindung der für einen Sozialleistungsbereich bestimmten personenbezogenen Daten nicht zu vereinbaren sind. Zur Reduzierung des Risikos von Verletzungen wird empfohlen, im Bürger-

büro die Bearbeitung von Sozialleistungsangelegenheiten nur zusätzlich anzubieten, so dass dem Bürger die Möglichkeit verbleibt, sein Anliegen unmittelbar im zuständigen Sachgebiet vorzutragen. Auf diese Alternative ist im Bürgerbüro ausdrücklich hinzuweisen.
- Außerdem sind bei der Ausgestaltung der Bürgerbüros die erforderlichen technisch-organisatorischen Maßnahmen zu treffen. Dies sind z.B. ausreichende Abstände zwischen den einzelnen Arbeitsplätzen, um ein Mithören Dritter auszuschließen und die Möglichkeit für die Bürger, ihre Angelegenheiten in einem separaten Raum im Bürgerbüro vortragen zu können.

Anhang

Muster und Formulare

Bestellung zum kommunalen Datenschutzbeauftragten

Die Gemeinde _____

bestellt mit Wirkung vom _____ Herrn/Frau _____

zum/zur kommunalen Datenschutzbeauftragten gemäß Art. 25 Abs. 2 BayDSG. In seiner/ihrer Funktion als Datenschutzbeauftragte(r) ist er/sie

unmittelbar _____ unterstellt.

Der/Die Datenschutzbeauftragte stellt die Ausführung des Bayerischen Datenschutzgesetzes sowie anderer Datenschutzvorschriften sicher. Die Aufgaben als kommunaler Datenschutzbeauftragte(r) ergeben sich aus Art. 25 Abs. 4 BayDSG. Näheres regelt eine Stellenbeschreibung/Dienstanweisung.

In Bezug auf seine/ihre Tätigkeit als Datenschutzbeauftragte(r) ist er/sie weisungsfrei.

_____   _____
(Ort, Datum)   (Unterschrift)

Anhang

Verfahrensfreigabe

Gemeinde: _____ lfd.Nr.: _____

Freigabe nach Art. 26 Abs. 2 BayDSG
für das automatisierte Verfahren _____

Der Datenschutzbeauftragte _____ hat am _____
gemäß Art. 26 Abs. 2 BayDSG die Freigabe für das oben erwähnte Verfahren erteilt.

Die folgenden Punkte können der beiliegenden Verfahrensbeschreibung entnommen werden:
- genaue Bezeichnung des Verfahrens
- Zweck und Rechtsgrundlage der Erhebung, Verarbeitung oder Nutzung
- Art der gespeicherten Daten
- Kreis der Betroffenen
- Art der regelmäßig zu übermittelnden Daten und deren Empfänger
- Regelfristen für die Löschung der Daten und für die Prüfung der Löschung
- verarbeitungs- und nutzungsberechtigte Personen
- der Auftragnehmer (im Falle einer Auftragsdatenverarbeitung)
- Empfänger vorgesehener Datenübermittlungen in Drittländer.

_____   _____
Datum   Unterschrift

Anhang

Verfahrensbeschreibung

Gemeinde: _____ lfd.Nr.: _____

☐ Erstmalige Beschreibung eines automatisierten Verfahrens

☐ Änderung der Verfahrensbeschreibung vom _____

Datum und AZ der Freigabe: _____

1. Angaben zur speichernden Stelle
Abteilung, Sachgebiet:

_____

_____

Nähere Auskunft erteilt: _____ Nebenstelle: _____

2. Angaben zum automatisierten Verfahren
2.1 Allgemeine Bezeichnung des Verfahrens:

_____

2.2 Aufgaben, zu deren Erfüllung die personenbezogenen Daten verarbeitet oder genutzt werden Rechtsgrundlagen der Erhebung, Verarbeitung oder Nutzung (mit Art.- oder §§-Angabe):

Aufgabe:	Rechtsgrundlagen:

Anhang

2.3 Kreis der Betroffenen:

_____

_____

_____

_____

3. Art der gespeicherten Daten

Lfd. Nr.:	Bezeichnung der Daten: (aussagekräftige Oberbegriffe, z.B. Namen, Anschriften; keine Angaben von Feldnummern des Datensatzes)

4. Art der regelmäßig an Dritte zu übermittelnden Daten und deren Empfänger

Lfd. Nr. von Abschnitt 3:	Empfänger: (mit Bezeichnung der Aufgabe, zu deren Erfüllung die Daten übermittelt werden)	Rechtsgrundlage der Übermittlung:	automatisiertes Abrufverfahren: ja/nein	wenn kein automatisiertes Abrufverfahren – Häufigkeit oder Anlass der Übermittlung:

5. Weitere Angaben

5.1 Regelfristen für die Löschung oder die Prüfung der Löschung:

5.2 Personengruppen, die innerhalb der speichernden Stelle automatisiert verarbeiten und nutzen:
(z.B. verarbeitungs- und nutzungsberechtigt: Sachbearbeiter für _____ im Sachgebiet _____, teilnutzungsberechtigt: Sachbearbeiter für _____ im Sachgebiet _____)
(z.b. im Meldewesen einer kreisfreien Stadt: verarbeitungs- und nutzungsberechtigt: Meldesachbearbeiter,
teilnutzungsberechtigt: Sozialsachbearbeiter, Wohngeldsachbearbeiter, Sachbearbeiter der KfZ-Zulassungsstelle, Sachbearbeiter der Ausländerbehörde)

5.3 Auftragnehmer bei Auftragsdatenverarbeitung:
(z.B. AKDB; bei Verfahrensänderung: Unterschied zum bisherigen Verfahren)

Anhang

5.4 Empfänger vorgesehener Datenübermittlungen außerhalb der EU (Drittländer):

Datum   Unterschrift

Anhang

Allgemeine Beschreibung der eingesetzten Datenverarbeitungsanlagen und der technischen und organisatorischen Datensicherheitsmaßnahmen
(Art. 26 Abs. 3 Satz 1 i. V. m. Art. 7 und Art. 8 BayDSG)

Gemeinde: _____ lfd.Nr.: _____

☐ Erstmalige Beschreibung

☐ Änderung der Beschreibung vom _____

1. Allgemeines

1.1 Zuständigkeiten:

Nähere Auskunft erteilt: _____ Nebenstelle: _____

1.2 Allgemeine Bezeichnung des Verfahrens:

_____

_____

2. Eingesetzte Datenverarbeitungsanlagen

Abteilung:	
Standort:	
Rechnerart (z.B. Server, PC):	
Bezeichnung der Anlage (z.B. Datenbankserver):	
Art der angeschlossenen Endgeräte (z.B. PC, Terminals):	
Vernetzung mit (z.B. LAN, Intranet, Internet):	
Betriebssystem:	
Basissoftware (z.B. Office-Paket, Datenbank):	
Sicherheitssoftware (z.B. Verschlüsselungstools, Virenscanner, Zugriffsschutz)	

Anhang

3. **Technische und organisatorische Datensicherheitsmaßnahmen nach Art. 7 BayDSG**
(unter Nennung der Hard- und Softwareprodukte, die die Datensicherheitsmaßnahmen zur Wahrung der Vertraulichkeit, Integrität, Verfügbarkeit und Authentizität unterstützen)

Zugangskontrolle (z.B. Festlegung von Zutrittsberechtigungen, Raumsicherungsmaßnahmen)	
Datenträgerkontrolle (z.B. Aufbewahrung der Sicherungsdatenträger in einem Data Safe oder Auslagerung der Datenträger)	
Speicherkontrolle (z.B. revisionsfähige Benutzerverwaltung)	
Benutzerkontrolle (z.B. Sicherung der Übertragungsleitungen)	
Zugriffskontrolle (z.B. Verwendung von Benutzerkennungen und Passworten, abgestufte Rechteverwaltung)	
Übermittlungskontrolle (z.B. Festlegung der zur Datenübermittlung berechtigten Personen, Schutz der Datenübertragung durch Verschlüsselung und des Datenträgertransportes)	
Eingabekontrolle (z.B. Protokollierung der Dateneingabe, Datenveränderung und Datenlöschung, Aufbewahrung der Protokolldaten)	
Auftragskontrolle (z.B. Prüfung der Zuverlässigkeit, Festlegung der Kompetenzen und Pflichten, Kontrolle der ordnungsgemäßen Vertragsausführung)	
Transportkontrolle (z.B. Art und Sicherung des Transportes)	
Organisationskontrolle (z.B. Erstellung von Richtlinien und Arbeitsanweisungen)	

Datum   Unterschrift

Anhang

PC-Sicherheitsbelehrung

Frau/Herr _____
wurde heute über die besonderen Risiken informiert, die bei der Benutzung eines Personal Computers im Zusammenhang mit der Verarbeitung personenbezogener Daten entstehen können, und ergänzend zur

Dienstanweisung _____ vom _____
auf die Einhaltung insbesondere der folgenden technisch-organisatorischen Erfordernisse hingewiesen.

Die/Der Benutzer(in) wurde informiert, dass sie/er
- zur Verarbeitung personenbezogener Daten ausschließlich Verfahren einsetzen darf, die nach Art. 26 BayDSG freigegeben sind,
- ausschließlich die dienstlich bereitgestellte Hard- und Software (Verfahren, Programme) verwenden darf (der Einsatz privater Hardware und privater, nicht freigegebener, unlizenzierter und selbsterstellter Software sowie von Public Domain Programmen und Shareware sind untersagt),
- an der dienstlich bereitgestellten Hardware keinerlei Veränderungen vornehmen darf,
- Verfahren (Programme, Software) und Daten nicht verfälschen und unbefugt an Dritte weitergeben darf,
- den Personal Computer und die darauf gespeicherten Verfahren (Programme, Software) und Daten nur zur Erfüllung der vorgegebenen Aufgaben verwenden darf,
- die vorgegebenen Sicherheitsmaßnahmen zum Zugangs- und Zugriffsschutz sowie zum Virenschutz anzuwenden und einzuhalten hat,
- im Standalone-Betrieb des Personal Computers zur Durchführung regelmäßiger Datensicherungen und für die zugriffssichere Aufbewahrung der Sicherungsdatenträger verantwortlich ist,
- personenbezogene Daten auf einem tragbaren Personal Computer (Laptop, Notebook etc.) nur verschlüsselt speichern darf,
- zur Duldung der Revision durch dazu berechtigte Personen (Datenschutzbeauftragter, Benutzerservice) verpflichtet ist sowie
- alle sonstigen vorgegebenen technischen und organisatorischen Maßnahmen anzuwenden und einzuhalten hat,

um den Erfordernissen des Datenschutzes Rechnung zu tragen.
Die Nichtbeachtung der obigen Hinweise und die Nichteinhaltung der vorgegebenen Sicherheitsmaßnahmen können ggf. dienst-, arbeits- und im Rahmen der Strafgesetze auch strafrechtlich verfolgt und geahndet werden.
Ein Abdruck dieser Belehrung wurde der/dem Mitarbeiter(in) ausgehändigt.

_____
Ort, Datum

_____   _____
(Belehrender)   (Mitarbeiter/in)

Kenntnisnahme durch den Datenschutzbeauftragten:

_____   _____
Ort, Datum   (Unterschrift)

Anhang

Checkliste für die Kontrolle der Datensicherheitsmaßnahmen nach Art. 7 BayDSG

1. Prüfungsübersicht

Name und Anschrift der überprüften Stelle:	
Zeit und Ort:	
Durchführende(r) der Prüfung:	
Ansprechpartner:	

2. Organisatorisches

2.1 Dienstanweisung etc.

Dienstanweisungen/Dienstvorschriften/Arbeitsanweisungen nein ja Anlage

für die Be- und Verarbeitung von personenbezogenen Daten			
über Aussonderung und Vernichtung von Unterlagen mit personenbezogenen Daten			
über Umgang mit EDV			
für die Internetnutzung			
zum E-Mail-Verkehr			

2.2 Arbeitsplatz

Verschluss der Räume angeordnet?	ja/nein	schriftlich/mündlich	Anlage:	Ist-Zustand:
Verschluss von Akten angeordnet?	ja/nein	schriftlich/mündlich	Anlage:	Ist-Zustand:
Vervielfältigungen geregelt?	ja/nein	schriftlich/mündlich	Anlage:	Ist-Zustand:

Anhang

2.3 Datenträgervernichtung

2.3.1 Papier

Art der Entsorgung:	Lagerung:	Zuständigkeiten:	Vertrag?	datenschutzgerecht?

2.3.2 Magnetische Datenträger (Streamer Tapes, Disketten etc.)

Art der Entsorgung:	Lagerung:	Zuständigkeiten:	Vertrag?	datenschutzgerecht?

2.3.3 Festplatten

Art der Entsorgung:	Lagerung:	Zuständigkeiten:	Vertrag?	datenschutzgerecht?

2.3.4 Mikrofiches

Art der Entsorgung:	Lagerung:	Zuständigkeiten:	Vertrag?	datenschutzgerecht?

Anhang

2.3.5 Sonstige Datenträger

Art der Datenträger:	Art der Entsorgung:	Lagerung:	Zuständigkeiten:	Vertrag?	datenschutzgerecht?

3. Archiv/Registratur

Ortsbeschreibung: (Lage, bauliche Aspekte)	
Zutritts- und Zugangsregelung: (Verschluss, Abfertigungsschalter, techn. Überwachungsanlagen)	
Ausgabekonzept: (Modalitäten, Fristen, Überprüfungen, Nachweisführung)	
Aufbewahrungskonzept: (Dauer, Art, Aufbewahrungsbehältnisse)	

4. Mikroverfilmung

Art des Schriftgutes: (aktiver Bestand, Langzeitakten, selektiv, Richtlinien)	
Durchführung: (Eigenverantwortlich, Fremdfirmen mit Vertragsgestaltung)	
Verwendete Geräte: (Anzahl, Typ usw.)	
Handhabung des Filmmaterials: (Jackettierung, Rollfilm unverändert, Aufbewahrungsort, Aufbewahrungsart)	
Reproduktion und Nutzung: (Richtlinien, Berechtigte, Kontrolle)	

5. Elektronische Datenverarbeitung

5.1 Verfahrensverzeichnis

vorhanden gemäß Art. 27 BayDSG:	ja/nein

5.2 Eingesetzte automatisierte Verfahren

Name des Verfahrens:	Zweck des Verfahrens:	Hersteller:

5.3 Eingesetzte Datenverarbeitungssysteme

5.3.1 Konfigurationsübersicht

vorhanden?	ja/nein
Stand:	
Aktualität?	ja/nein

Anhang

5.3.2 Zentralrechner/Netzwerkserver

Rechnertyp	Standort	angeschlossene Endgeräte	Betriebssystem

5.3.3 PC

Rechnertyp:	Betriebssystem:	Zugriffschutzsoftware: ja/nein	Kryptierungssoftware: ja/nein	Anti-Virus-Software: ja/nein	Bemerkung:

5.3.4 Mobile Computer

Rechnertyp:	Betriebssystem:	Zugriffschutzsoftware: ja/nein	Kryptierungssoftware: ja/nein	Anti-Virus-Software: ja/nein	Bemerkung:

Anhang

5.4. Anbindung an Öffentliche Netze, Dienste der Telekom AG und sonstige Betreiber

Leitungsart:	Anzahl der Leitungen:	Sicherheitsmaßnahmen:
Datex-P		
Datex-L		
ISDN-Standleitung		
Wählleitung		

5.5 Zentrale Datenverarbeitung

5.5.1 Ortsangaben über das Rechenzentrum/den Rechnerraum

Lagebeschreibung:			
Zugangssicherung:	Fenster Glasbruch Durchwerfschutz Schließkontaktmelder Überwachung Einbruch Verschluss	Türen Türknauf Türschließer Codekarte Blockschloss Überwachung Einbruch Verschluss Bewegungsmelder	
Rauchmelder:	ja/nein		
Klimaanlage:	Ort	Luftzufuhr	Zugänglichkeit

5.5.2 Systemnahe Software

Rechner/Netzwerk:	Datenbank:	Sicherheitssoftware:	Sonstiges:

Anhang

5.5.3 Rz-Betrieb

Betriebsart:	bedienerlos (nachts und am Wochenende) bedient Closed-Shop-Betrieb 4-Augen-Prinzip
Betriebszeiten:	
Weiterleitung der Ergebnisse aus der Batch-Verarbeitung:	Selbstabholung Zustellung/Versand Abholfächer Übergabeschalter
Störungslogbuch:	ja/nein Aufbewahrungsdauer

5.5.4 Dokumentation

Systemkonfiguration:	
Handbücher:	
Programmentwicklungen:	
Aufbewahrung:	

5.6 Dezentrale Datenverarbeitung

5.6.1 Beschaffungskonzept der PC

Zuständigkeit:	
Strategie:	
Private PC:	Verwendungsverbot: ja/nein

5.6.2 Software

Entwicklungszuständigkeit:	
Beschaffungskonzept:	
Installation/Administration:	
Private Software:	Verwendungsverbot: ja/nein

5.6.3 Anwenderbetreuung

Benutzerservice:	zentral/dezentral/keiner
Anwenderschulung durch:	

5.6.4 Dokumentation

System-/Konfigurationshandbücher:	
Anwenderhandbücher:	
Aufbewahrung:	

5.7 Anwendungsentwicklung

5.7.1 Personal (Anzahl der Programmierer):

5.7.2 Organisation

Zuständigkeit:	
Programmierrichtlinien:	ja/nein
Testdaten:	ja/nein
Freigabe durch:	
Dokumentation revisionsfähig:	ja/nein

6. Technisch-organisatorische Sicherheitsmaßnahmen

6.1 Zugriffssicherung

6.1.1 Benutzerkennung

DV-System:	Vergabe durch:	Richtlinien:
		ja/nein
		ja/nein
		ja/nein

Anhang

6.1.2 Passwortaufbau, -vergabe

DV-System:	Vergabe:	Richtlinien:	Struktur:
	durch: Änderung durch:	ja/nein	Länge: Aufbau:
	durch: Änderung durch:	ja/nein	Länge: Aufbau:
	durch: Änderung durch:	ja/nein	Länge: Aufbau:

6.1.3 Passwortgültigkeit

DV-System:	maximale Gültigkeit:	Minimale Gültigkeit:	programm-gesteuerter Änderungszwang:	Passworthistorie:
			ja/nein	ja/nein Umfang:
			ja/nein	ja/nein Umfang:
			ja/nein	ja/nein Umfang:

6.1.4 Sanktionen

DV-System:	Bildschirm-sperre:	Benutzer-sperre:	Sperrung auf Dauer:	Aufhebung durch:
	ja/nein	ja/nein	ja/nein	
	ja/nein	ja/nein	ja/nein	
	ja/nein	ja/nein	ja/nein	

Anhang

6.2 Netzwerkabsicherung

6.2.1 Sicherheitsfunktionen des Netzwerkbetriebssystems

Funktion:	ja/nein	Anmerkungen:
Zugriffsschutz?		
Beweissicherung?		
Verschlüsselung?		
Sonstiges?		

6.2.2 Absicherung des lokalen Netzwerk gegen einen unberechtigten Zugriff von außen

Firewall?	ja/nein
VPN?	
Analyseprogramme (Intrusion Detection Systems)?	
sonstige Mittel?	

6.2.3 Absicherung der Übergänge

Maßnahme:	ja/nein	Anmerkungen:
Call Back-Verfahren?		
Softwareverschlüsselungssystem Kerberos?		
Einmal-Passwörter?		
Challenge Response-Verfahren?		
Sonstiges?		

6.2.4 Einsatz sicherer Kommunikationsprotokolle

Protokoll:	ja/nein	Anmerkungen:
IPv6?		
S-HTTP?		
SSL?		
Sonstiges?		

6.2.5 Absicherung der Firewall

Maßnahme:	ja/nein	Anmerkungen:
direkter Zugriff auf Firewall durch Anwender?		
vollständige Protokollierung aller System- und Useraktivitäten einschließlich Sicherheitsverletzungen, Angriffsversuchen und Fehlverhalten der Firewallsoft- und -hardware?		
Erzeugung von Warnmeldungen aufgrund von Protokolleinträgen?		
regelmäßig Auswertung der Protokolle unter Sicherheitsgesichtspunkten (Erkennen von Sicherheitsverletzungen, sicherheitsrelevanter Aktionen, Anomalien)?		
Backupmaßnahmen für einen eventuellen Ausfall der Firewall?		
verdeckte Struktur des zu schützenden Netzes? (keine Weitergabe interner Informationen wie Benutzernamen, Rechnernummern, -namen und Mailadressen)		
benutzer- und zeitabhängiger Aufbau von Verbindungen auf der Anwendungsschicht?		
Sonstiges?		

6.2.6 Sicherheitspolitik (Security-Policy)

Maßnahme:	ja/nein	Anmerkungen:
benutzerabhängige Vergabe von Ressourcen?		
Gewährleistung von Vertraulichkeit und/oder Integrität auf Anwendungsebene?		
Festlegung der Protokolleinträge und der Auswertungsrichtlinien?		
Challenge Response-Verfahren?		
umfassende Informierung der Benutzer hinsichtlich Rechte und Pflichten?		
Sonstiges?		

6.2.7 Generierung der Webbrowser

Maßnahme:	ja/nein	Anmerkungen:
Ausschaltung des Ausführens von ActiveX- und Java-Scripts und des Aktivieren von Java-Programmen bei den für das Internet berechtigten PC?		
Wahl einer hohen Sicherheitsstufe bei den eingesetzten Browsern? (damit nur zertifizierte ActiveX-Controls bzw. Javascript-Codes akzeptiert werden)		
Einsatz von Java-Filern? (zur Definition von Listen mit Servern, von denen Java-Applets akzeptiert werden)		
Einsatz signierter Applets?		
keine bzw. keine automatische Akzeptanz von Cookies?		
Sonstiges?		

6.3 Sonstige Zugriffssicherungsmaßnahmen

System	Maßnahme:
	– Tastaturschlösser
	– Magnetkarten/Chipkarten
	– Bildschirmschoner
	– Diskettenlaufwerke
	  (physischer Verschluss, Deaktivierung im Setup)
	– Verfahrenssteuerung
	  (bildschirmbezogen/benutzerbezogen)

System	Maßnahme:
	– Tastaturschlösser
	– Magnetkarten/Chipkarten
	– Bildschirmschoner
	– Diskettenlaufwerke
	  (physischer Verschluss, Deaktivierung im Setup)
	– Verfahrenssteuerung
	  (bildschirmbezogen/benutzerbezogen)

System	Maßnahme:
	– Tastaturschlösser
	– Magnetkarten/Chipkarten
	– Bildschirmschoner
	– Diskettenlaufwerke
	  physischer Verschluss, Deaktivierung im Setup)
	– Verfahrenssteuerung
	  (bildschirmbezogen/benutzerbezogen)

Anhang

6.4 Dateisicherungskonzept

DV-System:	Sicherungsverfahren:	– Generationsprinzip – zeitlicher Turnus – Durchführende/Verantwortliche
	Sicherungsmedium:	– Magnetband – Magnetplatte – Streamer Tape
	Aufbewahrung der Sicherungsmedien:	– Ort: – Data Safe _____, Tresor
DV-System:	Sicherungsverfahren:	– Generationsprinzip – zeitlicher Turnus – Durchführende/Verantwortliche
	Sicherungsmedium:	– Magnetband – Magnetplatte – Streamer Tape
	Aufbewahrung der Sicherungsmedien:	– Ort: – Data Safe _____, Tresor
DV-System:	Sicherungsverfahren:	– Generationsprinzip – zeitlicher Turnus – Durchführende/Verantwortliche
	Sicherungsmedium:	– Magnetband – Magnetplatte – Streamer Tape
	Aufbewahrung der Sicherungsmedien:	– Ort: – Data Safe _____, Tresor

Anhang

6.5 Regelmäßige Datenübertragung
6.5.1 Übersicht

Empfänger:	Zweck:	Umfang:	Übertragungsmedium: (z.B.: Diskette, Magnetband, Papier, ISDN-Standleitung, ISDN-Wählleitung)	

6.5.2 Sicherungsmaßnahmen bei Online-Übertragung

Empfänger:	Verbindungsaufbau: – durch Absender – durch Abholer – automatischer Rückruf – permanente Verbindung	Maßnahme: – geschlossene Benutzergruppe – getrennte eingehende und abgehende Leitung – Rufnummernüberprüfung	Verschlüsselung: – Methode – Schlüsselmanagement
Empfänger:	Verbindungsaufbau: – durch Absender – durch Abholer – automatischer Rückruf – permanente Verbindung	Maßnahme: – geschlossene Benutzergruppe – getrennte eingehende und abgehende Leitung – Rufnummernüberprüfung	Verschlüsselung: – Methode – Schlüsselmanagement

Empfänger:	Verbindungsaufbau: – durch Absender – durch Abholer – automatischer Rückruf – permanente Verbindung	Maßnahme: – geschlossene Benutzergruppe – getrennte eingehende und abgehende Leitung – Rufnummernüberprüfung	Verschlüsselung: – Methode – Schlüsselmanagement
Empfänger:	Verbindungsaufbau: – durch Absender – durch Abholer – automatischer Rückruf – permanente Verbindung	Maßnahme: – geschlossene Benutzergruppe – getrennte eingehende und abgehende Leitung – Rufnummernüberprüfung	Verschlüsselung: – Methode – Schlüsselmanagement

6.6 Wartungskonzept

6.6.1 Hardwarefernwartung

beauftragte Firma:	Sicherheitsmaßnahmen: (z.B.: Modembetriebsart permanent/bedarfsgesteuert aktiv, Online-Überwachung der Wartungsaktivitäten, Protokollierung)	Vertrag vom:

6.6.2 Systemfernwartung

beauftragte Firma:	Sicherheitsmaßnahmen: (z.B.: Modembetriebsart permanent/bedarfsgesteuert aktiv, Online-Überwachung der Wartungsaktivitäten, Protokollierung)	Vertrag vom:

Anhang

6.6.3 Softwarefernwartung

beauftragte Firma:	Sicherheitsmaßnahmen: (z.B.: Modembetriebsart permanent/ bedarfsgesteuert aktiv, Online-Überwachung der Wartungsaktivitäten, Protokollierung)	Vertrag vom:

6.6.4 Festplattenwartung

beauftragte Firma:	– vor Ort mit Kontrolle durch sachkundigen Mitarbeiter – außer Haus mit Sicherungsmaßnahmen und gesonderten vertraglichen Vereinbarungen	Vertrag vom:

7. Reinigungsdienst

Bereich:	Personal:	Zeitpunkt/-raum:	Schlüsselart:
	eigenes/fremdes beaufsichtigt: ja/nein		– Generalschlüssel – Bereichsschlüssel – Einzelschlüssel
	eigenes/fremdes beaufsichtigt: ja/nein		– Generalschlüssel – Bereichsschlüssel – Einzelschlüssel
	eigenes/fremdes beaufsichtigt: ja/nein		– Generalschlüssel – Bereichsschlüssel – Einzelschlüssel

8. Revision

Benutzerverwaltung:	Revisionsfähigkeit: ja/nein	
Protokollierung:	Revisionsfähigkeit: ja/nein Auswertung – gelegentlich – regelmäßig – durch – Anlass Aufbewahrung – Dauer – Form – Ort	
Schlüsselverwaltung:	Revisionsfähigkeit: ja/nein	

9. Notfallvorsorge
9.1 Notfallplanung

Risikoanalyse:	ja/nein	
Notfallhandbuch:	ja/nein	
Systempasswörter:	Hinterlegung – Ort – Form Aktualität ja/nein	
Wiederherstellungs- und Wiederanlaufverfahren:	Konzept ja/nein	
Notstromversorgung:	ja/nein	
Überspannungsschutz:	ja/nein	
Backup-Server:	ja/nein	
Plattenspiegelung:	ja/nein	
Sonstiges:		

Anhang

9.2 Katastrophenschutz

Bereich/Raum:	Brandschutz-maßnahmen:	Maßnahmen gegen Wassereinbruch:

10. Sonstige Sicherheitsmaßnahmen
10.1 Objektsicherung

Risiko-analyse:	Datum:	
Gebäude-außen-sicherung:	Überwachungssysteme (Bereiche, Geräte, Ausfallsicherheit) Wachdienst (Firma, Vertrag, Vertragsdatum) Pförtnerdienst (Diensteinteilung, Aufgaben)	
Innen-raum-sicherung:	Sicherheitsbereiche – Separate Sicherheitsbereiche (räumlich, zeitlich) – Verantwortung für Erteilung der Zugangs-berechtigung – Zugangsberechtigte der Bereiche Art der Sicherung – Überwachungssysteme (Bereiche, Geräte, Kopplung mit Alarmanlage oder Zeiterfassungssystem, gesicherte Strom-versorgung, Paarigkeitsprüfung für Zu- und Abgang,) – Wachdienst (Firma, Vertrag, Vertragsdatum) – Eigenes Personal (Pförtnerdienst, Aufgaben, Zuständigkeit) Nachweisführung – Aufzeichnungsart pro Bereich (Besucherbuch, elektronische Aufzeichnung) – Aufzeichnungsumfang – Aufbewahrungsdauer (pro Aufzeichnungsart) Revision (Berechtigte, Anlass, Zweck, Umfang, Häufigkeit)	

10.2 Alarmeinrichtungen und Alarmbehandlung

Alarm-einrichtungen:	Unabhängigkeit der Alarmmeldelinien: Anschluss an Intrusionsmeldeanlage: – Fenster – Türen Alarmierungsstelle: – örtliche Stelle im Haus – Polizei – Brandmeldezentrale – Bewachungsunternehmen	
Alarm-behandlung:	Eindeutigkeit der Alarmerkennung: – Art – Kennzeichnung Eindeutigkeit der Alarmbehandlung: – Handbuch – Stand Probealarmierung: – Häufigkeit – Erfahrungen – Maßnahmen	

11. Sonstige Anlagen und Einrichtungen

11.1 Kommunikationsdienste

Dienst:	Gerätestand-ort/Online:	Maßnahmen zur Zugangs-sicherheit:	Maßnahmen zur Zugriffs-sicherheit:	Sonstiges:
Telefax				
E-Mail				

Anhang

11.2 Gleitzeitsystem/Zugangskontrollsystem

Gerätebeschreibung: – Hersteller: – Typenbezeichnung: – Anzahl an Terminals/ Geräten: – Aufstellorte:	aufgezeichnete Daten: – Name – Nummer – Kommen – Gehen – Grund der Abwesenheit – Speicherdauer	schriftliche Vereinbarung mit Betriebs-/ Personalrat: ja/nein	Revision – durch: – Anlass: – Häufigkeit:

11.3 Nebenstellenanlage

Gerätebeschreibung: – Hersteller: – Typenbezeichnung:	aufgezeichnete Daten: – Name – Datum – Uhrzeit – Quellnummer – Zielnummer – Einheiten – Betrag	Trennung von Privat- und Dienstgespräch: ja/nein durch:	Abrechnungsmodus: Zustellung der Abrechnung: Speicherdauer: Verkürzung der Zielnummer: ja/nein Mithöroption aktiv: ja/nein Prominentenschaltung: ja/nein

12. Aufgetretene Sicherheitsprobleme

Art:	Verursacher:	Schaden:	Gegen-maßnahmen:	Sonstiges:
Computer-viren				
Hacking				
Computer-kriminalität				
Sabotage				
Vertrags-verletzungen				
Katastrophe				

13. Anlagen, auf die der Prüfungsbericht Bezug nimmt und die zur Verfügung gestellt wurden

14. Zusammenfassung der Prüfungsergebnisse
14.1 Mängel

14.2 Empfehlungen

Glossar

ActiveX–Control	Entwicklung von der Fa. Microsoft, mit der Steuerelemente (Controls) wie beispielsweise Kontrollkästchen, Bildlaufleisten oder ähnliches in Anwendungen oder Dokumenten eingebettet werden kann
APC (Arbeitsplatzcomputer)	IT-System, das einem oder mehreren Nutzern am Arbeitsplatz zur Aufgabenerfüllung zur Verfügung steht
Attachment	Dateianhängsel einer Mail
Authentizität	Übereinstimmung der behaupteten Identität mit der tatsächlichen
Autorisierung	Recht eines Benutzers, auf bestimmte Daten mit definierten Funktionen (z.B. Lesen, Ändern, Einfügen oder Löschen) zuzugreifen
Benutzerkennung	Identifikationsmerkmal für einen Benutzer bei einem Rechner, in einem Netzwerk oder Online-Dienst
Benutzerrechte	Erlaubnis, bestimmte Funktionen auf einem Rechner oder in einem Netzwerk auszuführen oder auf bestimmte Verfahren und Daten zuzugreifen
Betriebssystem	Summe aller Programme, die für den Betrieb eines Rechners einschließlich der angeschlossenen Geräte erforderlich sind
BIOS (Basic Input Output System)	Programminstruktionen zur Regelung des Datenverkehrs zwischen Betriebssystem und Hardware (z.B. Tastatur, Monitor, Drucker)
Booten	Prozess, bei dem ein Computer gestartet wird und automatisch das Betriebssystem lädt
Browser	Programm mit grafischer Benutzeroberfläche zum Ansteuern, Ansehen und Überspielen von Dokumenten/Informationen im Internet
B2B (Business to Business)	Geschäftsbeziehungen zwischen Unternehmen oder Händlern im Internet
B2C (Business to Consumer)	Geschäftsbeziehungen zwischen Unternehmen und Endverbrauchern, etwa in Gestalt von Internet-Shops

Glossar

Chat	Konferenzschaltung (Unterhaltung) mehrerer Teilnehmer im Internet mit Hilfe spezieller Software über Tastatur und Bildschirm
Chipkarte	Identifikationskarte, auf der die für die Identifizierung seines Besitzers notwendigen Programme und Daten in einem Chip gespeichert sind
Client	Rechner oder Prozess im Kommunikationsnetzwerk, der Netzwerkdienste in Anspruch nimmt
Closed-shop-Betrieb	beim Closed-shop-Betrieb ist der Rechnerraum bzw. das Rechenzentrum für Außenstehende nicht zugänglich
Computerkriminalität	Verbrechen oder Vergehen, die sich gegen IT-Systeme richten oder die sich der IT-Systeme als Hilfsmittel bedienen
Computervirus	Programme oder Befehlsfolgen innerhalb eines Programms, die sich selbst vervielfältigen (Reproduktion), in Wirtsprogramme einnisten und eine vorher definierte Funktion ausüben
Cookies	Identifizierungscodes, die in einer Webseite eingebunden sind, bei Aufruf dieser Seite eine festgelegte Aktion auslösen und zum Zwecke der Wiedererkennung bei einem erneuten Aufruf dieser Seite Informationen auf der Festplatte des Benutzers speichern
Data Safe	Sicherheitsschrank für die datenschutzgerechte Aufbewahrung von Datenträgern gemäß VDMA 24 991
Datenintegrität	Eigenschaft, dass Daten nicht auf unberechtigte Weise geändert oder zerstört worden sind
Datenschutz	Schutz der Privatheit, der Privatsphäre, insbesondere der Intimsphäre des Einzelnen gegen die unbegrenzte Erhebung, Speicherung, Verwendung und Weitergabe seiner persönlichen Daten
Datensicherheit	Sachlage, bei der Daten unmittelbar oder mittelbar so weit wie möglich vor Beeinträchtigung bewahrt sind, und zwar unter Berücksichtigung verarbeitungsfremder Risiken wie auch im Verlauf auftrags- und ordnungsgemäßer Erbringung einer Datenverarbeitungsanlage

Glossar

Datensicherung	Menge aller Maßnahmen, die Datensicherheit herbeiführen oder erhalten
Denial of Service	externer Angriff (z.B. über das Internet) auf die Netzwerksicherheit zur Ausschaltung des Zielsystems (z.B. durch Überlastung dessen Internet-Anbindung durch das Zusenden vieler Datenpakete)
DFÜ (Datenfernübertragung)	Übertragung von Programmen und Daten über Orts- und Postnetze
Digitale Signatur	elektronische Unterschrift, die sowohl den Inhalt einer Nachricht als auch die Identität des Absender bestätigt
Download	Kopieren (Herunterladen) von Dateien aus einer Mailbox oder einer entsprechenden Einrichtung
E-Commerce	kaufmännische Aktivitäten via Datenleitung zwischen Unternehmen, Behörden und Privatleuten
E-Government	Einsatz des Internets für die elektronische Abwicklung von Behördenerledigungen
E-Mail	Übertragung von Informationen (Texte, Bilder, Grafiken etc.) auf elektronischen Weg innerhalb eines Kommunikationssystems von einem Sender zu einem Empfänger (elektronische Post)
Fernwartung	Pflege von Hard- und Software mittels Datenfernverarbeitung
Firewall	Hard- oder Software, die ein internes Netz gegen Eindringversuche von außen schützt und die Kommunikation und den Datentransfer zwischen internen und externen Netz regelt und überwacht
Freeware	kostenlose Software, für die zwar keine Registriergebühr erhoben wird, deren Weitergabe oder Verwendung jedoch im Gegensatz zu Public Domain Programmen an bestimmte Bedingungen (z.B. keine Programmveränderungen) gebunden ist
FTP (File Transfer Protocol)	Protokoll für das Übertragen von Dateien im Internet
Gateway	Kopplungsbaustein (Schnittstelle) für den Datenaustausch zwischen unterschiedlichen Netzen

Glossar

Hacker	Person, die versucht, unberechtigt in ein DV-System bzw. Netzwerk einzudringen
Hardware	sämtliche technischen, physikalischen Teile eines IT-Systems
Homepage	Eröffnungsseite, Ausgangsseite eines Anbieters im Internet, meist mit einer Art Inhaltsverzeichnis ausgestattet, von dem aus die verschiedenen Informationen angesteuert werden können
HTML (Hyper Text Markup Language)	Seiten- oder Dokumentenbeschreibungssprache zur Erstellung von Webseiten
HTTP (HyperText Transfer Protocol)	Protokoll zur Übertragung von Webseiten
Hypertext	Technologie für einfache Zugriffswege zu komplexen Daten
ID (Identifikation)	Bestimmung der Identität eines Benutzers
Integrität	siehe Datenintegrität
Internet	weltweites, dezentral organisiertes Rechnernetz für den grenzübergreifenden Daten- und Informationsaustausch
Intranet	internes Netz, das sich der Technologien des Internets bedient und deshalb eine besonders leichte Verbindung ins Internet ermöglicht
IP-Spoofing	Verwendung einer falschen Adresse innerhalb einer Kommunikation
IP-Tunneling	Methode zum Transportieren von Datenpaketen eines Netzprotokolls innerhalb eines anderen Netzprotokolls
ISDN (Integrated Services Digital Network)	ein von der Telekom unterhaltenes digitales Trägernetz zur Übertragung von Sprache, Bild, Text und Daten auf einer Leitung
IT (Informationstechnik)	umfasst alle technischen Mittel (Geräte, Systeme, Verfahren), die der Speicherung, Verarbeitung oder Übertragung von Informationen dienen
IT-Sicherheit	Gewährleistung von Vertraulichkeit, Integrität und Verfügbarkeit von Informationen und Diensten

Glossar

Java	plattformunabhängige Programmiersprache der Firma Sun Mikrosystems zur Erweiterung der interaktiven Ausdrucksmöglichkeiten von Webseiten im Internet
Java-Applets	Programme, die mithilfe eines Interpreters auf sämtlichen Plattformen ausgeführt werden können und deshalb in der Entwicklung von Webseiten häufig verwendet werden
Javascript	Entwicklungstool der Fa. Netscape für die Erstellung von Webseiten (z.B. Einbindung dynamischer optischer Effekte)
Kryptographie	Wissenschaft vom Ver- und Entschlüsseln von Informationen
LAN (Local Area Network)	Lokales Netzwerk zur internen Kommunikation innerhalb eines räumlich begrenzten Gebietes
Link	besonders gekennzeichnete Textstelle oder Grafik, auf eine Internetseite, von der aus durch Anklicken mit der Maus automatisch eine Verbindung zu einer anderen Internetseite hergestellt werden kann
Logische Bombe	Computervirus, der beim Eintreten eines bestimmten Ereignisses aktiv wird
Logon	Anmeldevorgang beim Rechner bzw. im Netzwerk
Low-Level-Formatierung	Dabei werden Spuren und Sektoren einer Festplatte physikalisch neu angelegt und die Sektoren mit einem einheitlichen Bitmuster überschrieben
Mailbox	elektronisches Postfach zum Austausch von Nachrichten, Programmen oder persönlichen Mitteilungen
Makro	Programmiertechnik zur Zusammenfassung von häufig vorkommenden Programmabläufen unter einen Namen
Newsgroups	Diskussionsrunden zu bestimmten Themen im Internet
Online	Begriff, der besagt, dass zwischen zwei elektronischen Geräten (z.B. zwischen zwei PC) eine funktionierende Verbindung besteht

Glossar

Online-Dienst	geschlossener Rechnerverbund mit einer zentralen Verwaltung
Outsourcing	Auftragsdatenverarbeitung – Verarbeitung von Daten außer Haus
Passwort	persönliches Kennwort
PIN	Persönliche Identifikationsnummer
Plug-in	Programm, das den Funktionsumfang einer Anwendung erweitert
Portal	zusammenfassender Zugang zu verschiedenen Webseiten eines Themenbereiches
Programm	zusammenhängende Folge von Instruktionen, die einem Computer sagen, wie er was zu tun hat
Proxies	erhöhen die Datensicherheit, indem sie die externe Kommunikation in einem einzigen Punkt konzentrieren, der leichter geschützt werden kann
Proxy-Server	Rechner, der zwischen den Anwendern und dem Internet geschaltet ist und verschiedene (Sicherheits-)Funktionen übernehmen kann (z.B. Zwischenspeicherung von Daten, Überprüfung zu übertragender Dateien auf Virenbefall, Zugriffskontrolle auf vorher definierte Seiten)
Provider	Dienstleister, der gegen Gebühren einen Zugang zum Internet bereitstellt
Public Domain	Kostenlose Programme, die beliebig verändert und in eigene Programme eingebaut werden können
Public Key-Verfahren	Symmetrisches Verschlüsselungsverfahren zur Codierung und Decodierung von Daten
Quellcode	Siehe Source Code
Risikoanalyse	Prozess, der die Sicherheitsrisiken identifiziert und die erforderlichen Schutzmaßnahmen definiert
Router	Gerät (z.B. ein Rechner), das die Verbindung und die Datenübertragung zwischen verschiedenen Netzteilen/Netzwerken regelt

Glossar

Security Policy	Vorschriften, Weisungen und Praktiken, die festlegen, wie in einem Netzwerk sensible Daten gehandhabt, geschützt und verteilt werden
Server	Computer im Netzwerk, der anderen Rechnern Speicherplatz, Rechenleistung oder andere Ressourcen und Dienste zur Verfügung stellt
Shareware	Programme, die erst nach einer Testphase bei dauerhafter Nutzung bezahlt werden müssen
Source Code	Befehle eines Programms, geschrieben in einer Programmiersprache
Spamming	Überflutung von Mailboxen mit unerwünschten Werbesendungen, als persönliche E-Mail getarnt
Spoofing	Angriffe, die darauf beruhen, dass einem Kommunikationspartner etwas vorgetäuscht wird
SSL (Secure Socket Layer)	Spezifikation für eine sichere Internetkommunikation
Stand-alone-PC	autonomer, nicht vernetzter Rechner
Steganographie	Methode zum Verstecken (Unsichtbarmachen) von Daten in sogenannten Trägerdateien
Surfen	Bezeichnung für ein Verzweigen von Informationsangebot zu Informationsangebot im WWW
TCP/IP (Transmission Control Protocol/Internet Prot.)	Gesamtheit aller Protokolle zur Kommunikation über das Internet
Telearbeit	Oberbegriff für Tätigkeiten, die ausschließlich oder zeitweise an einem außerhalb der zentralen Betriebsstätte liegenden Arbeitsplatz (z.B. Heimarbeitsplatz, mobile Telearbeit an wechselnden Orten) verrichtet wird und mit der zentralen Betriebsstätte durch elektronische Kommunikationsmittel verbunden ist
Telefax	Dienst der Telekom zur originalgetreuen Übertragung von Text- und Bildvorlagen
Telekommunikation	Sammelbegriff für alle Formen der Kommunikation zwischen Menschen und/oder Geräten mit Hilfe nachrichtentechnischer Übertragungsverfahren

Glossar

Teleworking	siehe Telearbeit
Telnet	Bezeichnung für einen Internet-Dienst, der es einem Benutzer erlaubt, sich remote auf einem Rechner einzuloggen und diesen fernzusteuern
Trojanisches Pferd	scheinbar nützliches Programm, das etwas ganz anderes tut, als es vorgibt (Computervirus)
Tunneling	siehe IP-Tunneling
Upload	Übermitteln einer Datei oder eines Programms an einen Internet-Server (Gegenteil von Download)
URL (Uniform Resource Locator)	Adressformat des Internets, bestehend aus drei Teilen: dem Protokoll, dem Servernamen und der Objektbezeichnung (z.B. http://server.name/verzeichnis/datei.html)
Usenet	Computernetz als Teil des Internets, das dem Austausch von Mitteilungen sowie Meinungen in diversen Newsgroups dient
VBA (Visual Basic for Applications)	Makrosprache für MS-Office-Applikationen, mit der häufig benutzte Funktionen automatisiert werden können
Verfügbarkeit	Eigenschaft (z.B. von Daten oder Ressourcen), auf Verlangen jederzeit zugreifbar und nutzbar zu sein
Vertraulichkeit	Schutz vor unbefugtem Informationsgewinn
Viren	siehe Computervirus
Virenscanner	Programm zum Finden von Computerviren
VPN (Virtual Private Network)	„gedachtes", nicht jedermann zugängliches Netzwerk, das verschiedene andere (öffentliche) Netzwerke zum Transport der Daten benutzt
WAN (Wide Area Network)	überregionales öffentliches Netzwerk
Webbrowser	Siehe Browser
Webmaster	Zuständiger für den Aufbau und die Pflege einer Website

Webseite (Website)	in sich abgeschlossener Informationsbereich innerhalb des WWW oder Intranets, bestehend aus einer Eingangsseite (Homepage) und beliebig vielen weiteren Seiten
WWW (World Wide Web)	Internetdienst zur Übertragung und Darstellung von Textinformationen, Grafiken, Tönen, Animationen und Videos
Zurechenbarkeit	Eigenschaft, die sicherstellt, dass die Aktivitäten einer Person oder Ressource auf diese Person oder Ressource zurückgeführt werden kann

Stichwortverzeichnis
(Die Zahlen verweisen auf die Seiten)

A
Adoptionen 160
Adressbuchverlage 157 f.
Adressdatei 153 f.
Adresslisten 77, 153 f.
Adressmittlungsverfahren 36, 155
Akteneinsicht 132, 134 f., 149, 198
Amtshaftung 39, 162
Anonymisierung 33, 150, 178
Archiv 107, 174, 212
Archivräume 107
Aufbewahrung 53, 58, 66, 89, 101 f., 106, 120, 169, 208 f., 216 f., 223, 227, 234
Auftragnehmer 56, 95 ff., 101 f., 114, 125 f., 128 ff., 202, 205
Auftragsdatenverarbeitung 79, 94 f., 97, 101, 112, 114, 120, 125 f., 202, 205, 238
Auftragskontrolle 55, 128, 208
Auskunft 38, 51, 125, 133, 149, 156 ff., 162 ff., 168, 173, 195, 198, 203, 207
Auslegung 189 ff.
Außenhautsicherung 52, 107, 124
Ausschuss 131, 151 f.
Authentisierung 45, 47, 53, 63, 70, 77 f., 121, 129
Authentizität 48, 61, 80, 84, 208, 233

B
Banken 161, 163
Beförderung 175
Beihilfedaten 179
Beihilfestelle 152, 179 f.
Beihilfeversicherung 180
Bekanntmachung 136, 189
Benachrichtigung 25, 38 f., 79, 93
Benutzerkontrolle 54, 208
berechtigtes Interesse 113, 147 f., 155, 162, 166, 183, 194
Berichtigung 38 f.
Beschwerdeführer 145, 148
Bestellung 41, 57, 108 f., 201

Betriebsnummern 189
Beweissicherung 46, 74, 192 f., 219
Bewerberlisten 178
Bewerbungsunterlagen 177 f.
Black Box 63
Broschüre 196, 198
Budgetierung 176 f.
Bürgeramt 198
Bürgerbegehren 143 f.
Bürgerbüro 196, 198 ff.

C
Call-Center 198
Checkliste 112, 210
Closed-shop-Betrieb 52, 124, 234
Cookies 82, 221, 234

D
Datengeheimnis 79, 102 f., 116
Datenschutzverletzung 37
Datensicherheit 17, 24, 26, 40 f., 43, 51, 66, 68, 71, 89, 98, 108, 111 f., 119, 121 ff., 128, 199, 234 f., 238
Datenträgerentsorgung 100
Datenträgerkontrolle 53, 208
Dienstanweisung 57, 73, 92, 120, 201, 209 f.
Digitale Signatur 48, 235
Direktionsrecht 169

E
EG-Datenschutzrichtlinie 24 ff., 179
Eingabekontrolle 55, 208
Einrichtung automatisierter Abrufverfahren 116
Einsichtnahme 26 f., 113, 135, 145 ff., 149, 160, 167, 170 ff., 177, 190 f.
Einsichtsrecht 127, 138 f., 170, 172 f.
Eintragungslisten 144
Einwendung 190
Einwilligung 24 f., 28, 33, 35, 111, 113, 142, 147, 150, 155, 166, 173, 175, 184, 187 f., 192, 194, 196 f.

243

Stichwortverzeichnis

Electronic Government 22
E-Mail 67 f., 71 ff., 78 ff., 84, 87 f., 91, 93, 95, 159, 185, 188, 210, 229, 235, 239
Erforderlichkeit 35, 150, 165, 183, 186, 190

F
Fahrzeugregister 163 f.
Fernwartung 58, 103 f., 128 f., 235
Firewall 67, 73, 78 ff., 91, 95, 129, 219 f., 235
Formulare 201
Forschungsvorhaben 162
Freigabe 25, 41, 89, 111, 113 ff., 202 f., 217

G
Gefährdungsrisiken 41
Gehaltsdaten 176 f.
Gemeindebedienstete 143
Gemeinderat 30, 108, 131 ff., 137, 140 f., 144, 146, 152, 172, 194
Gemeinderatssitzung 133 f., 140, 144, 147, 194
Gesundheit 25, 115, 179, 183
Gesundheitsamt 153, 186
Gleichstellungsbeauftragte 151, 177 f.
Glossar 233
Grunderwerbsverzeichnisse 189
Grundsteuer 153 f.

H
Hinweisschilder 192 f.
Höhergruppierung 175 f.
Hostile Applets 88, 91

I
Identifizierung 45, 186, 192, 234
Informationszugangsgesetze 27
Innenhautsicherung 124
Integrität 47, 61, 80 f., 84, 119, 121, 127, 208, 221, 236
Internet 22, 26, 43, 66 ff., 75 ff., 80 ff., 88, 91 f., 128, 140 ff., 159, 184, 196 ff., 207, 221, 233 ff.
Intranet 66 ff., 73, 76 ff., 80, 83 f., 92, 184, 207, 236

K
Kommunaler Datenschutzbeauftragter 108
Kosten-/Nutzenanalyse 41
Kreditauskunfteien 162
Kreisjugendamt 167

L
Lebensalter 156 f.
Leistungsprämien 174 f.
Leistungsstufen 174 f.
Löschung 38 f., 53, 56, 58, 62, 98 f., 101, 114, 130, 202, 205
Lohnkonten 165

M
Makroviren 87, 91
Meldedaten 129, 156, 159 f.
Missbrauchsmöglichkeiten 44
Mitteilungsblatt 143 f., 175, 193 f.
Muster 59, 79, 115, 201

N
Namensschilder 182
Nebenakten 169 f., 182
Neubürger 143, 157

O
Online-Verfahren 117, 160
Online-Zugriff 165
Organisationskontrolle 51, 57, 208
Orientierungshilfen 75, 84, 128, 184
Outsourcing 23, 79, 94 ff., 125, 238

P
Passwortaufbau 48, 218
Passwortvergabe 48 f., 57, 73, 128
Passwortverwaltung 48 f., 57
Patientendaten 29, 96, 167
PC-Sicherheit 58
PC-Sicherheitsbelehrung 58 f., 209
Persönlichkeitsschutz 105, 183
Personalakt 59, 168, 170 f., 173, 179, 182
Personalaktendaten 154, 168 f., 171, 175, 177, 182
Personalausweisregister 163

Stichwortverzeichnis

Personaldaten 52, 119, 168, 173, 181 f., 197
Personalnebenakten 169
Personalrat 30, 75, 109, 121 f., 175, 188, 230
Personalvertretung 75, 122, 174, 186
Petitionsrecht 146
Planfeststellungsbeschluss 189 f.
Planfeststellungsverfahren 137, 149, 189
Postöffnung 150
Presse 136, 138, 144, 157 f., 166, 176, 194 ff.
Presse- und Öffentlichkeitsarbeit 195
Protokollierung 53 ff., 66, 73 ff., 80, 101, 104, 115, 128 f., 172, 187, 208, 220, 225 ff.

R
Rechnungshof 167
Rechnungsprüfung 36, 164 ff., 168, 177
Risiken 22, 40 ff., 52, 58, 60, 63, 66, 68, 109, 119, 122, 209, 234
Risikoanalyse 45, 63, 66, 112, 227 f., 238

S
Schadensersatz 39, 162
Schutzrechte 37
Schweigepflicht 28, 127, 167, 186
Security Policy 66 f., 239
Sicherheitsüberprüfung 26, 37, 113
Sicherheitsmaßnahmen 45 f., 57 f., 63 f., 73, 77 f., 80 ff., 91, 97, 120 ff., 124, 128, 209, 215, 217, 225 f., 228
Sozialdaten 29, 52, 129, 166 f., 195 f., 199
Sozialdatenschutz 166
Speicherkontrolle 53, 208
Sperrung 38 f., 65 f., 218
Steueramt 126, 154
Steuergeheimnis 29, 126, 135, 154, 158
Strafverfolgungsbehörden 37
Systemverwaltung 46, 125

T
Teilakten 169 f., 182
Telearbeitsplätze 119
Telefonanlage 185
Telefonverzeichnis 183
Transportkontrolle 56, 102, 208
Trojanische Pferde 44, 70 f., 86 f.

U
Übermittlungskontrolle 55, 208
Übersichtsaufnahmen 192, 197
Umfragen 150, 155
Umweltinformationen 27
Unterschriftenlisten 143 ff.

V
Verfügbarkeit 61 f., 119, 121, 208, 236, 240
Verfahrensbeschreibung 114 f., 202 f., 207
Verfahrensfreigabe 114 f., 202
Verschlüsselung 47, 54, 56, 59, 66, 80 ff., 84, 90, 126 f., 208, 219, 224 f.
Vertraulichkeit 61, 67, 78, 80 f., 84, 104, 119, 121, 126 f., 129, 208, 221, 236, 240
Verwaltungsgericht 173
Videoüberwachung 23, 26, 191 ff.
Viren 44, 62, 84 ff., 119, 240
Volksbegehren 144 f.
VPN 81, 128, 219

W
Wahlhelfer 143
Wahlwerbung 156, 158
Webbrowser 82 f., 221, 240
Webcams 197
Würmer 44, 87

Z
Zehn Gebote 51
Zugangskontrolle 45, 52, 73, 102, 123, 128 f., 208
Zugriffskontrolle 54, 64, 121, 208, 238
Zugriffsschutz 45, 207, 209, 219
Zweckänderung 131, 143, 154, 164
Zweckbindung 19 f., 35, 121, 131, 143 f., 164, 168, 189, 195, 199

ERLÄUTERUNGEN ZUM NEUEN BDSG!

Datenschutzrecht

Kommentar zum Bundesdatenschutzgesetz, den Datenschutzgesetzen der Länder und zum Bereichsspezifischen Datenschutz

von Dr. jur. Lutz Bergmann, Regierungsdirektor a.D., Roland Möhrle, Dipl.-Verwaltungswirt (FH), und Prof. Dr. jur. Armin Herb, Rechtsanwalt

Loseblattwerk, etwa 2630 Seiten, € 84,– einschl. drei Ordnern; Sonderpreis für Auszubildende € 74,–

ISBN 3-415-00616-6

Internet:
www.boorberg.de

E-Mail:
bestellung@boorberg.de

Dieser in Wirtschaft und Verwaltung anerkannte Kommentar bietet:

★ Systematische Darstellung des Datenschutzrechts im In- und Ausland
★ Zusammenfassende Überblicke über das Datenschutzrecht des Bundes und der Länder
★ Vollständiger und aktueller Text der EU-Datenschutzrichtlinie und des novellierten Bundesdatenschutzgesetzes (BDSG 2001)
★ **NEU:**
Aktuelle, im Aufbau befindliche Kommentierungen zum novellierten BDSG 2001
★ Umfassende und präzise Kommentierung aller Vorschriften des BDSG 90
★ Text der Datenschutzgesetze der Länder und der Kirchen, Kommentierung des LDSG BW
★ **Multimedia und Datenschutz:** umfangreiche Einführung, Erläuterung des Telekommunikationsgesetzes (TKG), des Informations- und Kommunikationsdienste-Gesetzes (IuKDG), des Mediendienste-Staatsvertrages (MDSV) und des Rundfunkstaatsvertrages (RStV) der Länder
★ Melderecht des Bundes und der Länder

102 F

Zu beziehen bei Ihrer Buchhandlung oder beim
RICHARD BOORBERG VERLAG
70551 Stuttgart bzw. Postfach 80 03 40, 81603 München

BOORBERG

▪▪ CertiFORM

Arbeitshilfen für den kommunalen Datenschutzbeauftragten

Muster, Formulare, Dienstanweisungen, Checklisten

von Udo Höhn, Oberamtsrat beim Bayerischen Landesbeauftragten für den Datenschutz

Ausgabe 1/2002, CD-ROM, € 59,– (inkl. MwSt.) – Einzelplatzlizenz; € 79,– (inkl. MwSt.) – für bis zu drei Nutzer; € 99,– (inkl. MwSt.) – für bis zu fünf Nutzer

ISBN 3-415-02958-1

Die CD-ROM ist die ideale Ergänzung zu dem Werk »Der kommunale Datenschutzbeauftragte in Bayern« von Ecker/Pfister/Höhn; sie enthält die Formulare und Checklisten für Vorgänge in der Verwaltungspraxis, bei denen der Datenschutz von Bedeutung ist. Dazu gehören beispielsweise die Verpflichtung auf das Datengeheimnis sowie die technischen und organisatorischen Datensicherungsmaßnahmen nach Art. 7 BayDSG.

Darüber hinaus bietet die CD-ROM auch Muster für Dienstanweisungen zur Sicherstellung des Datenschutzes in der Kommune und für den Einsatz von E-Mails und Internet. Zusätzlich hält die CD-ROM umfassende Informationen über die Bestellung und die Arbeit des kommunalen Datenschutzbeauftragten bereit, die besonders den neu bestellten Beauftragten den Einstieg in dieses Arbeitsgebiet erheblich erleichtern.

Eine komfortable Stammdatenverwaltung und eine vorgangsbezogene Ablage ermöglichen eine komprimierte und übersichtliche elektronische Aufbewahrung. Die Formulare und Muster lassen sich direkt am Bildschirm bearbeiten und auf jedem Windows-Standarddrucker ausdrucken. Das Programm läuft unter allen gängigen Microsoft-Betriebssystemen ab Windows 95.

⊕|BOORBERG

Zu beziehen bei Ihrer Buchhandlung oder beim
RICHARD BOORBERG VERLAG
– Formularservice –
Levelingstraße 6a · 81673 München
Tel. 089/43 60 00 30 · Fax 089/4 36 15 64
E-Mail: r.fischer@boorberg.de